U0125663

乘风破浪的隐藏人物

探秘引发计算机和互联网诞生的女性

Broad Band: The Untold Story of the Women
Who Made the Internet

〔美〕克莱尔·L. 埃文斯（Claire L. Evans）◎著

刘劲松　郭松林◎译

机械工业出版社

CHINA MACHINE PRESS

在史蒂夫·乔布斯往你手里递个人计算机之前，在拉里·佩奇和谢尔盖·布林对你的点击给出答案之前，在马克·扎克伯格为你找回消失已久的好友之前，女性凭借其远见卓识，一直在科技创新之路上扮演着先锋角色。但是，她们的作用一直被忽略。本书作者深入浅出地讲述了引发计算机和互联网诞生的女性的故事，刷新了我们的认知——当下信息技术的弄潮儿不只是男性，乘风破浪的女性从一开始就拥抱了技术。

本书分为 3 篇共 13 章，按计算机起源、连接、上网这一发展脉络，用生动的语言串联起计算机和互联网的发展史。书里介绍了 10 多位科技行业先驱，如编写第一个计算机程序的艾达·洛夫莱斯；推动计算程序普及的百折不挠的格蕾丝·霍珀；见证了互联网最初版本诞生的伊丽莎白·费恩勒；创造了世界上最早的社交网络的斯泰茜·霍恩。

本书适合信息技术行业从业者、对科技史感兴趣的读者、想要寻求自我突破的女性、创业者、大学生阅读。

北京市版权局著作权合同登记　图字：01-2022-1148 号。

图书在版编目（CIP）数据

乘风破浪的隐藏人物：探秘引发计算机和互联网诞生的女性 /（美）克莱尔·L. 埃文斯（Claire L. Evans）著；刘劲松，郭松林译. —北京：机械工业出版社，2024.3
书名原文：Broad Band: The Untold Story of the Women Who Made the Internet
ISBN 978-7-111-74975-2

Ⅰ. ①乘… Ⅱ. ①克… ②刘… ③郭… Ⅲ. ①女性－计算机技术－工程技术人员－生平事迹－世界　Ⅳ.①K815.616

中国国家版本馆 CIP 数据核字（2024）第 052053 号

机械工业出版社（北京市百万庄大街 22 号　邮政编码 100037）
策划编辑：刘　洁　　　　　责任编辑：刘　洁　坚喜斌
责任校对：甘慧彤　张昕妍　责任印制：常天培
北京科信印刷有限公司印刷
2024 年 6 月第 1 版第 1 次印刷
170mm×230mm·16 印张·1 插页·216 千字
标准书号：ISBN 978-7-111-74975-2
定价：79.00 元

电话服务　　　　　　　　　　网络服务
客服电话：010-88361066　　　机 工 官 网：www.cmpbook.com
　　　　　010-88379833　　　机 工 官 博：weibo.com/cmp1952
　　　　　010-68326294　　　金 书 网：www.golden-book.com
封底无防伪标均为盗版　　　　机工教育服务网：www.cmpedu.com

引言　我的戴尔电脑

我小的时候就拥有一台戴尔（Dell）电脑。

米黄色的机箱通过一个 28.8K/bit 的调制解调器与网络连接，每次联网都会发出刺耳的声音。键盘像方糖一样高，略微凹陷。这台装置占据了卧室里 L 型书桌的拐角。多年来，我把贴纸一层一层地贴在书桌的白色复合板上。每揭开一层，就会露出那个贴纸的早期版本，就像糖果在口中融化时的味道。一个少女的房间就像是一个驾驶舱：这里有她最神圣的东西，并在她成长的过程中一路支撑着她，直到最后把她送到这个世界。

我的戴尔电脑经历了一系列变化，运行过从 MS-DOS 到 Windows 95 的所有微软操作系统。DOS 时代是美好的，不光有软盘游戏，还有终端命令（控制台）。随着时间的推移，显示器上钝钝的塑料边框由于我涂上的闪亮指甲油和粘上的便利贴而变厚。我带着愤怒和虔诚，在戴尔电脑的边框上写下"振作起来"（GET A LIFE）。

当互联网进入我的生活时，我的显示器仿佛成了一道玻璃门，打开了一个无限的通道。当调制解调器卡壳时，我就会恭维它：你真是好样的，我相信你可以做任何事情。当时我相信，信息和人一样，在穿越世界的旅程中需要支持。早年我上网的时候，学会了如何写 HTML（超文本标记语言），并建立了初级网站以纪念我最喜欢的乐队。我给新认识的夏令营朋友发送了热情洋溢的电子邮件，找到了一些由于害羞而不敢问的问题的答案，结识了未曾见面的笔友。我还在已经过时的袖珍社区里写日记。总之，我成为我，享受着计算机带给我的自由，摆脱孤立、羞怯和无知，学会尝试、发现和享受。

上大学时，我放弃了我的戴尔电脑，换了一台索尼 VAIO 电脑——那种可怜的时断时续的笔记本计算机，很有可能会出现在未来的技术博物馆中——它的可拆卸底座主要用于加热我的大腿。像美国的大多数消费电子产品一样，我的戴尔电脑可能被填埋了，或者通过集装箱船运往马来西亚、印度或肯尼亚。在那里，它就像动物的尸体一样，被一一"解剖"。我不禁思考，那些在未经处理的电子垃圾堆里，把我的戴尔电脑磨成了塑料粉尘而获得微薄收入的工人，会如何看待这台闪闪发光的显示器。纵使已经过时，但它们却不会完全消失，它们只会成为别人的麻烦。作为大规模生产的产品，它们成为文化记忆的一部分，就像我的戴尔电脑一样，成为童年风景的一部分；或者像我不曾拥有过的个人计算机——Macintosh 老式计算机一样，成为个人计算机的化身。毫无疑问，这就是为什么我们经常把技术的历史看成一排排逐渐变聪明的机器：从古代的算盘到由服从指令的工人打理的房间大小的机柜，从带阴极射线屏幕的箱子到越来越小的硅和塑料的化身，最后逐渐变成熟悉的手持玻璃面板。

这一过程很容易让人对这个小盒子（计算机）进行讴歌。他们会指着一个小盒子说："创造这个的人改变了世界。"然而，这个故事不是关于这些人的。

这是一本关于女性的书。

这也是一本关于使用计算机的书。这并不是说男人制造计算机女人使用它——远非如此——因为我们通常被告知的技术史是一部关于男人和机器的历史，而忽略了女性及其贡献。女性的脑力劳动是最初的信息技术，女性将计算机的基本操作提升为一种被称为"编程"的艺术。她们为计算机提供了语言，把笨重的巨型机投入公共服务，展示了如何让工业产品为人们服务。当互联网还是各种无序的主机时，她们构建了协议来引导流量并助其增长。在万维网进入我们的生活之前，女性学者和计算机科学家创造了将庞大的数字信息库转化为知识的系统。我们摒弃那些简单粗暴的想法。女性在网络时代建立了王国，她们是最早建立和发展虚拟社区的人。如果我们愿意倾听她们在这一过程中所得的经验教训，那么对我们的未来会很有帮助。

所有这些都无法清晰量化，这使得这些女性对计算机的贡献难以衡量，甚至更难以纪念。虽然本书要感谢书中所引用的优秀的历史研究资料，但我也借用了这些资料中女性的第一人称的叙述以及技术史上的零碎文档——包括屏幕截图、聊天记录、废弃软件、过时的手册以及被侵蚀的网页等。我已经尽我所能去探索仍然存在的"软件古董"，用一个海外学生的勤奋去学习 Unix 命令和旧世界网络文化的社会习俗。但愿这些服务器能够长久运转，以支持更多虚拟世界的观光旅游，因为随着时间的推移，这些地方会变得愈发不稳定。具有讽刺意味的是，即使计算机的内存成倍增加，我们保持个人记忆的能力却仍然只受限于我们的身体，靠讲故事来进行扩展。

本书中有女技术人员，有媒体史上最聪明的程序员和工程师，还有学术界人士和黑客。当然，也有文化工作者、网页设计师和游戏设计师，以及自称的"硅巷最靓的仔"。尽管她们的经历各不相同，但她们都有一个共同点，就是她们都深深地关心着用户。她们从来没有被计算机诱惑到忘记它存在的原因——丰富人类的生活。如果你在寻找技术史上的女性，请先看看那些使生活变得更美好、更容易和更有联系的地方，寻找形式让位于功能的地方。计算机是将世界压缩为可供处理和操纵的数字的机器。让尽可能多的人能理解这一点，无论其技术水平如何，本质上不是女性的追求。尽管如此，与我交谈的女性似乎都心照不宣地理解这一点，并将其视为基本的、不可剥夺的和正确的权利。

生活在一个将世界与自身连接起来的计算机里，是一种广阔的、充满变化的生活，甚至是有点神奇的生活。但计算机本身仍然只是一个物体。如果不把它拆成碎片并回收利用，它将毒害地球数千年。只有当我们相信在垃圾填埋之前发生的事情是值得做的时候，这种持久性才是合理的，即使只是精神上的。计算机是用来开启的，电缆是用来连接的，链接是用来点击的。没有人为接触，电流可能会运行，但信号会停止。我们使这个东西有了活力，我们赋予了它意义，而它的意义就在于它的价值。历史书颂扬计算机的制造者，但真正改变世界的是用户和那些为用户设计的人们。

女性出现在技术领域的每个重要浪潮的起点。我们不是辅助，而是中心，常常隐藏在人们的视线中。在本书中，一些奇妙的贡献出现于信息高速公路的中间地带。在一个新的领域发展出其权威性并且能赚钱之前，女性就开始尝试新技术，并推动它超越其设计。女性一次又一次地做着人们认为不重要的工作，直到这些工作变得重要。即使是计算机编程，最初也是由被雇来插接电缆的女孩完成的，仅此而已——直到电缆成为模式，模式成为语言，突然间，编程成为值得掌握的东西。

开启阅读本书的旅程之前，有几点说明。在这本书中，我认为生理性别对社会性别的意义就像身体对灵魂的意义一样。"女性"对每个人都有不同的含义，宽泛的划分能使许多个体摆脱束缚。女性经常分享各种经验，特别是当在我们身处于少数群体的环境中，寻找可以加强我们团结的共同点也是很好的。还有一点：计算机的历史是一道字母沙拉。我们将见到 ENIAC（电子数字积分计算机）、UNIVAC（通用自动计算机）、ARPANET（阿帕网）、PLATO（计算机辅助教学系统）和 WWW（万维网）。要读懂这些缩写，而不觉得是它们在对你大喊大叫，可能很困难。请你不要感到绝望。这是一种乐趣。

现在继续。我的戴尔电脑已经离去，它的记忆也被抹去了。它留下的不是硬盘驱动器上的刻痕，而是在人的身上留下的标记：使用它的那个人，在向周围发送着各种字符。我对戴尔电脑的记忆就像我对家人和朋友的记忆一样：这是一起度过的时光的记忆，也是启发和穿越的记忆。这就是技术的神奇之处：它永远不会与我们完全分离，就像锤子可以增强手的力量，或者镜头可以增强光亮一样，计算机放大了人，让一个只有十几岁的女孩触碰到了世界。我就是计算机，而计算机就是我。

我不会是最后一个有这种感觉的人，肯定也不是第一个。[⊖]

⊖　声明，本书所述观点仅代表作者个人观点，限于作者、译者、编者的经验和水平，本书难免存在不足或错误之处，欢迎指正。"计算机"为术语，"电脑"为俗称，当涉及品牌时，本书保留了俗称，如"戴尔电脑"。

目 录

第 *1* 篇

千女子力

第 1 章 招聘计算机

这是 1892 年的纽约市。1 月份，一个名为埃利斯岛的移民处理中心开始营业；3 月份，在马萨诸塞州的斯普林菲尔德，一个基督教青年会的教员急于让一班疯狂的年轻人在室内娱乐，于是举办了第一场"篮球"公开赛；冬天已经过去，现在是 5 月 1 日，离夏天还差一点，离 20 世纪还差一点。在显示器、鼠标、字节、图片以及我的戴尔电脑出现的一百年前，在《纽约时报》（*New York Times*）的分类页面上有一条奇怪的信息。

上面写着："招聘计算机"（A COMPUTER WANTED）。

这则广告是"计算机"一词首次出现在印刷品中。它并不是一个大意的时光旅行者放在这里的，而是由位于华盛顿特区的美国海军天文台发布的。当时该天文台有一个已经进行了几十年的数学天文项目：手工计算太阳、星星、月亮和行星在夜空中的位置。那年春天，天文台的负责人不想在市场上购买一台计算机，而想要招聘计算机。

在近两百年里，计算机是一个岗位，就像一个以计算或执行计算为生的人。如果有人在 1892 年 5 月的那一天浏览了《泰晤士报》（*Times*）并决定应聘，那他很快就会参加一门代数考试。海军天文台的工作相对来说很轻松：住在附近的人在剑桥一个舒适的、非正式的办公室（即计算办公室）里工作，远离天文台（天文台位于波托马克河上方的一个悬崖上）。他们每天工作 5 小时，在火堆旁的桌子上绘制天空图，并经常停下来讨论跟科学相关的想法。其余的人根据他们在邮件中收到的详细的数学工作计划，在家里工作。正如一位历史学家所指出的，计算是最初的家庭手工业。

每天，这些"计算机"——就像今天的计算机一样——都会解决大规模的复杂的数学问题。他们不会一个人单独做。新雇员将成为团队的一部分：每个人都要处理自己负责的那部分数字，其中一些人会为了获得额外的报酬而修正他人的错误。海军天文台的团队仅凭纸和笔就可以绘制天空，就像整个西方世界的其他计算办公室推动弹道学、海上导航或纯数学一样。他们不会获得太多的个人荣誉，但无论问题是什么，他们都对解决这个问题起到了作用。

计算办公室是思维工厂。19 世纪的英国数学家查尔斯·巴贝奇（Charles Babbage），他以蒸汽机关作为动力来计算的想法引领了机械计算重要的早期发展。他将他那个时代的人类计算办公室中的工作称为"脑力劳动"。他认为这是用大脑从事的工作，就像敲打钉子是用手臂从事的工作一样。的确，计算是有组织的科学的繁重劳动。人工计算机在被淘汰之前，为美国陆军准备弹道轨迹，在布莱切利公园破解纳粹的密码，在哈佛大学处理天文数据，并在曼哈顿计划中协助核裂变的数值研究。尽管工作多种多样，但当时的计算机有一个共同点，那就是都是女性。

总之，大部分是这样。海军天文台只为其航海年鉴办公室雇用了一名女性计算机，尽管她是迄今为止最有名的那个计算机。玛丽亚·米切尔（Maria Mitchell），一位来自南塔克特岛的贵格会成员，她在 30 岁之前就因为在夜空中发现了一颗新彗星而获得了丹麦国王颁发的奖章。这颗彗星后来被称为"米切尔小姐的彗星"。在天文台，米切尔计算了金星的星历，正如她的主管告诉她的那样，她是处理那颗最美行星的最出色的计算机。

她作为一名女性出现在一个计算团体中，这在当时是不寻常的，但这种不寻常，以后会越来越少见。在由贵格会活动家组织的塞内卡瀑布女性权利大会的前一年，玛丽亚·米切尔发现了她的彗星。她所在的教会是唯一允许女性向其会众布道的宗教派别，而玛丽亚的父亲，一位业余天文学家，积极地四处游说，希望她的成就得到认可。然而，在 19 世纪末之前，计算在很大程度上会是女性的职责范围。正是这些女性脑力劳动者，将棘手的问题分解成数字步骤，就像今天的机器解决问题一样，迎来大规模科学研究的时代。

到了 19 世纪中期，计算被认为是女性的工作，以至于当计算机器出现时，它与人类同行一起进化，并且在很大程度上独立于人类同行。数学家们提出"女子年"来推测她们的马力，并将机器劳动的单位描述为一个"千女子力"。这就是"千女子力"的故事。正如最美丽的图案一样，它始于一台织布机。

蜘蛛的工作

织布机的技术原理很简单，但在经线和纬线中，蕴含着所有技术文化社会的"编织"。纺织品是人类生活的核心，像软件一样，它们被编码赋以意义。正如英国文化理论家萨迪·普兰特（Sadie Plant）所观察的，每一块布都是其编织的记录，是技能、时间、材料和人员相互关联的矩阵。她写道："任何布匹的图案都是生产过程中不可或缺的一部分；这个过程和图案是连续的。"当然，这个过程在历史上与女性有关。在织布机周围，在纺车上，在缝纫圈里，在古埃及和中国，以及在基督教诞生之前 5 个世纪的东南欧，女性已经"编织"了衣服、住所、身份标识，甚至货币。

与许多公认的模式一样，这种模式被工业革命打乱了。当时法国织工约瑟夫·玛丽·雅卡尔（Joseph-Marie Jacquard）提出了一种制作布料的新方法——不是通过手工，而是通过数字。与传统的布料制作只能依靠织布工个人的创意让织布机制造出别具一格的产品不同，雅卡尔的发明是将图案打入纸卡序列，从而生产出非常复杂的纺织品，图案可复制且样式齐整，错误率还远低于人类手工。由此生产的花缎、织锦缎和绗缝马赛式被子在整个欧洲变得非常抢手，但雅卡尔提花织布机的影响可不是仅局限在工业纺织品的生产：他的打孔卡片在历史上第一次将图案与过程分开，并最终被应用于最早的计算机。编码在纸上的图案，后来被计算机科学家称为"程序"，轻松地使数字像线一样有意义地编排在一起。

雅卡尔提花织布机使熟练的男女纺织工人开始陆续失业。一些人纷纷效仿奈德·卢德（Ned Ludd），据说在 18 世纪他曾把一对袜子的机架打得稀巴烂，他把怒火发泄在新机器的机架上。我们之所以现在使用"卢德派"（Luddite）这个词（贬义词）来形容对技术有不合理厌恶情感的任何人，就是因为这项技术在当时不受欢迎。甚至拜伦勋爵也对抗议分子表示同情。1812 年，在上议院的首次演讲中，他将雅卡尔提花织布机的机械编织成果比作"蜘蛛的工作"，为有组织地破坏新机器的人进行辩护。私下，他担心由于自己对卢德派的同情，他可能会被视为"半个破坏者"。他当然不是破坏者，而且他对蜘蛛工作的看法大错特错。

即使拜伦提出了异议，但雅卡尔提花织布机生产的纺织品的质量和数量都是全球领先的。数学家查尔斯·巴贝奇拥有一幅约瑟夫·玛丽·雅卡尔的肖像，这幅画用 24 000 张打孔卡片的数千根丝线编织而成，织品非常复杂，经常被他的客人误认为是雕刻品。尽管这幅画是好东西，但真正点燃巴贝奇想象力的是织布机本身，以及它的打孔卡程序。巴贝奇宣称："众所周知，雅卡尔提花织布机能够织出人类想象中的任何图案。"只要这种想象能够转化为图案，它就可以以相同的质量在不同体积、不同材料上复制各种层次的细节以及各种颜色的组合。巴贝奇理解打孔卡程序的深奥之处，因为数学公式的工作方式也是一样的：一次又一次地运行，它们永远不会改变。

事实上，他对雅卡尔提花织布机非常着迷，以至于他一生中的大部分时间都在设计由打孔卡投送的机器。为了描述这些程序是如何工作的，他甚至采用纺织厂的语言，编写了一个"库"来保存数字，以及一个可以处理这些数字的"工厂"，类似于现代计算机的存储器和中央处理器。数字会在巴贝奇的机器中移动，就像线变成整块布一样汇聚在一起。

巴贝奇的机器——差分机（Difference Engine），一种旨在将多项式函数制成表格的手摇机械计算器，以及更复杂的分析机——远远领先于它们的时代，以至于它们通常被认为是不合时宜的历史产物。尽管视数学表格为国家利益的英国政府愿意尝试，但机械设计需要达到前所未有的技术精度。1823 年，政府资助了差分机的建造，最初拨款为 1700 英镑。近 20 年后，当政府取消该项目时，该项目已经花费了 10 倍的钱，除了一些局部模型和 400 平方英尺（约 37 平方米）让人困惑的示意图外，没有任何可以展示的成果。当时的英国首相认定这是一个"非常昂贵的玩具"，"就科学而言，毫无价值"。

这些机器让巴贝奇名声大噪——也许是臭名昭著——但在他那个时代，很少有人有能力在精神层面上去理解它们应该做什么，更不用说如何做了。这些人中就有拜伦勋爵（Lord Byron）的女儿艾达（Ada）。在她短暂的一生中，她会确定一件事：她父亲不屑一顾的蜘蛛工作将在 20 世纪乃至更远的以后迅速发展，影响深远。

来自宇宙各个角落的射线

艾达的成长是很特别的。她是拜伦勋爵和一位聪明的、有数学天赋的贵族的孩子，这个贵族名叫安妮·伊莎贝拉·米尔班克，简称安娜贝拉（Annabella）。拜伦的前伴侣曾评价拜伦是"疯狂的、坏的而且危险的人"，他的激情从任何意义上说都是浪漫的。而相反，安娜贝拉是理智和有教养的，拜伦戏谑地称她为

"平行四边形公主"。因传言放荡不羁的拜伦与其同父异母的姐姐奥古斯塔有着不清不楚的关系，这对夫妇分居了。

安娜贝拉最不希望的是艾达继承她父亲的放荡不羁，或者因为他的恶名而受连累。为了不让她的女儿走父亲的老路，安娜贝拉从艾达四岁起就开授严格的数学教育课程。她认为，数学是诗歌的相反面。

拜伦勋爵在艾达出生后不久就逃到了意大利。尽管他经常打听女儿的消息，但此后他与她却从未相见。他在写给奥古斯塔的信中问道："这个女孩有想象力吗？"他清楚地知道，安娜贝拉故意让他们的女儿与世隔绝，不会直接透露任何信息。1824 年，拜伦勋爵在希腊死于流感，当时艾达只有 9 岁。临终时，他对他的贴身男仆说："哦，我可怜的孩子！我亲爱的艾达！我的上帝，我要是能看到她就好了！请把我的祝福送给她！"

拜伦勋爵的遗体经由轮船运回英国，人群聚集在伦敦的街道上，观看由 47 辆马车组成的葬礼队伍。当艾达终于知道她父亲的名字时，她为他哭泣，尽管她和她的母亲似乎并不十分尊重他的遗产——拜伦勋爵的画像在她们的家里，一直被隐藏起来，直到艾达 20 岁。但是，他的多变在她身上得到了体现。"我不相信我的父亲是（或曾经可能是）一个诗人，而我是一个分析家（和形而上学家），"她在晚年写给查尔斯·巴贝奇的信中写道，"因为对我来说，这两者是不可分割的。"

艾达敏锐的分析性思维受到狂野想象力的影响。由于她的性别，她无法接受正规的大学教育，在家庭教育下茁壮成长。她是一个早熟而又非常孤独的孩子，她设计了飞行器，还在台球桌前拉小提琴。她经常生病，容易发作当时所谓的歇斯底里症，并且在三年严重的麻疹发作期间差点没有活下来。在此期间，即使艾达长期卧床不起，安娜贝拉对于她的学业也丝毫不放松。艾达是一个不屈不挠、充满激情和魅力四射的人。当她超越了她的导师后，她通过读书以及与一些 19 世纪英国最杰出的思想家通信来自学。

她只有十几岁的时候就与知名科学家玛丽·萨默维尔（Mary Somerville）建立了密切的友谊，玛丽会回答她的问题并鼓励她学习。逻辑学家奥古斯都·德·摩根（Augustus De Morgan）以写信的方式把问题邮寄给她，为她的回答中所体现的思维能力感到震惊。他感叹道，如果她是个男人，她"把握基本原理的优点和真正难点的天赋"会使她成为"一个原创的数学研究者，也许是一流的杰出人物"。她没有在困难面前退缩，并且掌握了一种特殊的学习方式：质疑数学的基本原理，深入理解它们的基本含义，并彻底理解它们。

艾达第一次见到查尔斯·巴贝奇是在她和母亲去伦敦参观他的"差分机"时。那是他的第一台非常昂贵并且还未完成的数学机器。当时她 17 岁，巴贝奇 42 岁。巴贝奇在他举办的星期六晚上的沙龙里展示了这台机器——只能说这是它的一部分。这个沙龙吸引了社会上最知名的人物：查尔斯·达尔文、迈克尔·法拉第、查尔斯·狄更斯以及威灵顿公爵。当时艾达穿着绸缎和薄纱刚在宫廷仪式上首次亮相不久。她低声对她的母亲讲当时她被引荐的各个公爵：威灵顿公爵，她喜欢；奥尔良公爵，她也喜欢；但塔列朗公爵是一只"老猴子"。

在沙龙里，艾达认真地来来回回看着，她并不看重自己的社交义务。然而，她立刻被巴贝奇的机器迷住了，那是一个由相互连接的黄铜齿轮和嵌齿轮组成的巨大块状物。一位旁观者写道："当其他参观者以一种表情或是一种感觉，凝视着这件美丽的仪器工作时，这种感觉类似野蛮人在第一次看到望远镜或听到枪声时的感觉。然而拜伦小姐，虽然她还很年轻，但她了解它的工作原理，并看到了这个发明的伟大之处。"

不久之后，艾达嫁给了一位比她年长 10 岁的青年才俊贵族，成为艾达·奥古斯塔·金（Ada Augusta King）。三年后，她丈夫的爵位得到提升，她因此成为洛夫莱斯伯爵夫人（Countess of Lovelace）（见图 1）。到 24 岁时，她已经生了三个孩子——其中一个是男孩，以她父亲的名字命名——同时她还在打理她位于萨里和伦敦的家。尽管事务缠身，但她每天仍然学习数学，并对差分机着迷。

图 1 艾达·奥古斯塔·金，洛夫莱斯伯爵夫人

她恳求巴贝奇让她为他的机器服务。"我希望你能记住我，"她在 1840 年写信给他，"我的意思是我的数学兴趣。你知道这是任何人所能给我的最大帮助。"作为一个伯爵夫人，艾达发现她的社交义务极大地分散了她真正的激情，而她想要走一条专业道路，想要从事一个职业，以某种有用的方式实践数学。这可能会加强她的天赋，就像她父亲的诗加强了他的天赋一样。她写给巴贝奇、她的母亲和她的许多朋友的信中，展示出她被一种巨大的恐惧感所吞噬，害怕没有机会在数学领域做出成绩。她确信自己有独特的才能：她强大的推理能力是她母亲教育培养的，而她"对隐藏事物的直觉感知"是她缺席的父亲遗

传的。母亲担心她会疯掉，她在写给母亲的信中说："我可以将来自宇宙各个角落的射线投射到一个巨大的焦点上。"

艾达对她的丈夫有感情——她称他为"我选中的宠物"——但她把她的精神生活献给了巴贝奇和他的机器。她成为他的助手，也是他的代言人。他打破传统的思维方式吸引了她，同时，她也钦佩他的想象力。艾达在与世隔绝的环境中长大，在母亲一心想要遏制她父亲拜伦勋爵的任何诗意狂想的严格管教下，她觉得自己得到了巴贝奇的认可。像她一样，巴贝奇也明白对数字的操控——数学思想的最高层次——具有深刻的形而上学意义。数学本身就是一种诗歌形式。

但在艾达结婚的时候，巴贝奇已经完全放弃了差分机的研发。尽管在他的沙龙上，这台机器可能给英国社会留下了深刻的印象，但它只是一台非常复杂的用有限差分方法计算出一排排数字的加法机。差分机本来可以用来制作精准的数学表格，精确地"用蒸汽动力计算"这些人类计算机在当时做了一个多世纪且只偶尔出错的事情，但巴贝奇对如此实用的东西却不再感兴趣。他有一个更大的想法。

差分机精确研磨的齿轮存储了数千个数字，但巴贝奇希望它们能存储变量——代替数字的抽象符号。如果这样，一台机器可以做的事情远不止算术，它将能够解决各种问题。他开始为第二台机器制订计划，这台机器将实现从机械化算术到成熟通用计算的概念性飞跃。他把它称为分析机。

如果说差分机是巧妙的，那么分析机则是辉煌的。如果完全建成，那么它将能够在 3 分钟内完成两个 20 位数的乘法。哈佛大学的马克 1 号，这样一台在 20 世纪 40 年代使用巴贝奇的部分基本计算原理制造的机电计算机，能够在大约 6 秒内完成同样的任务，但那是在约 100 年后。今天，我的笔记本计算机可以在百万分之一秒内完成计算。但分析机不是一台电子机器：它是一个笨重的机械装置，它带有曲柄、杆和旋转的齿轮设计为由蒸汽驱动。"机"这个词是正确的：对于未经训练的人来说，目前在伦敦科学博物馆展出的分析机的部分模型看起来就像是从火车肚子里拉出来的东西，它有一个像银行的保险库一样强大而沉重的身形（见图2）。

图 2　分析机的一小部分"工厂"

这次推广很艰难。在巴贝奇的差分机上浪费了那么多钱之后，英国政府当然不会再为一个直接应用更少的新模型提供资金，因此巴贝奇陷入孤境：由于他的固执，他在英国科学界树敌不少。为了激发人们对机器的兴趣，巴贝奇在1840 年秋天接受了一个邀请，前往都灵，与一群意大利科学家和哲学家分享他的分析机计划。他幻想"阿基米德和伽利略的国度"可能比他的祖国更开明，但事情没有如他的预期那样进行。

坐在巴贝奇的都灵听众席上的是当时的 L. F. 梅纳布雷亚（L. F. Menabrea）伯爵，一位年轻的军事工程师，他后来成为一名外交官，最后成为意大利总理。演讲结束后不久，梅纳布雷亚伯爵为一本瑞士杂志写了篇详细的论文——《分析机概论》（*Notions sur la machine analytique*）。对知识充满好奇的艾达看到这篇论文后，便立即开始翻译，一边翻译一边纠正梅纳布雷亚伯爵的错误。她向巴贝奇展示了她的译文。巴贝奇感到非常震撼，问她既然对机器和它的架构如此熟悉，为什么不直接写一篇原创论文？她之前没有想过这个问题。巴贝奇建议，她应该在译文里至少加入自己的注解。这种在谦虚和知识野心之间的平衡是可以接受的，于是她接受了这个方案。但是，当它们被送到印刷厂时，艾达的注解——她只用自己名字的首字母"AAL"签字——已经可以单独发表。它们比梅纳布雷亚伯爵的文章长了近三倍，而且复杂度超过至少一个数量级。

在她的注解中，艾达综合了巴贝奇的广阔视野，这可不是一件容易的事：在巴贝奇去世时，他已经为分析机设计了 30 卷图纸。她用形而上学的思想使她的技术分析更丰满，意图让这个机器能够被理解，并且让受过教育的维多利亚时代的读者感兴趣。艾达和巴贝奇都特别希望科学界和英国政府人士能够对这个机器有所认识。巴贝奇很固执，不擅政治。艾达知道他的才华很容易被那些认为他性情古怪、难以忍受他的人所忽视。对此，他承认道："艾达，你是我珍贵又敬佩的翻译。"

艾达不仅解释了分析机的技术工作原理，她还想象着它可能对世界产生的影响，梳理通用计算的含义，预测软件的变革力量。她明白，如果分析机能处理符号，那么任何可以用符号表示的东西——数字、逻辑，甚至音乐——都可以通过机器做出奇妙的事情。她写道："分析机编织代数模型，"她用纺织品做比喻，"就像提花织布机编织花和叶一样。"可能性是无限的，她的头脑正好可以阐述这些可能性：数学上的辉煌和诗意上的精辟是一样的。

这项工作给她的精神和身体带来了负担。像当时的许多病人一样，医生给她开了处方来治疗她的疾病。在药物的作用下，她在社交活动和生病期间仍能精力充沛地工作。她的母亲不赞成她工作，并试图策划家庭活动来使她分心，但艾达很执着。在这段时间里，艾达和巴贝奇之间的通信很频繁，而且非常亲密。他们在伦敦来回发送信件，经常一天数次。她责备他工作马虎，对他编辑她的文章感到生气，并指出他的错误，同时称自己为他的"仙子"——这是对她是一个数学精灵的恰当描述。"我的大脑绝非常人，"她在整理机器推导出伯努利数字的所有方法时吹嘘到："在 10 年之内，如果我没有以非人的嘴或大脑从这个宇宙的奥秘中吸出一些生命的血液，那就是有魔鬼在其中。"

分析机从未完成，但它代表了计算机时代的概念性曙光。它设计的四个部分——输入、存储、处理和输出——至今仍是所有计算机的核心组成部分，而艾达为解释这种新型机器而准备的引人注目的原创笔记，将为计算机科学文献的发展带来近一个世纪的先机。为了证明机器如何在没有任何"人的手或头"的帮助下计算伯努利数，她写了一些数学证明，许多学者将其称为有史以来的第一个计算机程序，而所有这些都是为了一台从未存在过的机器。虽然艾达有三个孩子，但她将为梅纳布雷亚伯爵的文章写的注解称为她的长子。在完成她的初版后，她给巴贝奇写信道："他是一个不寻常的好孩子，将成长为一个实力超群的人。"

在艾达所处的时代，她把自己的工作定性为男性的工作，在注解上只用她的名字缩写进行签名，她太难了。尽管她在生前得到了支持者高调的鼓励——包括她的导师、丈夫和科学界朋友，其中巴贝奇是最主要的成员——但她的道路显然是非正统的，甚至她的母亲也几乎无法忍受。萨迪·普兰特写道："即使是伯爵夫人，也不应该算数。"除了她的朋友玛丽·萨默维尔外，她几乎没有女性同伴。她的成就需要顽强而持久的自我引导和对数学近乎狂热的奉献精神，这种精神既违背了传统，又损害了她的健康。

艾达一生体弱多病，有头晕、疼痛、昏厥和神经性不适。她的症状被认为是歇斯底里症，要通过定期服用药物来控制。在她 36 岁时——与她父亲去世的年龄相同——她死于真正让她痛苦的疾病：子宫癌。

她几乎放弃了数学。在她生命的最后几年，她利用她的数学敏锐度为一群男性朋友组成的临时团体计算赔率，附带着赛马。一位传记作者认为，她希望赢得建造巴贝奇的分析机所需的资金，但她经常输得很惨，以至于她被迫向朋友借钱并当掉家里的珠宝。当她在伦敦长期卧床休息时，她变得更像她的父亲——疯狂、糟糕和危险——而不是像"平行四边形公主"。在药物、酒精和氯仿的作用下，她在现实和虚幻中穿行，重复着家族的鲁莽和悲剧的和弦。"我确实害怕那样可怕的斗争，我担心这是融在拜伦家族的血液之中的，"她给她母亲写信道："我认为我们不会轻易死去。"

和她父亲一样，艾达的作品也比她本人在世的时间更久，尽管这一作品在近一个世纪后才被正确认识。直到计算机时代到来，当它们的先见之明变得不可否认时，她的注解才在英国的计算机研讨会上重新发表。1953 年，艾达作品的编辑赞叹道："她的思想是如此现代，以至于再次成为热门话题。"艾达很幸运，她出生在富裕、高贵和相对闲适的地方。即使没有走职业道路，她也能够进行自我引导，而且她有时间做自己感兴趣的事情。不过，她本可以做得更多，而且很明显她也想这样做。许多才华横溢的女性出生在错误的时间、错误的地方，或者期望在错误的领域产生影响。她们都有类似的命运，甚至更糟。

在阅读艾达的信件时，我看到了一个我希望能够跨越几个世纪接触到的人，并对她说：你是对的。除了你，没有人能够看到。你后继有人。你会有外孙女们和曾外孙女们。她们会在世界各地萌芽，并以同样顽强、不屈不挠的专注力工作。其他人将继续享受荣誉，直到有一天这些荣誉消失。然后，你的历史将被少女们在她们的世界中心地带的桌上，用超出你想象的机器，反复铭记。

千女子力

在艾达·洛夫莱斯的坚持下，她被埋葬在她父亲的祖屋拜伦庄园附近的一座小教堂里。她的棺材用柔软的紫罗兰天鹅绒制成，上面刻有洛夫莱斯家族的座右铭，这是她在为巴贝奇的分析机笔耕不辍地写注解时接受的一条公理。这句话是："劳动本身就是奖赏。"

劳动在很长一段时间内有其自身回报的特性。到艾达那个时代的世纪末（19世纪末），尽管像她这样有技术天赋的女性可以在大西洋两岸找到人类计算机工作，但她们并没有得到与其贡献对等的职位头衔或报酬。例如，在19世纪80年代，天文学家爱德华·查尔斯·皮克林（Edward Charles Pickering）只雇用女性为他的哈佛实验室进行恒星数据的分析和分类工作，其中包括他自己的女仆威廉明娜·弗莱明（Williamina Fleming）。尽管他后来支持天文台工作的女性，甚至在天文会议上代表弗莱明提交论文，但皮克林雇用她们并不是为了宣传。他只是想让工作人数增加一倍，因为女性的工资是当时男性工资水平的一半。一个与之竞争的只雇用男性的天文台主任向一位同事抱怨说，"哈佛大学的计算机大多是女性，花很少的钱就能让她们干活。"

历史上被称为"皮克林后宫"的哈佛大学的计算机们编录了一万颗恒星的目录。威廉明娜·弗莱明，这位曾经的女仆，发现了马头星云，并开发了一个通用的恒星命名系统；而她的同事安妮·坎农可以以每分钟 3 颗恒星的速度对光谱进行分类，而且结果具有高度的一致性，这使她能够发现许多不寻常的新恒星。这些女性实际上是在绘制宇宙地图，但她们的工资与非技术工人的工资相当——每小时的工资为25～50美分，她们的收入比她们在工厂工作只多一点点。

在美国，女性计算办公室工作人员的数量在接近 19 世纪末时有所增加。而内战后，这一数量明显上升。重大战争对性别和工作有明显的影响，它们为女性提供了新的就业机会。在战争的情况下，许多人因为战事成为寡妇，她们希望通过从事日益复杂的协调性工作来养活自己。正如历史学家戴维·阿兰·格里尔所写的那样，1865 年内战结束后，女性计算机不再像玛丽亚·米切尔那样是"慈父的天才女儿"，或者像艾达那样是"富有同情心男士的聪明朋友"。她们是"这个世界上靠数字技能谋生的工人和办公室工作人员"。

第一次和第二次世界大战也让成千上万的女性进入了工作场所，成为打字员、文员和电话接线员。但是，电话公司才是女性劳动力的第一大规模的雇主。1891 年，有 8 000 名女性担任电话接线员；到 1946 年，这一数字接近 25 万。女性是灵活的劳动力，能够在网络和流动团体中协作工作，以适应组织的需要。她们负责调配电话交换机、做记录和归档文件。这些烦琐的办公任务现在越来越多地由数字助理和自动电话系统以电子的方式完成，其中许多系统在默认情况下仍使用女性语音。

在 20 世纪上半叶，当女性的声音在不断增多的电话网络中出现时，"女职员"这个词与"计算机"交替使用。应用数学小组（国防研究委员会的一个部门）的一名成员，在 20 世纪 40 年代初管理着一个人类计算小组，将一个单位的"千女子力"等价于大约 1 000 小时的计算劳动。国家航空咨询委员会——美国国家航空航天局（NASA）的前身——早在 20 世纪 40 年代就保留了自己的"女职员"资源库，她们在兰利研究中心的一个隔离的西区工作，其中包括黑人女性。其中一位数学家凯瑟琳·约翰逊于 1958 年加入太空任务组，为艾伦·谢泼德和约翰·格伦的太空飞行手工计算轨迹。兰利的计算小组手工进行了所有分析计算，使用的是当时的计算尺、放大镜、曲线和早期的计算机。人们经常引用约翰逊的话说，"在计算机穿着裙子的时代"，她就是计算机。

美国最后一个重要的人类计算机项目，是一本由公共事业振兴署资助的数学表格参考书，由另一位女数学家格特鲁德·布兰奇（Gertrude Blanch）负责。该书出版的时候，正是计算机器淘汰人类计算机的时候。人类计算机作为大规模科学研究的兴起与硬件执行计算能力之间的过渡而兴盛。最终，在第二次世界大战期间，在计算机科学研究的高峰中出现的不知疲倦的机器使其竞争对手败下阵来。在这场战争之后，机器果断而永久地接管了一切，第一次也是最后一次改变了"计算机"这个词的定义。对其工作描述也从曾经的"需要人类努力的独特凝聚力"，变为"曾经的人类计算机从竞争对手变成了守护者，不再执行机器的功能，而是对要执行的功能进行编程"。

人类计算办公室在女子年时间里执行的数字运算，机器现在可以在几分之一秒内完成。但在几个世纪里，类似在蜂巢和"后宫"中工作的女性群体是硬件：分布式生物机器能够进行超出任何个体心理能力的惊人计算，这些计算对宇宙进行编目，绘制星图，测量世界并制造炸弹。在某些情况下，数学劳动可能被分解成每个人相对简单的步骤，然而这不是重点。正是所有这些同时和集体执行步骤的积累，预示着我们相互连接、计算的大数据世界。对个体而言，女性是第一批计算机，她们聚集起来，形成了第一个信息网络。我们今天所知道的计算机是以它所取代的人命名的，而早在我们理解"网络是我们自己的延伸"之前，我们的"曾祖母"就已经在执行促使其到来的行动。

计算机的到来可能清空了人类的计算办公室，但它并没有把女性从这一领域赶走。恰恰相反：许多曾经从事过计算机工作的女性找到了守护该替代品的工作。女性手中的工具从铅笔和滑尺升级到桌面计算器和开关，然后是继电器和打卡制表机。在新机器上输入和输出信息也被视为女性的工作，比如打字、归档文件和接打电话。这不是一件容易的事，与早期的机械计算机打交道需要敏锐的分析能力和无限的耐心。就像那些用数学"移山"的女性一样，早期的计算机程序员和操作员的任务是解决巨大而棘手的问题。她们的创造性解决方案往往有天翻地覆的区别。

第 **2** 章　奇异恩典格蕾丝

在日本偷袭美国珍珠港时，格蕾丝·霍珀（Grace Hopper）36 岁，有终身职位，并已结婚。她教数学，她的丈夫文森特（Vincent）教文学。这对夫妇在大萧条期间以 450 美元买下了位于新罕布什尔州的 60 英亩土地。在这个地方，他们花了一个夏天的时间修缮了一个旧农舍。他们在这里打羽毛球，格蕾丝还钩了地毯，这是她小时候在位于沃尔夫伯勒湖的家里避暑时学会的技能。

格蕾丝和文森特过着很多已婚学者普遍头疼的生活。当格蕾丝开始她在耶鲁大学的研究生学习时，文森特正在哥伦比亚大学攻读博士学位。她抽出时间阅读叙利亚、古巴比伦和中世纪的相关文献，帮助他研究长达 8 年的论文项目，即数字象征主义的历史。当她 1931 年开始在瓦萨学院任教时，她在业余时间旁听课程，学习了天文学、地质学、物理学和建筑学。她对知识信手拈来的程度使她在校园里成为传奇：为了给学生留下深刻印象，她有时会用左手在黑板上写一个德语句子；写到一半时，她会换成右手，用法语完成这句话。

当格蕾丝是瓦萨学院的初级教师时，她接过了老师们不愿教、学生们害怕学的课程，如微积分、三角学和机械制图。为了改变这种情况，她用新的概念来解释旧的作业，就像现在的好老师一样。为了让地形学变得有趣，她会告诉上她机械制图课的学生，他们在追踪梦幻般的想象世界的边界；她还更新了微积分教科书中常见的弹道学问题，将火箭纳入其中，激发了学生们的想象力。因此，在她的课堂里，学生人数激增，挤满了来自各个院系的学生。这为她赢得了上级的尊重并招致了同事们的怨恨。

1941 年冬天，当时格蕾丝和文森特在纽约市。文森特在纽约大学商学院找到了一份教普通文学的工作，格蕾丝从瓦萨学院得到了一份为期一年的在纽约大学带薪进修的机会，师从应用数学领域的主要人物之一——理查·科朗特（Richard Courant）。这是一个美好的假期，他们每周都会开着一辆她称为"约翰逊博士"的 A 型福特车沿着哈德逊河行驶，往返于波基普西和城市之间。格蕾丝喜欢科朗特，他专门研究微分方程与有限差分，这是她在瓦萨学院教微积分课程时先学生一步学会的。科朗特是德国移民，他的口音很可爱，而且他的讲座总是很吸引人。她喜欢在他的指导下解决非正统的问题，即使他有时会因为她采取非正统的方法而批评她。总而言之，这是"无与伦比的一年"。然后，一切都变了。

一天，格蕾丝和文森特坐在他们书房的一张双人书桌前，他们在一个小收音机里听到了这个消息：夏威夷的一个海军基地遭到了猛烈的突袭，导致了 2403 名美国人丧生。次日，美国向日本宣战；一周内，冲突扩大到日本的盟友德国和意大利。

格蕾丝周围的每个人都想参战。文森特曾试图参军，但因他戴眼镜而被拒绝。格蕾丝的哥哥，像她全家人一样都是瘦巴巴的，因为视力的问题，也没有入选。但他们没有因此止步，都志愿加入了征兵并被录取。格蕾丝的表妹成为一名护士。1942 年夏天，大家似乎都走了，所有的男人都入伍了，她家所有的女性都在军队新设的女性部门工作，除了她那有孩子的姐姐。格蕾丝也想尽自己的一分力，但她因为体重不足而且年纪太大而无法服役。数学教授属于机密的职业，在未经批准的情况下不允许入伍。她接受了巴纳德学院的暑期任命，为女性教授特殊的战备数学课程，但这还不够。整个夏天，军校学生从哈德逊河上一艘训练舰大步走过巴纳德学院的宿舍。格蕾丝看着他们，渴望也能加入海军。

　　回到北部后，孤独和迷茫的爱国主义让她感到不安。"我开始觉得坐在那里很孤独，"她说，"舒适的大学教授。"她积极地游说瓦萨学院让她去服役。她给学院下了最后通牒——6 个月，要不然她无论如何都要离开。尽管她太老、太瘦，而且她的视力也不比她哥哥的好多少，但她还是去了。从珍珠港的炸弹落下的那一天起，已经出现在格蕾丝·霍珀脚下的那条受人尊敬的中产阶级生活的道路，她不愿再走一步。几年内，一切都发生了变化：她与文森特分开，辞去了工作，加入了美国海军。这不是她做过的第一件了不起的事情，也不会是最后一件。

　　格蕾丝在马萨诸塞州北安普顿的美国海军预备役军校学习的第一天时，她满 37 岁了。她很快学会了海军的各种说话方式，她的学习能力一直很强。她随身携带了一本字典并仔细阅读，把新词像数学变量一样塞进每个句子，并自学了德语、拉丁语和希腊语。而掌握军事礼仪则更为棘手，很多时候是因为这些军事礼仪经常与社会规范相悖，如在入口处，当军衔等级撞上了礼节时。有时她会停下来让海军将领先过，但他们会把她当作一位女士让她先过，这就变成一场错误的闹剧。"我们经常最后都是一起挪步，"她回忆说，"这不太好。"不过，她喜欢军校的训练，觉得就像在跳舞。

　　她比其他新兵个头小，而且年纪大，与几个月前她才教过的学生一起训练。但是，在经历了学术职业生涯，以及在东北地区来回通勤并同时努力维持两个家庭以及紧张的婚姻后，军队生活的限制感觉就像是在度假。她不再需要考虑其他人，甚至不需要在早上挑选自己的衣服。东西不多，甚至连尼龙袜都是定量供应的，但她的家庭负担消失了。她多年后对一位历史学家说："我很享受。"与那些和她一起入伍的年轻人不同，她"拥有最彻底的自由……我就像躺在羽毛床上一样迅速地放松下来，我的体重增加了，过着完美的天堂般的生活。"由于肉类定量供应，她每周日晚上都会吃来自新英格兰海岸的鲜鱼和龙虾。她被任命为营长，并穿着痒痒的莱尔长筒袜，以班上第一名的成绩毕业（见图3）。

图 3　格蕾丝

　　尽管格蕾丝确信，如果她是个男人，海军会派她出海，但新上任的霍珀中尉没有在海军舰艇上待过一天。相反，她曾经的工作引起了军方的注意——她在纽约大学跟随理查·科朗特研究过有限差分。海军在一夜之间改变了对格蕾丝的任命。在训练中，她曾认为她的军事生涯将是和通信部的精英数学家和逻辑学家们一起破解敌人的密码，通信部是海军的密码智囊团，由格蕾丝以前的耶鲁大学教授之一主管。她甚至研究了密码学，为这种可能的情况做准备。然而，海军把她送到了哈佛大学，正如她总说的，她在那里成为世界上第一台计算机的第三个程序员。

当她于 1944 年 7 月抵达哈佛大学时，她很快就迷路了。海军联络处无处可寻，格蕾丝也没有得到任何关于她将被派往何处或为何派驻的信息。她在校园里徘徊，直到最后被一名武装警卫带进哈佛大学克鲁夫特物理实验室的地下室。一个 6 英尺 4 英寸（1.93 米）高的强硬的男子在门口迎接她，露出恼怒的神情。他说的第一句话是："你去哪里了？"她大吃一惊，说她刚从海军预备役学校出来，花了一上午时间寻找她的目的地。"我当时有点茫然，在那个时候我当然是非常害怕指挥官的，"她回忆说。"我告诉他们，你无须接受培训"他嘟囔道。他认为女人不需要培训。他问她是否已经找到了住处。她告诉他，她才刚刚到。他回答说："好吧，去工作吧，你明天就有住处了。"

格蕾丝开始工作了。她在战争期间从未参与过任何行动，但却驯服了两个"怪兽"。第一个"怪兽"是这个粗糙的男人——海军少校霍华德·艾肯（Howard Aiken）。在哈佛大学物理学研究生期间，艾肯——查尔斯·巴贝奇的忠实崇拜者——设计了一个机械算术装置，能够解决任何问题——从基本算术到微分方程，都可以简化为数值分析（由于他博士论文中的计算复杂烦琐，堪称噩梦，所以他意外发明了这个装置）。艾肯的机器由 IBM 公司为交换权力而制造，并捐赠给大学供战时使用。这台机器是格蕾丝要面对的第二个"怪兽"。因为艾肯把它想象成一组菊花链式的计算器来完成十几个人的工作，所以它是一台自动序列控制的计算机。哈佛大学的每个人都称它为"马克 1 号"（Mark Ⅰ）计算机。

马克 1 号被分配到海军军械局以处理战争中的弹道问题，艾肯需要熟悉有限差分微分方程的数学家，这正是格蕾丝在那"无与伦比的一年"中在理查·科朗特手下学习的东西。但格蕾丝还不知道这些。当她与艾肯相识时，她听到隔壁房间里有喧闹声。艾肯带着她来到了发出声音的地方，说"那是一台计算引擎"。格蕾丝看了看那东西，她惊呆了。据她回忆，马克 1 号"光秃秃的"，重 10 000 磅（约 4.5359 吨），高 8 英尺（约 2.4 米），有数千个活动部件和大约 530 英里（850 千米）的线路。它的内部工作原理一览无余，汹涌而嘈杂。"我只是看着它，什么都没有说"。

马克 1 号更接近于查尔斯·巴贝奇的机械引擎，而不是现代意义上的计算机：在它的钢壳内，一个四马力的马达驱动的旋转驱动轴驱动着整个机器上一系列的齿轮和计算数轮。马克 1 号的代码是用铅笔写在标准化的代码纸上，然后转移——实际上是打孔——到 3 英寸（1 英寸 = 2.54 厘米）宽的磁带轴上，很像钢琴的乐谱或雅卡尔提花织布机的图案卡。关于磁带上孔的位置，使用独特的 8 位代码，与数字、过程和特定的计算应用相对应。尽管马克 1 号是可编程的（因为它可以接受这些穿孔磁带），但当时硬件和软件之间的区别是模糊的，甚至是不存在的，因为每次计算都需要翻转开关，拼接电缆。

霍华德·艾肯把格蕾丝介绍给团队成员——两个海军少尉，在她还在军校的时候就来到了哈佛大学。她后来发现，他们一直贿赂其他人，以避免坐在新人旁边；"他们听说，有个白头发的老教师要来，他们都不想坐在我的旁边。"艾肯给了她一个密码本，上面只有几页她完全看不懂的命令，还有一项任务：为马克 1 号编写一个程序，计算反正切的插值系数，精确到小数点后 23 位。"他给了我一个星期的时间来做这件事，"她说，"学习如何给'怪兽'编程并让程序运行。"这个问题本身对格蕾丝来说并不特别难，毕竟她有数学博士的学位。让她觉得不可捉摸的是这台机器。它既没有使用手册，又没有先例可循，因为马克 1 号是第一台这样的机器。格蕾丝对很多事情都很在行，但她没有工程背景，也不知道开关和继电器。艾肯是在考验她。

作为一个天生的自学成才者，她全身心地投入到这项挑战中。她翻阅了密码本，并向两位少尉［主要是 23 岁的理查德·布洛赫（Richard Bloch）］请教。理查德·布洛赫是刚从哈佛大学毕业的数学天才，后来成为她最亲密的合作者。当时有一些 IBM 公司的工程师还在机器周围转悠，调试机器，于是她从他们那里收集了她能收集的东西。她每天晚上都待到很晚，通过研究马克 1 号的工程图和电路图来学习工程知识。有时她会直接睡在桌子上。多年以后，当格蕾丝成为计算机编程新领域中的知名人物时，她总是把最难的工作分配给她团队中最年轻、最没有经验的成员。她认为他们对于"不可能"三个字毫无意识。

她在哈佛的第一年里一刻不停地工作。随着新程序员加入团队，格蕾丝的地位不断提高。她以她在教学中的勤奋和独创性，使自己变得无价。这位来自纽约州北部的白发女教师结识了著名的数学家、工程师以及几乎所有计算机小圈子中的人。她说"这太棒了"，这里是一个"思想、概念、梦想以及阳光下一切事物的温床"。战争期间，计算项目的需求非常大，于是艾肯设计了第二台计算机，即"马克 2 号"（Mark Ⅱ）。格蕾丝也掌握了这台机器。

和他的机器一样，艾肯也没有说明书。他性格暴躁，爱发脾气，对细节还很执着。他为自己是自己的发明的指挥官而感到非常自豪。尽管马克 1 号是由 IBM 公司制造的，并被藏在常春藤联盟的地下室里，但艾肯把它当作一个海军设施来管理。纪律是严格的。他的所有员工都要穿着整齐的制服，并叫他"指挥官"。计算机是"她"，就像海军舰艇一样。艾肯让人疲于奔命；当有人犯错时，他很容易"痛骂"犯错的人。他的批评是直接和猛烈的，所以格蕾丝经常在下班后才进行调试，以便获得平静和安宁。但她学会了把她的老板当成一台机器。她告诉经常和上司闹别扭的理查德·布洛赫，"他有他特定的方式，如果你了解艾肯，了解他的思维方式，他就很好相处，对此我从未遇到过任何困难。如果你试图告诉他什么是正确的，那谁也救不了你。"

艾肯对军事等级制度的要求是非常严格的，这最终对格蕾丝有利，她在艾肯的计算实验室中的待遇，总体来说是与等级和能力相匹配的，与性别无关。不仅制服和正式头衔有助于消除传统角色，实验室与外界的完全隔离也同样可以消除这些。虽然艾肯从来没有想过在他的队伍里有一个女军官，但他不得不遵守协议，接受格蕾丝的工作。而且，无论如何，正如格蕾丝告诉霍华德·艾肯的那样，他将希望团队里有一个女性。

她是对的。她最终成为艾肯的"得力助手"。不久之后，她就独自负责马克1号。她编写的代码解决了一些战争中棘手的数学问题，她甚至为计算机编写了缺失的使用手册——一个500多页的文件，里面充满了电路图和操作代码。她和她的同事理查德·布洛赫一起，开发了一套编码和批量处理系统，将实验室变成当时最高效的数据处理中心。她在艰苦的战时环境中完成了任务，避免了战场上海军少尉们的损失。除了她强大的技术能力，团队中有一个女性还有其他的好处。当马克1号出现机械故障时，格蕾丝有时会"从她的口袋里掏出镜子，把它放在凸轮前，寻找火花"。在艾肯的职业生涯结束时，艾肯对格蕾丝只有一个评价，也是他的最高褒奖——"格蕾丝是个相当不错的人。"

就像海军潜艇一样，马克1号每天工作24小时，它的工作人员三班倒。在战争期间，这台计算机有95%的时间都在运行。战时计算的需求是无情的，对时间敏感的需求从战场的各个角落来到计算实验室。博识多通的格蕾丝——她在瓦萨学院旁听了几乎所有的课程——接受了这项工作。她学会了将复杂的海洋学、扫雷、近发引信和弹道学问题转化为简单的算术步骤，使混乱又激烈的世界变得有条不紊。

马克1号的计算出现过各种故障：错误的代码、错误的继电器，还有不祥的当啷声和颤抖声预示的机器停机信号。为了保持领先，艾肯的团队经常工作到很晚。1945年9月的一个晚上，一只大飞蛾从一扇开着的窗户飞进了计算室，它被机器上的灯光吸引了。不久后，格蕾丝发现了它那被继电器打得毫无知觉的尸体。她把它粘到了她的日志中，并注明：第一个发现虫子（Bug）的案例。"Bug"是工程界的俚语，至少可以追溯到19世纪——托马斯·爱迪生也用这个词来指代机械故障，或指代"小故障和困难"。格蕾丝因在黑板上画小虫子和小怪物而在实验室里出了名，每个都是实验室故障的原因：一只在打孔带上咬洞的虫，以及"有一个小精灵，它可以用鼻子把洞捡起来放回磁带上"。在飞蛾事件之后，她在镇上买了一盒塑料臭虫，并把它们散落在计算机后面，引发了两天的恐慌。

在战争期间，计算实验室与世界上为数不多的其他计算项目隔离开来，格蕾丝·霍珀忙于处理实验室的日常计算需求，既没有时间又没有机会去了解其他项目在做什么。但有时，这个领域的知名人物会来造访。格蕾丝在计算实验室工作了仅仅几个月后，物理学家冯·诺伊曼就来访了。冯·诺伊曼到处参观——他在 1944 年的大部分时间里参观了美国不同的计算项目，想寻找一台足以破解复杂偏微分方程的强大机器。马克 1 号是他参观的第一台大型计算机。那年夏天，他在哈佛大学的一间会议室里待了 3 个月，在黑板上概述他的问题，而理查德·布洛赫则在计算机上进行设置。格蕾丝当时是实验室的新成员，但她对微分方程很熟悉，她协助了破解的每一步工作。

格蕾丝和理查德都不知道这个问题的具体应用；对他们来说，这只是一个有趣的数学挑战。而冯·诺伊曼是个大人物，一个滔滔不绝的匈牙利理论家，在他那个时代，他和他在普林斯顿的同事阿尔伯特·爱因斯坦一样是个名人。当理查德·布洛赫和冯·诺伊曼研究这个问题时，他们在会议室和计算机之间来回跑，冯·诺伊曼在马克 1 号吐出数字的时候就说出数字，"99%的时间，"格蕾丝钦佩地观察到，"以最大的准确性，说出数字，简直太不可思议了。"3 个月后，冯·诺伊曼把他们的成果带回了新墨西哥州一个叫洛斯阿拉莫斯的沙漠小镇，他在那里为曼哈顿计划提供咨询。这个偏微分方程被证明是原子弹中心内爆的数学模型。对此，格蕾丝毫不知情，直到炸弹落在日本的长崎和广岛，她才知道她帮助冯·诺伊曼计算了什么。

格蕾丝并不总是有时间考虑所有数学计算的用途，以及它们达成了什么目的。计算不断涌现，有些计算——如冯·诺伊曼的计算——复杂得难以想象。为了节省处理时间，格蕾丝和理查德发明了编码语法和变通方法，为今天的代码编写方式奠定了基础。早在 1944 年，格蕾丝就意识到她可以通过保留可重复使用的片段（也就是后来的子程序），来节省自己为每个问题从头编写代码的时间。在战争期间，这种做法是非正式的：团队成员中的编码员会分享他们的笔记本，用手抄写相关的片段。最终，这种做法被正式化了，未来的计算机在建造时已经有了子程序库，即使是编码新手也能调用整齐打包的程序指令序列。当格蕾丝的代码变得棘手时，她养成了在主代码表上标注注释、背景和等式的习惯，以便使同事们以后更容易理解她的代码。这种文档系统成为程序员的标准做法，现在也是如此——好的代码总是被记录下来。

像这样简化和扩大了计算机编程可及性的努力，是格蕾丝的名片。早在战前，当她还在瓦萨学院教书时，她就让她的学生写关于数学问题的文章，因为如果你不能把数学的价值传达给其他人，学习数学就没有意义。当她退役重新进入社会，为第一家商业计算机公司工作时，她仍坚持这一逻辑。格蕾丝对新兴的计算机编程领域最持久的贡献都与编程的大众化有关：她推动了编程的进步，这将从根本上改变人们与计算机对话的方式。在她的帮助下，人们不需要高等数学术语，甚至不需要零和一。他们所需要的只是文字。

ENIAC 六人组

在格蕾丝还没来得及去看其他任何计算机设备之前，战争就已经结束了。然而，在离南方仅 300 英里（480 多千米）的地方，在宾夕法尼亚大学的摩尔电气工程学院也有一台设备。跟艾肯的机器一样，它也由军方资助建造，用于计算战争中的数字。这个房间大小的导管和钢铁装置就是电子数字积分计算机（ENIAC，埃尼阿克）。

从技术上讲，ENIAC 比格蕾丝用的那台机器要快。霍华德·艾肯的马克1 号每秒只能进行 3 次计算，而 ENIAC 可以每秒处理 5 000 次计算。出现这种几乎令人难以置信的处理速度的飞跃是因为 ENIAC 不依赖机械继电器、齿轮或传动轴；相反，它有大约 18 000 个真空管，像细长的灯泡，作为它的计算开关，在机器的黑影中时断时续。脱离了老式机器的限制，ENIAC 的真空管开关照亮了一个新的、难以言喻的电子脉冲和信号的领域。计算再也不会回到从前。

由于这些早期计算机是在战时保密的情况下开发的，因此计算机的历史充满了有条件和有争议的检验标准，关于"第一台"计算机的出处也充满了争议。

有几台机器符合条件，因此这个称号以不同的方式被授予：例如，马克1 号是第一台机电式计算机，而超越了马克 1 号物理限制的 ENIAC，是第一台也是最快的电子计算机。在大洋彼岸，在同样保密的实验室里，英国科学家也建造了类似的机器，每台机器都有自己的限定词：存储程序、通用、数字和二进制。早期，每台计算机都是一个孤岛。

当格蕾丝·霍珀于 1945 年访问宾夕法尼亚大学时，她惊讶地发现 ENIAC与她已经非常熟悉的马克 1 号和马克 2 号计算机居然有很大的差异。她注意到，"它们巨大的反差在于编程的方式不同。"虽然格蕾丝是一个编码专家，但如果没有特殊的培训，她是不可能用 ENIAC 工作的。原理可能是相似的，但硬件和为利用该硬件而开发的编程方法却是独特的。

格蕾丝习惯于在纸卷上编写代码，而 ENIAC 必须为每一个问题进行物理上的重新配置，将大型机器的各个部分插在一起，基本上是一台定制的计算机。任何 ENIAC 的真空管在处理速度上取得的进展，都会在设置时间上有对应的损失：一次计算可能只需要一秒，但它可能需要一天的时间来准备。在那个时候，速度较慢的使用打卡卷带的马克 1 号，已经完成了任务，并进入下一次计算。这可能是技术史上最后一次以缓慢和稳定而赢得比赛的案例。

在访问宾夕法尼亚州时，格蕾丝发现了另一件令她印象深刻的事情。她不是世界上唯一的女性计算机程序员。ENIAC 实验室里有很多女性。仅在 1944 年，至少有 50 人以不同的身份通过 ENIAC 工作，她们分别是女绘图员、女装配工、女秘书和女技术员。在这些人中，有六名女性负责耗费时间和智力的工作，为计算机准备数学问题，将它们插入，然后执行、调试、再执行，以获得最终结果。其中有三个人，像格蕾丝一样，是数学专业的。另一半人的数学教育由美国陆军提供。这些被历史称为 ENIAC 六人组的女性，是格蕾丝·霍珀从来不知道的同伴。一些人后来成为她的同事，一些人最终成为她的朋友。她们是凯瑟琳·麦克纳尔蒂（Kathleen "Kay" McNulty）、贝蒂·简·詹宁斯（Betty Jean Jennings）、伊丽莎白·贝蒂·斯奈德（Elizabeth "Betty" Snyder）、马琳·韦斯科夫（Marlyn Wescoff）、弗朗西斯·比拉斯（Frances Bilas）和露丝·利希特曼（Ruth Lichterman）。

ENIAC 六人组成员都是以前的人类计算机，来自摩尔电气工程学院的计算部门，这个实验室雇用了大约 100 名有数学天赋的女性。格蕾丝是直接从军校训练毕业后来到哈佛大学的，但她们六人在战争的早期，在一个地下室里用手工计算射击表——小型印刷书籍，随每件送到前线的新武器一起发行。士兵们用这些书籍精确地定位从哪个角度开枪——正如一位 ENIAC 的历史学家所指出的那样，"基本上就是愤怒的小鸟"游戏——以便击中目标。就像"愤怒的小鸟"游戏中弹丸的弧度一样，天气状况和空气阻力对炮弹施加的阻力等外部因素影响了撞击点，而这些变量则由在后方计算数学模型的女性计算机来计算。

计算一个单一弹道的所有变化需要花费一位人类计算机大约 40 个小时的时

间。这意味着，在战争期间，美国陆军分发武器的速度远超过它提供武器使用指南的速度。对人类计算机的需求是无止境的，当军队的弹道研究实验室在费城地区再也找不到女性数学专业人员时，它开始了全国性的招聘。一则招聘广告通过密苏里州西北部一位支持贝蒂·简·詹宁斯的微积分老师处传到了她手中；露丝·利希特曼是在纽约亨特学院的公告牌上看到的招聘广告。一到宾夕法尼亚大学，她们就加入了为前线的士兵绘制远程炮弹所有曲线的女性计算机队伍。

摩尔电气工程学院的女性使用铅笔、纸张和一个叫作微分分析器的巨型模拟计算器工作——这是一台繁复的台式机器，它基于 1920 年的设计，使用齿轮和轴来类比问题。分析仪相当不准确，所以女性将其结果与她们自己的手工计算穿插在一起，抹去差异，形成最终的射击表。这是一个不完美的系统，费力且容易出错，而且对于这样一场快速发展的现代战争来说太慢了。虽然人类计算机每周工作 6 天，两班倒，但还是永远无法满足战争需求。摩尔电气工程学院的人们开始考虑其他可能性。

大约在这个时候，1941 年，军方在宾夕法尼亚大学赞助了一个为期 10 周的密集的电子工程课程。格蕾丝·霍珀在入伍前曾在巴纳德大学教授过类似的课程：该课程免收学费，面向国防领域实际应用，并向任何有数学或工程学位的人开放。上宾夕法尼亚大学这门课程的学生之一是来自附近的乌尔辛纳斯学院的物理学教授，名叫约翰·莫奇利（John Mauchly），一个和蔼可亲的多面手，戴着角质眼镜，留着古怪的山羊胡子。在这门课上，他开始琢磨使用真空管的计算机。他与该课程的实验室导师 J. 普雷斯珀·埃克特（J. Presper Eckert）或称"普雷斯"讨论了这个问题。普雷斯不是摩尔电气工程学院的明星学生，但在摩尔电气工程学院，却以"有能力和创造性的工程师"而出名。他很早就显示出自己的潜力，小时候就在电视发明者费罗·法恩斯沃斯的费城实验室里晃悠；当他还是本科生的时候，教授们就向他咨询电路设计。

普雷斯认为约翰·莫奇利的真空管想法很有趣。每个人都知道真空管对于计算机来说太脆弱了，就像灯泡一样，它们会爆炸。但普雷斯认为，如果不把真空管推到极限，它们就会保持稳定。他们俩开始设计电路。约翰在宾夕法尼亚大学担任教职，他很开心能离普雷斯更近一些。安顿下来之后，他们就发现了摩尔电气工程学院的人类计算机。在他们艰苦卓绝的计算中，约翰为他的真空电路计算机找到了完美的应用。他向他的秘书多萝西口述了一个建议，然后多萝西将一份备忘录转交给大学与军方的联络人。

备忘录在混乱中丢失了。直到差分分析仪的维护人员，即约翰在乌尔辛纳斯学院的朋友乔·查普莱恩（Joe Chapline），与阿伯丁附近的弹道研究实验室的军事联络员赫尔曼·戈德斯坦（Herman Goldstine）上校之间的一次非正式谈话，这个想法才再次出现。当查普莱恩提到他朋友约翰的电子计算机时，戈德斯坦立即看到了这种潜力。他试图寻找丢失的备忘录，但无济于事。幸运的是，秘书多萝西设法凭借记忆重建了这个备忘录。[⊖]如果不是因为多萝西有能力对当时主要用户是女性的语言进行编码和解码，电子计算机的最初提议可能已经丢失了。

重建的备忘录被提交给军队高层，无须更多的说服力。约翰和普雷斯在1943 年获得了资金，并立即开始建造 ENIAC。他们雇用了工程师和电话公司前员工，因为他们擅长使用继电器。但实际上为 ENIAC 布线的大部分人是女性，在装配线上使用烙铁的兼职家庭女性。最重要的雇员是人类计算机，他们是从摩尔电气工程学院的精英中挑选出来的，将把他们非常熟悉的弹道计算进行转化，用于新机器。没有人想过要让女性来做这项工作。不过，由人类计算机来训练他们的替代品，这看起来是合情合理的。此外，ENIAC 看起来像一个电话总机，加强了它的"操作员"应该是女性的假设，她们的任务"比科学更

⊖ 像她那个时代的大多数秘书一样，多萝西接受过速记训练。这是一种快速书写的方式，对不熟悉的人来说是涂鸦。

手工化，比男性更女性化，比脑力劳动更机械化"。

到 1944 年，当时被称为"X 项目"（Project X）的 ENIAC 建设，占据了摩尔电气工程学院大楼一楼的大部分空间。一天晚上下班后，普雷斯和约翰为新员工凯瑟琳·麦克纳尔蒂做了一个演示。他们把凯瑟琳和一位同事带到一个房间里，在一个警告高电压的牌子后面，两个 ENIAC 的蓄能器被长长的电缆连在一起，末端有一个按钮。一个蓄能器显示 5。他们按下了按钮，5 跳到了另一个蓄能器上，移动了 3 个位置，变成了 5 000。约翰和普雷斯看起来很兴奋。凯瑟琳不明所以："我们很疑惑，于是问，'这有什么了不起的？'你用所有这些设备来把 5 乘以 1 000 倍？他们解释说，5 在瞬间从一个蓄能器转移到另一个蓄能器中，是 1 000 倍。我不明白这到底意味着什么。"

这意味着 ENIAC 能够以人类或机器前所未有的速度进行计算。虽然它是由军方资助的，以尽快制造出军方生产的枪支射击表，但 ENIAC 远不止是一个弹道计算工具。普雷斯和约翰设计了一台通用计算机——想想让艾达·洛夫莱斯如此着迷的查尔斯·巴贝奇的单一差分机和推测性的分析机之间的区别。只要为它编写新的程序，它就可以执行本质上无限多的计算功能。在摩尔电气工程学院那个时代，它可以计算出双原子气体的零压特性，模拟超音速射弹周围的气流，并发现冲击波折射的数值解。硬件可能是静态的，但软件会使一切变得不同。虽然花了一些时间，但这一事实带来了一个推论：那些编写软件的人也非常重要。

ENIAC 六人组是一个奇怪的组合，因战争而齐聚于此。贝蒂·简·詹宁斯在密苏里州的一个禁酒农场长大，是七个孩子中的第六个，在到达北费城火车站之前，她从未去过任何一个城市。凯瑟琳·麦克纳尔蒂是爱尔兰人，她的父亲是一名石匠和前爱尔兰共和军成员；露丝·利希特曼是土生土长的纽约人，来自一个著名的犹太学者家庭；伊丽莎白·贝蒂·斯奈德来自费城，她的父亲和祖父都是天文学家；马琳·韦斯科夫也是费城人，在战前就开始手工计算，非常熟练，约翰·莫奇利说她"像个自动装置"。她们第一次见面是在费城的铁路站台上，准备前往阿伯丁试验场。阿伯丁试验场是马里兰州的一块沼泽地，军队将其改造为武器测试设施。她们待在一起，很快便成为朋友。即便她们在IBM 公司的设备上长时间地用 ENIAC 的数据进行制表和分类的相关训练，她们仍会熬夜谈论宗教、截然不同的家庭背景，以及有关秘密计算机的消息。"我想，这是个传奇。"当约翰·莫奇利突然问这些女性为什么自愿从事一项她们知之甚少的工作时，她们说，"既然有机会做一些全新的和与众不同的事情，为什么不做呢？"

现实可能更加实际：在 20 世纪 40 年代，具有数学天赋的女性在就业市场上没有多少选择。凯瑟琳·麦克纳尔蒂临近大学毕业时，很难找到任何可能利用其数学专业的工作。"我不想教书，"她解释说，"保险公司的精算师职位要求有硕士学位（而且他们很少雇用女性）。"如果其他唯一选择是在中学教数学或为保险公司执行乏味的计算，那么在一个全新的、相对高薪的领域里工作的机会对所有报名的女性来说都是一个巨大的令人兴奋的改变。

事实上，计算机是一个非常新的领域，在当时一条合格的属性都不清晰。在与赫尔曼·戈德斯坦的工作面试中，贝蒂·简·詹宁斯回忆说，她被问及对电的看法。她回答说，她在密苏里州上过大学物理课，知道欧姆定律。"不，不"，戈德斯坦问："是否怕电？"戈德斯坦解释说，这项工作需要她设置开关和插入电缆，他想确保她不会被所有的线路吓到。贝蒂·简·詹宁斯说她可以应付。

ENIAC 六人组在纸上进行训练，为她们未曾谋面的机器编写程序。1945 年12 月，当她们终于看到 ENIAC 的成品时，她们看到的是一个巨大的 U 形黑色钢铁组合体，被安置在一个足够大的房间里，和一些杂七杂八的家具放在一起。它有 40 块面板，组合在一起形成了 30 个不同的单元，每个单元都有一些基本的算术功能：用于加减法的累加器，一个乘法器，以及一个组合除法器和平方根器。这台机器庞大的视觉效果是毋庸置疑的。这 6 个人学会的编程不是一份桌面工作。她们站在 ENIAC 的"内部"，"插入"每个问题，用数百条电缆和大约 3 000 个开关将各单元按顺序串联起来（见图 4）。

图 4　贝蒂・简・詹宁斯（左）和弗朗西斯・比拉斯（右）在操作 ENIAC 的主板

没有指南可读，没有课程可上。ENIAC 的唯一手册是多年后女性从机器实体出发逆向工程之后很久才写出的。ENIAC 是由电子工程师建造的，除了电路框图外，什么都没有。就像格蕾丝・霍珀在她们之前所做的那样，她们自学成才，在这个过程中成为硬件专家。

她们从真空管开始，一直到前面板。伊丽莎白・贝蒂・斯奈德从一个"叫斯米蒂的 IBM 小维修员"那里借来了机器打孔卡制表器的维护书籍，他不允许她借出这些书，但最终还是借出了，只需一个周末，她就能搞清楚 ENIAC 的输入和输出是如何工作的；她们找到了一个有同情心的人，让她们把一块插线板拆开，自己作图参考，尽管主管不确定她们是否能把它还原。当时天气很热，到处都在施工，包括她们工作的房间上面。有一天，约翰·莫奇利突然进来，说："我只是想看看天花板是否掉下来了。"后来，她们开始带着问题去找他，并取得了进展。

知道一台机器如何工作和知道如何对其编程是不一样的。这就像理解内燃机的知识和成为战斗机飞行员之间的区别。约翰·莫奇利和 J. 普雷斯珀·埃克特就像是建造了一架喷气式飞机，把钥匙给了 6 个没有飞行员执照的女性，并要求她们赢得一场战争。这是很艰巨的，但这为她们提供了一个机会，让她们在一个连名字都还没有的新领域中为自己争取空间。贝蒂·简·詹宁斯解释说："当时它是新事物，没有人知道该做什么。甚至设计 ENIAC 的人都没有考虑过它将如何运行。他们忽略了问题建立的实际工作流程。"1973 年，莫奇利本人承认他和普雷斯在编程方面"有点草率"，说他们"感觉如果机器能工作……以后就有足够的时间来操心这些事情。"

结果是，莫奇利找到了其他人来操心这些事情。事实上，6 个穿着羊毛裙的人，对挑战感到兴奋。贝蒂·简·詹宁斯想知道"你如何写一个程序？你如何编程？你如何将它可视化？你如何把它放到机器上？你如何做所有这些事情？"这将由 ENIAC 六人组来解决。

今天，编程不是容易事，但却很方便。要编写代码，你无须研究电路图，拆开组件，并从头开始制定策略。相反，你只需要学习一种编程语言，这种语言作为程序员和机器之间的中介，就像共同的语言可以弥合人们之间的理解鸿沟一样。

你用一种你们都懂的语言告诉机器要做什么，然后机器会自行翻译并执行你的命令。ENIAC 没有这种语言。计算机只接受基本的输入方式，因此ENIAC 六人组卷起袖子，与它水平地面对面站着操作。正如贝蒂·简·詹宁斯所叙述的那样：

"偶尔，我们六个程序员聚在一起，讨论我们对机器工作机制的想法。可能这听起来很无厘头，但确实如此。从图表中学习 ENIAC 的最大好处是，我们开始了解它能做什么，不能做什么。因此，我们可以将故障诊断定位至单个真空管。由于我们既了解应用又了解机器，我们学会了诊断故障，甚至做得比工程师更好。"

与格蕾丝·霍珀管理着一组操作员，将她的手写代码打入马克 1 号的磁带循环中不同，ENIAC 六人组在这台伟大的机器内部移动。她们在数以千计的真空管中更换个别烧坏的真空管——尽管普雷斯是这样设计的，但每小时都有几个烧坏的——她们还修复短路的连接，并为控制板接线。她们编写程序，通过反复试验将它们轻轻地输入机器。这项工作需要将机械的灵活性和数学知识结合，更不用说组织能力（包含 ENIAC 程序的打孔卡片需要被分类、整理、制表和打印）了。当时还没有"程序员"这个词，但伊丽莎白·贝蒂·斯奈德认为自己"介于建筑师和建筑工程师之间"。贝蒂·简·詹宁斯说得更直白。她写道："编程真是不好干的。"

不幸的是，这些努力没有给美国军队带来任何好处。尽管它进行了许多一次性计算，但在 ENIAC 作为弹道学计算机完全投入使用之前，战争就结束了。然而，在和平时期，ENIAC 不再是秘密，该计算机于 1946 年向公众揭开面纱，大张旗鼓地进行了两次不同的演示。第一次是为新闻界举办的，从各方面来看都有点乏善可陈；第二次是为科学和军事界举办的，由于贝蒂·简·詹宁斯和伊丽莎白·贝蒂·斯奈德编程的弹道计算演示，使科学和军事界大为震撼。

两位贝蒂，被称为 ENIAC 编程团队的王牌。战后，她们都在商业计算机行业长期从事开拓性的工作。正如人类计算机历史上常见的那样，摩尔电气工程学院的教学方法强调工作伙伴关系，由两个人组成的团队可以在彼此的工作中寻找错误。她们是理想的合作伙伴，因为她们乐于发现对方的错误。她们都希望有完美的代码，而且从不让她们的自尊心妨碍这一目标的实现。贝蒂·简·詹宁斯在回忆录中写道："贝蒂和我度过了一段美好的时光。我们不仅是合作伙伴，还是朋友，一起度过很多空闲时光。"

在第一次 ENIAC 演示的几天后，军事联络员赫尔曼·戈德斯坦和他的妻子阿黛尔邀请两位贝蒂到他们在西费城的公寓去。阿黛尔在宾夕法尼亚大学训练人类计算机，贝蒂·简·詹宁斯觉得她是一位令人印象深刻的大城市女性；在摩尔电气工程学院，阿黛尔坐在桌子上讲课，嘴角还叼着一根烟。贝蒂·简·詹宁斯惊讶地发现，戈德斯坦的公寓相当普通，没有什么装饰，只有一张双人床。当阿黛尔为两位贝蒂端茶倒水时，戈德斯坦的猫不请自来地跳到她们的腿上，戈德斯坦问她们是否能在 12 天后向科学界展示 ENIAC，在 ENIAC 上进行弹道计算。这是一个很重大的要求，贝蒂·简·詹宁斯感觉到戈德斯坦对这次演示很紧张。知名科学家、政要和军方高层都会到场，每个人都很想看到 ENIAC 是否像宣传中说的那样工作。技术主题演讲的预期和准备方式，似乎没有什么变化。

两位贝蒂坚定地回答说："是的，绝对可以"，她们可以实现这一目标。其实她们是在虚张声势。尽管在过去的 4 个月，她们在纸上制定了一个弹道程序，但她们还没有真正把它插入 ENIAC，而且也不知道传输需要多长时间。第二天，她们就开始了这项尝试。

伊丽莎白·贝蒂·斯奈德 28 岁，而贝蒂·简·詹宁斯才刚满 21 岁。她们知道自己背负重任，与她们一起工作的每个人都指望着她们。两位贝蒂夜以继日地备战了两个星期，一直在做这项工作。她们的同事露丝·利希特曼和马琳·韦斯科夫给她们提供支持，在纸上人工计算相同的轨迹问题，一步一步推演 ENIAC 将如何处理计算。在 ENIAC 出现任何错误时，这种做法将有助于两位贝蒂对它进行调试。有一些人带着礼物过来了，摩尔电气工程学院的院长给她们留下了一些苏格兰威士忌，约翰·莫奇利在一个星期天带来了一瓶杏子白兰地。她们并不真的喝酒——也许在特殊的场合会喝汤姆·柯林斯酒——但贝蒂·简·詹宁斯在她的余生中一直保持着对杏子白兰地的喜爱。

大规模演示的前一天晚上是情人节，但两位贝蒂并没有去参加任何约会。她们的 ENIAC 程序有一个巨大的错误：尽管她们成功地建立了炮弹轨迹的完美模型，但她们不知道如何让它停下来。当假想的炮弹落地时，数学模型将继续，驱动它以与空中射击时相同的速度和速率穿过地球。这使得计算比没有用还糟糕。如果找不到停止炮弹运动的方法，她们就会在知名数学家、军方和上司面前出丑。在绝望中，她们重新检查设置，将她们的程序与露丝和马琳的测试程序进行比较，但却没有进展。将近午夜时，她们离开了实验室。伊丽莎白·贝蒂·斯奈德从大学校园乘火车，回到她在纳伯斯郊区的家。贝蒂·简·詹宁斯在黑暗中步行回家。她们的情绪都很低落。

但伊丽莎白·贝蒂·斯奈德还有一招：当她被某个逻辑问题困住时，她总是放放再说。那天晚上，她疲惫地坐了一个小时的火车回家，考虑炮弹问题和各种潜在解决方案。当她躺到床上时，她的潜意识开始解这个结。第二天早上——1946 年 2 月 15 日——她早早地来到了实验室，直接走向 ENIAC。她已经梦到了答案，并且准确地知道在 3 000 多个开关中哪一个要重新设置，以及它所在的 10 个可能的位置。她把开关拨到某个位置，立即解决了问题。她可以"在睡着的时候做更多的逻辑推理，比大多数人醒着的时候做得还要多"，贝蒂·简·詹宁斯惊叹到。

弹道演示取得了巨大的成功，这要归功于两位贝蒂聪明的弹道程序以及约翰和普雷斯一点老式的炫技，他们把切成两半的乒乓球放在 ENIAC 的霓虹灯指示器上。在演示过程中，工作人员调暗了房间的灯光，在疯狂闪烁的光球中展示了 ENIAC 的运算。该程序比高速子弹还要快[⊖]，两位贝蒂和凯瑟琳·麦克纳尔蒂挤到制表机前，将其打印出来，作为纪念品分发给观众。

这一事件成为头条新闻。女性与她们的男同事一起拍照，但报纸上发表的照片只显示了穿着西装和获得军功章的男人与这台著名的机器的合影。新闻界大肆报道 ENIAC，把它说成是为了改善美国人民的生活而公布的战争成果。由于不熟悉计算机，记者们将 ENIAC 称为"巨大的大脑"和"思考的机器"，这种错误的描述一直存在于大众意识中，并得到科幻小说家们的热烈支持，直到现在。ENIAC 每秒可以进行数千次的加、减、乘、除运算，但它不能思考。它不是一个巨大的大脑。如果房间里有巨大的大脑，那也是属于建造和运行机器的人们。

在报纸上读到声称机器本身就很聪明的文章让 ENIAC 的女员工们很不高兴；她们比任何人都清楚，它只是一个充满钢铁和电线的房间而已。贝蒂·简·詹宁斯抱怨说："要想有一台真正能思考的机器，必须要做大量的工作。这报道让我感到震惊，还非常讨厌。"除此之外，报道还直接把她的名字抹去了。1946 年，《纽约时报》迫不及待地报道说："据说 ENIAC 解决了一个困难的问题，这个问题需要一个受过培训的男性工作几个星期才能解决。而 ENIAC 在 15 秒内解决了问题。"

正如历史学家詹妮弗·S. 莱特（Jennifer S. Light）指出的那样，这种说法忽略了两个基本因素：首先，"几个星期的工作"不会由一个男性完成。它应该

⊖ 原书字面意思是：ENIAC 在 20 秒内计算出弹道，比真正的炮弹追踪还要快。——译者注

是由一个在摩尔电气工程学院工作了很久的女性计算机完成。其次，ENIAC 在
"15 秒内解决了问题"的说法完全无视了——无知或故意忽视——在问题被放
到计算机上之前，同样是由女性进行了数周的编程工作。在媒体看来，除了这
神奇的 15 秒，没有任何东西是可以计算在内的，既没有编码和调试的时间，又
没有程序员、维修工以及操作员的劳动。莱特写道，"新闻发布会和后续报道使
人们看不到建立演示所需的熟练劳动以及从事这项工作的熟练女性们。"

在 ENIAC 演示完毕，寒暄和合影也结束后，大学举办了一个大型庆祝晚
宴。从该活动的菜单来看，可谓大手笔。军方高层和科学界成员吃了龙虾浓
汤、菲力牛排和"花式蛋糕"。ENIAC 六人组不在受邀之列，即使是两位贝
蒂。她们创造了这次晚宴所庆祝的演示，为 20 世纪引入了被重新定义的机器，
但没有人向她们表示祝贺。戈德斯坦一家完全冷落了她们。她们的支持者约
翰·莫奇利和普雷斯也沉浸在当天的兴奋中，没对演示项目发表意见。2 月
15 日，就像前一天情人节那晚一样，贝蒂·简·詹宁斯和伊丽莎白·贝蒂·斯
奈德垂头丧气地回家了。天气很冷，她们也很疲惫。几十年后，贝蒂·简·詹
宁斯在她的自传中写道："感觉就像历史在那一天被创造，然后它从我们身上碾
过，把我们留在了它的轨道上。"

历史会一次又一次地碾过她们。两位贝蒂都没有因为编写 ENIAC 的演示程
序而受到嘉奖，直到 50 多年后她们开始讲述自己的故事。赫尔曼·戈德斯坦在
他颇具影响力的 ENIAC 历史中写道：他和阿黛尔编写了 2 月 15 日的演示程
序——这一篡改历史的举动被贝蒂·简·詹宁斯在晚年时称为"大胆的谎言"。
在随后的复述中，这些女性被反复跳过。在一些历史图片中，如果有照片的
话，ENIAC 六人组被标注为模特。"我不上镜，"伊丽莎白·贝蒂·斯奈德说，
"因为这件完全愚蠢的事情，我没有出现在其中任何一张照片上。"当军队将战
争部拍摄的 ENIAC 的宣传照片用于征兵广告时，他们将照片中的三位女性完

全剪掉。战争部在关于 ENIAC 的新闻稿中提到了一个模糊的、没有性别的"专家小组"[⊖]，由该小组负责机器的运行，并且只提到了约翰·莫奇利、J.普雷斯珀·埃克特和赫尔曼·戈德斯坦的名字。

我们很想看看女性和软件之间的历史联系，并假设一些天生的倾向性：女性偏向编程中可变的、面向语言的方面，而男性则偏向硬件的实用性、动手的方面。有些人可能会根据查尔斯·巴贝奇与艾达·洛夫莱斯的合作关系，一个世纪后霍华德·艾肯与格蕾丝·霍珀针锋相对的关系，或者男性硬件工程师和女性操作员在 ENIAC 上的性别分工来进行推断。但在所有这些例子中，女性投身于软件方面并不是因为这项工作在某种程度上更适合她们，而是因为软件与硬件密不可分，还不是一个有其自身价值的类别。就任何人的理解而言，软件——编写代码、修补电缆——实际上只是对硬件的操作，而且"程序员"的头衔还没有与更琐碎的"操作员"区分开来。由于长期以来女性从事秘书工作，所以这种机械性质的工作倾向于女性来做。此外，雇用女性来运行像 ENIAC 这样的计算机，反映了女性作为人类计算机本身，在大学和研究环境中从事应用数学的长期传统。从人们记事起，女性就一直在做数学工作。

"如果 ENIAC 的管理者知道编程对于电子计算机的运作是多么关键，以及它将被证明是多么复杂，"贝蒂·简·詹宁斯最终断定，"他们可能会更加犹豫是否将如此重要的角色交给女性。"在当时，编程很难被看作一种与简单操作计算机有区别的职业。事实上，ENIAC 女性的工作被归类为"次专业，一种文秘工作"。那些接触计算机的人还需要几年的时间才能将自己定义为程序员或计算机科学家，而不是操作员或电气工程师。将编程视作一种具有重塑现代世界潜力的艺术形式的愿景还需要更长的时间。

⊖ 通常称为"莫尔小组"。——编者注

第 **3** 章　青葱岁月

第二次世界大战（简称二战）是一场技术的战争。政府、私营企业和学术界之间为战胜轴心国而建立的关系，带来了军工综合体，并在这一过程中为一代技术创新者提供了资金。如果没有战争机器所要求的复杂计算，计算机不可能迅速发展成一个领域或一个产业。战争使风险变得值得，它还让女性参与其中。男人可能投过炸弹，但却是女人告诉他们该在哪里投下炸弹。

将任何战争，尤其是如此丑恶的战争，视为一种机会，都是令人不安的。但是，在二战期间从事军事计算工作使贝蒂·简·詹宁斯、伊丽莎白·贝蒂·斯奈德、格蕾丝·霍珀和她们的同伴能够在生活中做更多的事情，而不是教书、结婚或当秘书。它为女性打开了一个全新的技术领域，只有当她们展示了人与计算机的融合可以做出非凡的事情时，这一领域的重要性才会显现出来。但变化从来都不是简单的。战争很容易让这些女性摆脱断断续续的婚姻和没有尽头的秘书职业，但和平却威胁到了这一切。

战争结束后，随着军事资金枯竭，计算项目的权力又回到了平民手中。格蕾丝·霍珀发现自己处于十字路口。很快，她成为一个新兴领域的专家，但她也做出了牺牲。尽管她和文森特从战争开始就分居了，但他们在 1945 年才离婚。他很快就再婚了，结婚对象是他之前和格蕾丝的婚礼上的伴娘。接受这种结局很难。格蕾丝已经 43 岁了，在经历了这一切之后，她再也不想成为舒适小镇的大学教授，给本科生教微积分。但是，随着从前线回家的士兵重新在美国社会中占据一席之地，格蕾丝身边的许多女性正在恢复战前的角色。甚至ENIAC 六人组中有几个成员也回归家庭了。作为一个抛开一切，投身于男性主导的军事和学术生活交叉的人，格蕾丝感到很紧张。

霍华德·艾肯将计算实验室的战时计算工作转变为在哈佛大学的长期任命，并留下对实验室的运作做出巨大贡献的格蕾丝当 3 年副研究员。在格蕾丝的新角色中，她不再做任何编程。相反，她协助艾肯，为马克 2 号编写了一本用户手册。和第一本手册一样，没有她任何署名。她带领大家参观设施，向尊贵的访客解释这台曾经的机密计算机的许多应用。艾肯试图保持计算实验室的紧迫感，但事情已经不一样了；在来之不易的和平时期，战时气氛给日常工作增添了一丝狂虐的气息。格蕾丝一直是"社交酒徒"，但随着她的角色逐渐减少，她在办公桌上放了一个酒壶，在工作中喝起了酒。1949 年，哈佛大学与海军的合同到期了。艾肯获得了终身职位，留了下来，但学校不为女性提供晋升机会。所以称得上是计算机编程领域杰出专家的格蕾丝失去了在她管理多年的实验室中的工作。她说："我的时间到了。"

宾夕法尼亚州的 ENIAC 实验室也不见了，计算机被搬到了阿伯丁试验场。他们不得不拆掉摩尔电气工程学院大楼的一整面墙搬走它。最终又有 7 名女性在阿伯丁试验场为 ENIAC 工作。ENIAC 在阿伯丁一直运行到 1955 年才退役。ENIAC 六人组已经进入她们生活的下一个阶段，再也没有以她们的名义编程。

在战争期间，谁拥有 ENIAC 并不重要。它是用军队的钱建造的，为军队服务。然而，随着冲突的结束，计算机的所有权变得有争议。埃克特（即普雷斯）和莫奇利想为他们的发明申请专利，但对于他们的设计，大学想要得到各种形式的授权和再授权，并要求对他们下一步计划建造的任何机器都拥有所有权。宾夕法尼亚大学为他们提供终身职位以换取专利权，但这两位工程师不想受限于大学。埃克特和莫奇利选择注销 ENIAC，减少他们的损失，并出去创业。

1947 年，他们成立了自己的公司——电子控制公司，后来改名为埃克特-莫奇利计算机公司（EMCC）。他们在费城里奇大道的办公室没有什么特别的：一个没有空调的旧袜子厂和几排从二手商店买来的木制办公桌。街对面就是一个垃圾场。大楼的另一边是弗农山庄公墓。格蕾丝·霍珀开玩笑地说，如果计算机不能运行，他们会把它从一个窗口扔到垃圾场，再从另一个窗口跳出去。

我们现在对有进取心的年轻科技创新者独立出来承担风险和改变世界的故事已很熟悉。每一个从车库到财富的硅谷故事似乎都遵循着大致相同的轨迹。但 EMCC 是世界上第一家商业计算机公司。在 EMCC 之前，计算机一直是为弹道学、密码破译和核弹的流体动力学等定制的一次性机器。但在学术界和航空等计算密集型行业，计算机有着巨大的潜在市场，它们可以为大公司快速解决会计和工资问题。埃克特和莫奇利并不是唯一意识到计算机作为商用机器拥有巨大商业潜力的人，但他们是其中的佼佼者，率先尝试计算机的标准化生产。作为如今举世闻名的 ENIAC 设计师，他们有一个良好的开端。

EMCC 很早就获得了人口普查局、国家标准局、诺斯罗普航空公司和陆军测绘局的重要合同，它们都想拥有自己的 ENIAC。每一个装置都必须根据客户的具体计算需求进行定制，并与系统、服务和支持捆绑在一起。软件不是现成的产品，所以 EMCC 还需要程序员。幸运的是，世界上最好的程序员是他们以前在摩尔电气工程学院的前同事——伊丽莎白·贝蒂·斯奈德、贝蒂·简·詹宁斯和凯瑟琳·麦克纳尔蒂，以及代码大师格蕾丝·霍珀。格蕾丝·霍珀在失去哈佛大学的职位后正在寻找一条出路，而埃克特和莫奇利很聪明，把她们都雇用了。

在最初的几年里，EMCC 是一家另类公司。它是企业巨头中的一家技术初创公司，建造了世界上最先进的计算机，这些计算机都运行着由领导计算机软件开发团队的天才女程序员们编写的定制代码。贝蒂·简·詹宁斯回忆说，那是一段神奇的时光。她写道："我很喜欢这里，后来再也没有感觉到如此有活力了。我们不断地工作，每天很早就到了，在咖啡时间和午餐时间安排会议，然后工作到很晚。"这里没有正式的头衔，部门也很松散。当项目有需要时，人们直接合作。没有指挥系统，没有官僚主义。每个人都积极主动，解决问题。伊丽莎白·贝蒂·斯奈德说："事实是，我们都非常相信我们所做的事情。我们一起工作，就是这样。"

公司的创始人广受女性员工的喜爱和钦佩，因为他们是好老师，善于倾听，而且有远见。在与客户见面时，约翰·莫奇利可以当场为他们的计算机列出新的应用程序。格蕾丝之所以加入 EMCC，是因为她知道她会从莫奇利那里学到一些东西，她记得他是"一个非常令人愉快的人，和他一起工作很有趣。他会和你一样对某件事感到兴奋。遇到困境时，他会完全投身在其中。他是一个真正的好老板。"普雷斯也是一个"真正的好老板"，尽管他很奇怪。当他沉浸在对话中时，他经常会迷失自己，沿着走廊徘徊，走到地下室，然后回到楼上。他还会坐在桌子上。有一次，他在与人交谈时爬到了一个文件柜上，却完全没有注意到。在 EMCC 工作的这些年里，贝蒂·简·詹宁斯从来不知道普雷斯的办公室在哪里，因为她从来没有在他的办公室里见过他。他总是在人群中间，带着问题和解决方案从一个组走到另一个组。女员工们开玩笑说，普雷斯非常喜欢说话，以至于他让清洁工停止拖地，只是为了找人一起讨论想法。尽管有这些怪癖，但他是她们的一分子。贝蒂·简·詹宁斯回忆说："我们都接受这样的普雷斯。"

在许多公司为了给回国的美国大兵腾出空间而解雇有能力的女性的时候，EMCC 不仅雇用了女员工，而且很看重她们的贡献，让她们承担比战争期间更重要的编程责任。伊丽莎白·贝蒂·斯奈德［当时已是贝蒂·霍尔伯顿（Betty Holberton）］，和贝蒂·简·詹宁斯都管理着重大项目。伊丽莎白·贝蒂·斯奈德编写指令代码，贝蒂·简·詹宁斯为公司的标志性产品——通用自动计算机（UNIVAC）进行逻辑设计。早期的日子很清苦，贝蒂和许多工程师一开始都是白干的，但等公司站稳了脚跟，每个人都有很不错的待遇。在 EMCC 工作一年后，贝蒂·简·詹宁斯发现新招聘的一名男员工的年薪比她多了 400 美元，她向约翰·莫奇利表达她的不满。他听完她的话，立即给她涨了工资，比那名男员工高 200 美元。EMCC 甚至每年春天都会举办全公司的编程课程，希望能从其他队伍培养新人。格蕾丝·霍珀回忆说："就这样，许多秘书在我们壮大之前就成为程序员了。这就是公司的精神。能成为一个好秘书的女孩一定会成为一个程序员，只要她能一丝不苟，小心翼翼地把事情做对，并且有循序渐进的态度。这些特质既是使她们成为好秘书的原因，又是使她们成为好程序员的原因。"

最后几年在霍华德·艾肯吃力不讨好的计算实验室工作期间，格蕾丝一直在与酗酒做斗争。她的朋友们希望在 EMCC 的工作能帮助她戒酒并重拾信心。即使她在哈佛大学不受重视，她的才能在新兴的计算机行业也很受欢迎。除了埃克特和莫奇利的邀请，1949 年她还考虑过在阿伯丁试验场从事弹道学研究工作，为工程研究部制作密码机，以及在海军研究办公室工作。但在那一年只有 EMCC 有机器可供编程，格蕾丝不想再等下去了。在 EMCC，她可以马上重拾激情：她可以写代码，而且周围都是杰出的女性。她很感激，就像她在海军军官学校从平民生活过渡到军事生活那样陶醉，她"自然而然地加入了 UNIVAC，"仿佛她已经"获得了世界上所有的自由和快乐"。

在 EMCC 工作时，与格蕾丝合作最密切的女性无疑是贝蒂·霍尔伯顿（以下简称贝蒂），这位在睡梦中解决编程问题的 ENIAC 奇才。这仅仅是贝蒂独特思维的一个方面。小时候，她就热衷于猜谜。在她 15 岁时，她家的计算器出现故障，于是她把整个机器拆开，给每个部件贴上标签，并把它们全部放在桌子上，精确地绘制成图表。她喜欢以这种方式思考机器：将它视为一场逻辑整体中协同工作的小部件的音乐会。她发现她的思维"像一个雷达屏幕"，"绕着问题转来转去"，直到她把所有问题都想清楚。在经过这些雷达扫描后，她能立即发现错误。她天赋异禀，当"程序员和工程师不能发现问题"时，她总是被请来解决别人的问题。在她后来的职业生涯中，她坚持要在工程师们被困扰至少4个小时之后才能邀请她去查找问题。否则，这就是在浪费她的时间。

贝蒂是 EMCC 的秘密武器，当格蕾丝·霍珀来到费城时，贝蒂已经在公司工作了两年。在他们租下里奇街的仓库之前，她在约翰·莫奇利客厅的桌子上工作，开发 UNIVAC 的操作代码 C-10。尽管她声称自己没有足够"上镜"到能与 ENIAC 合影，但不可否认的是，她的代码具有独特的美感。

C-10 是计算机的基本指令集，贝蒂在编写它时考虑得非常周到。她没有只依靠数字和符号，而是用字母作为常用操作的缩写：*s* 表示"减法"（subtract），*a* 表示"加法"（addition）。这是一个创举，它使 UNIVAC 对没有数学背景的操作者更加友好。格蕾丝认为 C-10 代码非常棒，甚至非常优美。她喜欢能使编程更容易上手的任何东西，而且她认为贝蒂是她见过的最好的程序员。贝蒂则更为谦虚。据她们的同事贝蒂·简·詹宁斯（她和格蕾丝有时相处得不愉快，以下简称贝蒂·简）说——贝蒂会这样形容格蕾丝："如果有人能做格蕾丝做不到的事情，那个人显然必须是世界上最好的，因为只有最好的人才能超越她！"

贝蒂教格蕾丝如何使用流程图来设置复杂的问题，这是格蕾丝从来没有做过的。马克 1 号是完全线性的，所有的代码都是在纸带的轨迹上"行驶"的。但是埃克特-莫奇利的机器可以沿途修改指令，形成循环。格蕾丝回忆说："现在我需要考虑二维的程序，"这需要"在另一个维度上思考"。贝蒂在她那优雅的流程图中把这些东西正式化。格蕾丝总结说，贝蒂"非常了不起"。除了 C-10 代码之外，贝蒂在 EMCC 工作期间还对计算做出了两项重要贡献。第一个是外观上的，她说服工程师将 UNIVAC 外观的颜色从黑色改为燕麦色，这后来成为台式计算机的通用颜色（是的，我的深色戴尔电脑要感谢贝蒂）。第二个是一个被她称为"分类-合并生成器"的程序，它接受数据文件的规格，并自动生成分类和合并数据的程序，记录 UNIVAC 的磁带单元中的所有输入和输出。

格蕾丝·霍珀被贝蒂的"分类-合并生成器"惊呆了。据格蕾丝说，这标志着计算机第一次被用来编写一个可以编写程序的程序。这将对格蕾丝乃至整个计算机历史产生巨大影响。但并非每个人一开始都这么看。"当时，创始人很快告诉我们，计算机不可能写程序，"格蕾丝回忆说："这是完全不可能的，计算机能做的只是算术，它不能写程序，它没有人类的想象力和灵巧性。我一直试图解释，我们是在把人类的灵巧性置于程序之中。"

事实上，由于贝蒂和格蕾丝等程序员的灵巧性，UNIVAC 是世界上最强大的计算机。它的磁带程序使输入和输出速度最终与电子元件的速度相匹配。UNIVAC 主宰了它的竞争对手，成为技术本身的同义词：就像 Kleenex（舒洁）代表纸巾，Xerox（施乐）代表复印机一样，在 20 世纪 50 年代，UNIVAC 是计算机。甚至年轻的沃尔特·克朗凯特都仰望它。1952 年，一台 UNIVAC 在哥伦比亚广播公司（CBS）的选举之夜报道中运行一个统计程序，预测德怀特·艾森豪威尔将以压倒性优势战胜阿德莱·史蒂文森，而当时没有任何传统的民意调查能看到这一点。这个噱头非常受欢迎，使这台计算机的预测活动成为哥伦比亚广播公司的一个常规节目。

尽管他们在公开场合取得了成功，但莫奇利和埃克特在幕后却步履维艰。他们是学术界人士，他们的良好愿望与他们的商业专长成反比。他们的存储程序电子计算机是一种未经测试的、昂贵的技术，需要硬性推销，对那些买入的客户也不乏牵制。EMCC 的第一笔重要投资来自巴尔的摩一家为赛马场生产博彩赔率计算器的公司——美国赌金计算机公司。在该公司的副总裁死于一场诡异的飞机失事后，资金化为泡影。由于资金紧张，莫奇利和埃克特试图将

EMCC 卖给 IBM 公司，但 IBM 公司不想和他们扯上关系，因为 IBM 公司年迈的首席执行官小托马斯·沃森（Thomas Watson Jr.）不相信磁带，他坚持做打卡系统这一成熟的业务。莫奇利和埃克特被迫将 EMCC 卖给了一家商业机器公司——雷明顿兰德公司（Remington Rand）。这家公司以生产制造枪支和打字机这两种世界上最重要的"武器"为豪。

将 EMCC 卖给雷明顿兰德公司并不是一项明智之举，但迫于现实只能如此。该公司开展打孔卡业务多年，他们预计计算机领域会有所增长。于是他们承担了 EMCC 的债务，有效地挽救了该公司，并承诺他们有经验丰富的销售团队可以销售 UNIVAC。不幸的是，雷明顿兰德公司的高级管理人员对布尔代数、子程序或代码一无所知。更糟糕的是，他们不知道如何处理在 EMCC 担任高级职务的所有女性。

几年后，贝蒂回忆说："雷明顿兰德公司买下 UNIVAC，在我看来，就是终点，因为他们对女性的概念就是女性应该坐在打字机旁。"雷明顿兰德公司没有人与技术女性合作过，他们反对女性主持演示活动、与客户见面，甚至理解她们设计 UNIVAC 装置的想法。"我的意思是，他们好像从来没有想过有人会认真听你所说的话，会认真对待你。"贝蒂·简抱怨道。这是青葱岁月的结束。

雷明顿兰德公司有远见地收购了 EMCC，但他们不知道该如何处理他们因收购而继承的那群自由思想家。这是一场价值观的危机，将在技术行业无限重演。在埃克特-莫奇利公司，一群才华横溢的女性将符号变成代码，将新的想法置于一卷卷磁带。但这一愿景以及孕育它的非正统环境，在打卡制表机的世界里难以维持。梦想家们被一家公司收购了，这家公司"认为费城的这些白痴疯了"，"没有人会买这些价值百万的机器，而且它们真正可用的应用很少。"

EMCC 公开透明的组织架构被雷明顿兰德公司老派的公司等级制度吞噬了。公司的主要办公室在纽约市，EMCC 团队能与之沟通的地方可能是火星。

贝蒂从来没有头衔或部门，却突然间有了一个老板。"那是一场灾难，"她说，"我去找他做决定，而他却做出了错误的决定，我不得不忍受这些。"在EMCC，每个人都在为机器服务。但在雷明顿兰德公司，还有其他主人，他们的利益往往与她们的工作相冲突。1990 年，在他们全部退休后很久，一群前埃克特-莫奇利公司的员工聚在史密森学会，将他们的历史记录下来。即使在 40 年后，也没有人对雷明顿兰德公司有什么好的评价。以下是这段口述历史的摘录。

克鲁兹（主持人）：我想知道这里是否有人愿意为雷明顿兰德公司管理层辩护，因为……[笑声] 有没有自愿的？

托尼克（前 UNIVAC 程序员）：没有，不全是。

克鲁兹：没有？完全没有。

UNIVAC 是一台价值百万美元的机器，但雷明顿兰德公司的销售人员没有接受过培训，不了解它能做什么。他们习惯在打孔卡片上运行的制表机；与UNIVAC 的黑色磁带相比，硬备份对于办公室合同来说是很容易销售的，而黑色磁带它是不可知、不透明的。贝蒂回忆说："他们对 UNIVAC 没有任何感觉，除了能从 UNIVAC 身上得到的以外。"销售人员能做的最好的事情就是利用计算机进行诱骗：他们把贝蒂·简带到给政府机构打电话的销售电话旁，在那里她会认真地描述存储程序计算机能够做的一切工作。然后，他们会把她赶出房间，这样这些男人们便能够销售一些打字机。

这可能比其他选择更好。当雷明顿兰德公司的销售人员在销售 UNIVAC时，他们对 UNIVAC 的不理解让老埃克特-莫奇利程序员感到震惊。有一次，雷明顿兰德公司雇用了一个连埃克特-莫奇利的员工都不认识的人，让他编写UNIVAC 营销材料，并对 UNIVAC 的销售人员进行培训。他没有向任何熟悉

UNIVAC 的人请教。莫奇利很生气。他在一份备忘录中说："我们无法理解有人在接受了一个他不具备经验的职位后，怎么会不寻求一切可能的帮助来助他履行他的职责。"

这种情况下，格蕾丝·霍珀和她的编程团队被迫挑起重担。到 1950 年，她们承担了多项工作：在雷明顿兰德公司不能有效完成任务的情况下销售和推销 UNIVAC，并在客户安装不可避免地出现问题时提供支持。即使她们成功了，也注定要失败。雷明顿兰德公司的管理层强行将 UNIVAC 的产量缩减到每年 6 台，但在程序员负责销售的 2 年后，她们已经售出了 42 台机器。UNIVAC 的一位工程师卢·威尔逊在史密森学会的会议上回忆说"结果是他们无法交付这些东西"。

尤其是格蕾丝，她发现自己处于一个难以持续的位置。她在一个大多数人都无法定义的领域做三个人的工作。在埃克特-莫奇利公司，她是高级数学家，"这听起来足以与薪水相匹配，"但在雷明顿兰德公司，资历只是意味着更多的工作。除了管理一个程序员团队和监督每个客户的定制软件项目外，她还兼做客户支持。这是一场持久战。更不用说她的副业了：她总是在进一步提高代码的艺术水平，在她仅有的一点空闲时间里致力于改进编程技术。这种忙碌很适合她。在埃克特-莫奇利公司破产和被雷明顿兰德公司收购之间的几年里，她经历了一段艰难的时期，她又开始酗酒了。她甚至在 1949 年 11 月因酗酒和行为不检被捕。虽然在哈佛大学霍华德·艾肯的实验室工作也不算多么愉快的经历，但那些惩罚性的环境激发了她最好的创意。在雷明顿兰德公司最艰难的岁月里，同样的事情也会发生。

第 **4** 章　巴别塔

在 20 世纪 50 年代早期，编程还没有被外行所理解。甚至在行业内部，从格蕾丝与公司内销售部门沟通的困难程度来看，也是如此。程序员并非来自现成的行当，他们的职业生涯是从别处开始的：一些人（如格蕾丝），是数学家出身，而其他人是通过能力测试发现的，或者是因为他们嗜爱填字游戏和平面几何而得到了机会。为了成功，他们必须详尽地学习机器并历经失败。这使他们产生了某些特权感。约翰·巴克斯（John Backus）是和格蕾丝·霍珀同一个时代的 IBM 公司的计算机科学家，他在 20 世纪 50 年代将程序员描述为"神职人员"，即"守卫着对普通人来说过于复杂的技能和奥秘。"就像魔法师们欣赏取代繁重乏味法术的捷径，"他们以敌视和嘲笑的态度看待使更多人能够使用编程这个野心勃勃的计划。"

格蕾丝不希望这样，她坚信，计算机编程应该广为人知，非专业人士也可以使用。如果计算机编程不那么费劲，那么它们就会更容易销售；如果客户可以编写和重写自己的代码，那么她的员工就不必为每个 UNIVAC 的安装创建定制程序。这将是最理想的情况，因为世界上只有少数几个真正优秀的程序员，而他们的才能被浪费了。当世界意识到这种可能性时，计算机行业已经爆炸式增长，却没有足够的受过培训的程序员来满足需求。格蕾丝和她的同伴们也不年轻了，这个领域需要新鲜的血液，计算机编程需要变得更容易获得。格蕾丝知道，只有当两件事发生时，这一切才会发生：

1）用户可以用自然语言操作自己的计算机。

2）这种语言是独立于机器的。

也就是说，当一个软件可以被程序员和它的用户所理解，并且这个软件可以在 UNIVAC 上和在 IBM 机器上一样轻松运行时，代码就可能适应人类的意志。格蕾丝将这一总体想法称为"自动编程"，对于任何知道她的人来说，这是她在哈佛大学关于子程序和代码文档工作的合理延续。她总是喜欢寻找使编程更简易、更高效的办法。在战争期间，她的捷径挽救了时间和生命；而战后，它又节约了金钱和精力。

不过，对雷明顿兰德公司的高层来说，投资自动编程似乎是对计算机销售这一真正业务的一种干扰。他们销售的是专业知识，为什么要让事情变得更简单呢？她的程序员同事也持保留意见。格蕾丝的建议可能会使他们失业。在后来的几年里，随着关于自动编程的讨论越来越激烈，争论的每一方都赢得了一个绰号。一方面，那些抵制自动编程的人被称为"尼安德特人"。他们也称自己为破坏者，像 19 世纪的拜伦勋爵那样。

另一方面，"太空学员"相信在一个没有错误的未来世界，程序可以自己编写程序，或者至少可以自己完成任务。尽管这在尼安德特人看来是乌托邦，他们认为编程是机器无法模仿的专业技术，但整个行业对自动编程的需求只会增长。UNIVAC 到底需要多少支持，雷明顿兰德公司并没有预测过；仅仅为了让客户的计算机保持正常运行就已经给公司造成压力。格蕾丝非常善于说服公司管理层。她明确表示，与编程有关的成本有可能接近硬件的成本。雷明顿兰德公司屈服了，他们创建了一个自动编程部门，并让格蕾丝负责。她的首要任务是编写一个编译器，一种在机器层面上简化编写代码的中介程序。正如机械计算机取代一代人类计算机，使像格蕾丝这样的数学家成为程序员一样，她的编译器——人与机器之间众多中介中的第一个——将重新定义工作的性质。已经成为程序员的数学家很快就会成为语言学家。

　　下面穿插一个计算机方面的小课堂：计算机不懂英语、法语、普通话或任何人类语言。只有机器代码（通常是二进制的），才能在最基本的层面上命令计算机通过其相互连接的逻辑门进行电力脉冲。分解开来，每个程序都是一个令人抓狂的明确指令清单。在这个机器代码中，包含电力应该在何处以及如何移动的信息。最基本的程序指定了硬件层面的操作，仅比将一台像 ENIAC 这样的计算机在物理上连接在一起高了一步；更复杂的程序是这些基本操作的集合。在格蕾丝的时代，调试需要像机器一样，一点一点进行。如果说"神职人员"守护着一个奥秘，那就是获得无限耐心的秘密。

　　编译器是现代计算机的基础，它们使编程语言及其越来越高层次的符号，能够被计算机的二进制"蜥蜴大脑"所理解。现在，使用计算机——甚至是为计算机编程——都不需要对其硬件有具体的了解。我不会说二进制，但通过许多软件解释器的协同工作，每当我与我的个人计算机接触时，我们能相互理解。现在机器代码离大多数用户的体验是如此遥远，以至于计算机科学家及作家道格拉斯·郝夫斯台特（即侯世达）将检查机器代码比作"通过逐个原子看 DNA 分子"。

　　格蕾丝·霍珀在 1951 年冬天完成了第一个编译器 A-0，当时正值她在雷明顿兰德公司的人事危机高峰期。次年 5 月，她在匹兹堡举行的美国计算机协会（ACM）会议上发表了一篇关于该主题的论文——《计算机的教育》（*The Education of a Computer*）。在论文中，她解释了一些反直觉的东西：在程序员和计算机之间增加一个层次，可以提高效率。她用一个个人的例子来说明。在过去，像她这样的数学家一直被困在算术的苦差事中，所有这些都是通往有趣解决方案的乏味小步骤。表面上，像 UNIVAC 这样的计算机接受了这些算术任务，解放了数学家，使其能够思考更有挑战性的问题，然而现实是，数学家反而成了一个程序员，再次被烦琐的小步骤所淹没。格蕾丝喜欢编码，但她承认，"发明程序的新鲜感消失了，退化为编写和检查程序的枯燥劳动。这种职责似乎是强加给人类大脑的。"

她的解决方案是插入第三层操作，通过编译选定的子程序（保存在计算机内存中的可重复使用的代码片段），使计算机有能力编写自己的程序。然后编译器可以自动安排子程序，并将它们转换成基本的机器代码。这样一来，"程序员就可以重新成为一名数学家"，而计算机则"根据数学家提供的信息，使用子程序和自己的指令代码，自己生成一个程序"。格蕾丝提出，一个更智能的机器可以支持受教育程度较低的程序员，甚至是非程序员用户，只要计算机继续训练。"目前 UNIVAC 有牢固的数学基础，其受教育几乎与大学二年级学生持平，它不健忘，也不会犯错，"她写道，"希望它的本科课程能很快完成，能够入选为研究生候选者。"

编译子程序，而不是从头开始手工编码，消除了编程练习中大量的人为错误。子程序早已测试、调试并准备就绪，由编译器串联起来，程序可以在几小时内完成，而不是需要几周。格蕾丝的想法在随后的几年里被许多人不断地完善，使与编程有关的许多苦差事自动化，让程序员能够专注于他们工作的创造性方面，以及更高层次的、面向系统的思考，这最终推动计算机科学成为一门学科。更重要的是，它代表了一些概念上的新东西——程序自动编程，这是贝蒂用她出色的分类-合并生成器照亮的道路。这个想法对营销人员和计算机制造商来说都很有吸引力。到了 1955 年，雷明顿兰德公司开始投放印刷广告，广告标题为"现在……UNIVAC 告诉自己该怎么做！"。

格蕾丝的论文点燃了计算机界，但还有工作要做。她的第一个编译器 A-0

是初级的。她解释说："它非常笨，我所做的是自己编写一个程序，然后让计算机做我所做的事。"尽管它以 18∶1 的速度击败了传统的编程技术，但它所创建的机器代码——计算机实际执行的基本二进制指令集——仍然是低效的。如今，代码从美学上看是优雅的，但在 20 世纪 50 年代初，让程序员手动检查程序错误所支付的钱仍然比用笨拙的机器代码多消耗一小时所花的费用要少。在一年内，格蕾丝和她的编程人员写出了一个不那么麻烦的 A-1 编译器；1953 年春天，A-2 编译器问世。每一次迭代，编译器都变得更加复杂，更加方便用户使用。A-2 引入了格蕾丝所说的"伪代码"，一种介于人类和计算机之间的语言。对现代程序员来说，这似乎并不特别友好，但这种速记法是迈向非专业人员可以使用的编程语言的第一步。这是格蕾丝·霍珀留下的遗产。

自动编程是一项巨大的成就，但它提出了一系列全新的问题。设计编译器和伪代码开始像是在发明新的语言，与其说是科学，不如说是艺术。新的语法必须将编译器凝聚在一起，同时保持对用户的连贯性，毕竟语言的有用程度取决于其说话者的流利程度。格蕾丝认为新的编译器和伪代码的激增是一种潜在的巴别塔情况，相互竞争、难以理解的语言会相互排挤。她提出了一些解决方案。她那有影响力的商业编译器 MATH-MATIC 采用了全球通用的数学语言作为其通用语言。它的后代 FLOW-MATIC 将数学变量分配给常用的单词和短语。这些自然语言命令作为文件有双重作用，它们的相对可理解性使非技术项目经理有可能评估正在完成的工作。但更大的问题仍然存在。一种单一的语言能被地球上的每一台计算机理解吗？

最早讨论这个问题的会议是由玛丽·霍斯（Mary Hawes）发起的，她是格蕾丝·霍珀的前同事之一，在雷明顿兰德公司与她一起开发了 FLOW-MATIC。当时她在旧金山的一次会议上"缠住"一位著名的计算机科学家索尔·戈恩博士（Dr. Saul Gorn），问他"是否认为现在不是通用商业语言的时代。"1959 年

4 月，格蕾丝在宾夕法尼亚大学召开了一次后续会议，她在那里担任兼职教员。在场的每个人都同意玛丽的观点：共享、商用、独立于硬件的编程语言的时代已经来了。雷明顿兰德公司并不是唯一在数据安装方面忙得不可开交的公司，格蕾丝的非正式委员会中到处是竞争对手，如 IBM 公司和美国无线电公司（RCA），它们也在经历着同样的成长之痛。但这项工作需要一个中立的、有影响力的赞助者。格蕾丝动用了一些海军的关系，与国防部进行了接触。国防部当时正在运行 225 台计算机，并计划安装更多的计算机。

在宾夕法尼亚大学召开会议仅一个月后，国防部在五角大楼主办了数据系统和语言会议的第一次组织会议，即 CODASYL。每个主要的计算机制造商都派出了公关人员，与政府高层和私营企业的代表打交道。会议的共同目标是建立一种具有前瞻性的、易于使用的语言（最好是用简单的英语），这种语言将独立于任何特定的机器。此次会议上成立了短期、中期和长期三个委员会。短期委员会将研究现有的编译器，如格蕾丝·霍珀的 FLOW-MATIC、FORTRAN 和空军开发的 AIMACO 语言，以决定哪些可行，哪些不可行。在分析之后，他们会为一种临时语言编写规范。中期委员会将研究语言的语法和商业语言的趋势，然后在短期委员会的基础上继续努力。长期委员会将收集前两个委员会的所有研究，并使用它来创建一个通用的商业语言。这是一个严格的分层过程，每一步都有可交付的成果：老实说，它只能由计算机程序员构建出来。

这些委员会很快就乱了套。根本不存在临时语言这种东西。转换语言既费时又费钱。格蕾丝估计，要在雷明顿兰德公司部署一个新的编译器，需要花费945 000 美元和 45.5 个人工年——此时，"女子年"的概念早已从词典中消失。无论短期委员会创造了什么暂时的语言，都必须留在那里。

格蕾丝的老同事贝蒂总结说："这种语言绝不是一种临时解决方案。"当时她是短期委员会的成员，正在海军应用数学实验室负责高级编程。她说："就我而言，这种语言将是'它'。"这使得包括三位女性［除了贝蒂和玛丽·霍斯外，还有来自希凡尼亚电气产品公司的琼·E.萨米特（Jean E. Sammet），她是格蕾丝的学生］在内的短期委员会在不到 3 个月的时间里编写了新的商业语言。由于程序员喜欢缩写，这个小组被称为 PDQ 委员会。他们必须以非常快的速度移动堆积如山的代码。PDQ 委员会正如同它的名字，在 1959 年 12 月提交了他们对新的通用商业导向语言（即 COBOL）的成果。次年 1 月，规格书被印刷出来时，长期委员会甚至还未成立。

COBOL 改变了世界。国防部用 COBOL 运行其所有的计算机设备，并坚持要求供应商提供支持 COBOL 的硬件，这在 10 年内决定了计算机行业的方向。在这个语言应用 10 年后，COBOL 是行业中使用最广泛的编程语言。到了千禧年，地球上 80% 的代码都是用 COBOL 编写的，大约有 700 亿行代码。这最终被证明是一个巨大的问题：受 20 世纪 50 年代计算机内存限制的约束，CODASYL 决定采用两位数显示年份，因此人们担心在 2000 年从 99 切换到 00 时会使世界陷入混乱，这就是所谓的"千年虫危机"（Y2K bug）。实际上一群COBOL 程序员不得不从退休的状态中返回岗位，以压制机器中最后和最可怕的飞蛾。这说明了格蕾丝·霍珀的努力是有效的。迫切需要一个标准的软件业，在 COBOL 上跃跃欲试。尽管它是一种为拯救编程的未来而建立的语言，它的设计者也没有预料到它能持续多长时间。

COBOL 是为了满足不同人群的利益而编写的；它为了可读性牺牲了优雅，为了机器的独立性牺牲了效率。它还因棘手、冗长和复杂而闻名。大多数程序员明确地鄙视它。甚至一些教科书完全省略了它。因为在设计时没有就此征询过计算机科学学术界的意见和建议，学界人士拒绝与 COBOL 接触。荷兰计算机科学家艾兹格·W.迪科斯彻（Edsger W. Dijkstra）写过一篇著名的文章，说 COBOL "削弱了思想"，并补充说 "因此，它的教学应该被视为一种犯罪行为。" *Jargon File* 是一本黑客词典，从 20 世纪 70 年代中期开始通过各种共享计算机网络收集计算机俚语，然后在 1983 年首次作为《黑客词典》(*The Hacker's Dictionary*) 出版。在这本词典中，就有对 COBOL 的尖刻定义：

COBOL: //Koh'Bol/, N.

［通用商业导向语言］(与邪恶同义)。一种软弱、冗长和松散的语言，被代码磨工用来在恐龙主机上做无聊和无意识的事情。黑客们认为，所有的 COBOL 程序员都是西装革履的人或代码磨工，没有一个自尊心强的黑客会承认自己学过这种语言。说起它的名字，很多人都会不由自主地表达厌恶或恐惧的情绪。

COBOL 的创造者，把这写成了 "势利的反应"。琼·萨米特，CODASYL 委员会的主席之一，也是格蕾丝·霍珀的忠实崇拜者，她指出，"有用和优雅不一定是一回事。" 她铭记了这项任务的不朽：COBOL 代表了一群竞争者尝试把自己的利益放在一边，创造出一些有利于每个参与者的东西。其中许多人为了商业或商业软件语言而牺牲了现有的项目。COBOL 是由委员会设计的，但它是技术上的 "停战"，是为了艺术的利益而停战。

在琼·萨米特的估计中，格蕾丝·霍珀所做的 "从行政管理以及技术的角度来看，她和其他人一样，尽力推广这些概念"。为此，格蕾丝被铭记为 COBOL 的 "祖母"。像祖母一样，她没有生下这个孩子，却对孩子负责。她干练通达的人际交往技能将竞争对手、程序员、专业组织、军队和客户聚集在一起。她坚持要通过合作而不是通过竞争市场份额来实现这一目标，这项举措在当时领先了 30 年：下一代的程序员可能会对 COBOL 笨重的语法嗤之以鼻，但许多人会采用类似的分布式创新模式。正如她的传记作者所指出的，格蕾丝对合作开发的重视，以及她所动员的志愿程序员网络，比开源软件运动早了

40 年。此外，即使硬件来来去去，构建始终保持一致的通用语言将会被证明对计算机的发展至关重要。如果程序员在每次出现新的计算机时都被迫从头开始，他们将永远在追赶。但自动编程以及它所奠定的效率、可及性和机器独立性的基础，加强了编程作为功能性艺术形式发展的可能性。

除了格蕾丝，许多女性都推动了自动编程的发展。事实上，即使与她们所在行业的人口统计数据相比，这个数字也是不成比例的。贝蒂用她的分类-合并生成器，开发了编译器和生成器。在雷明顿兰德公司，阿黛尔·米尔德丽德·科斯（Adele Mildred Koss）——一位前 UNIVAC 程序员，在埃克特-莫奇利时代创造了一个编辑生成器（Editing Generator），它可以读取一个文件的规范并自动生成一个程序，并将其转换为不同格式。这个想法被诺拉·莫泽（Nora Moser）完善。诺拉·莫泽是陆军地图局的一名程序员，是最早使用格蕾丝的 A-2 编译器的人之一。诺拉·莫泽与三位女性——分别来自喜万年（Sylvania）的德博拉·戴维森（Deborah Davidson）、霍尼韦尔（Honeywell）的休·纳普（Sue Knapp）和 IBM 公司的格特鲁德·蒂尔妮（Gertrude Tierney）一起在 PDQ 委员会中提供帮助。最后开发 COBOL 规范的六人委员会包括两位女性——格特鲁德·蒂尔妮和琼·萨米特。琼·萨米特是美国第一批教授研究生水平计算机编程的女性之一。

诚然，编程标准委员会的官僚主义劳动和编译器设计的高度技术性工作很难一一道明，但对这些女性中的许多人来说，自动编程的进步代表了一个表明自己的重要性的机会，特别是与硬件工程师的关系。诺拉·莫泽指出，编译器就像一台"伪计算机"，一台仅由代码构成的机器。格蕾丝·霍珀认为，它构成了超越机器本身工作之外的"第二级"操作，可复制且可以通过邮件发送。这使程序员处于与工程师相同的水平——用符号代替焊接电缆来建立联系。

和格蕾丝一样，这些女性也是超负荷工作。她们的雇主往往希望她们除了编写、测试和调试计算机代码外，还要向客户提供支持。在一个爆炸性的行业中，这几乎是不可能的，而且在许多情况下还会产生反作用。但是，"既有设计解决方案的专业知识，又有使专家和新手对编程更容易上手的激励"，使她们处于一个独特的位置，可以实现真正的变革，并且她们确实也做到了。格蕾丝·霍珀并不是第一个相信编程的女性，不管是自动编程还是其他编程。她的许多女性同行不懈地努力开发和规范编程策略，这些策略将改变早期的计算机行业，就像 19 世纪艾达·洛夫莱斯实现了从硬件到软件的精神飞跃一样。尽管差分机未完成，分析机也只是想象，但她和格蕾丝都知道：只做一件事的计算机并不是真正的计算机。

它只能算一台机器。

第 **5** 章　计算机女孩

1967 年 4 月，《时尚》（*Cosmopolitan*）杂志刊登了一篇关于编程的文章，名为《计算机女孩》（*The Computer Girls*）。该杂志报道说，"计算机女孩"在"大而令人眼花缭乱的计算机时代"从事"一种全新的女性工作"，教"神奇的机器做什么以及如何做"。正如在这之前的 20 年，女性可能会选择教育、护理或秘书作为职业一样，作者暗示，今天的女性可以考虑从事计算机编程。在文章所附的照片中，一位名叫安·理查森（Ann Richardson）的 IBM 公司系统工程师正在处理打孔卡，拨动开关，"将事实输入"计算机。她穿着条纹无袖上衣，梳着整齐的蜂巢头，看起来很时髦。周围是穿着西装却没露脸的人。他们低头看着她，她笑得很灿烂。

格蕾丝·霍珀当时已经 60 多岁了，她重新回到海军服役，在海军信息系统规划办公室领导一个编程语言小组。在《计算机女孩》文章中，她使用了她最喜欢的一个关于女性和编程的类比，将编写程序比作策划晚宴。"你必须提前计划并安排好一切，以便在需要的时候一切都准备就绪了。"对于一个后来为核潜艇开发舰队战术系统的人来说，这似乎是一个简化的说法，但这就是格蕾丝的风格。实际应用是最重要的事情，她总是把计算机与日常生活联系起来。但文章中的最后一句话来自一位男性程序员。"'我们当然喜欢有女孩在身边，'他宣称，'她们比其他人（男程序员）更漂亮。'"

在格蕾丝·霍珀和她的同龄人之后的这一代程序员身上发生了一些事情。

尽管《计算机女孩》文章表明，女性被鼓励从事编程作为秘书工作的替代，但这个领域很快变得比 10 年前更不欢迎女性。据估计，女性程序员在整个 20 世纪 60 年代的劳动力中占 30%～50%，但她们不是在管理部门和推动编程的发展，而是聚集在"职业库的低端"，做诸如打字员这样地位较低的数据输入工作，相当于 20 世纪 60 年代在纸卡上打小孔的工作。

与此同时，技术专家们经常兴致勃勃地写困扰计算机行业的"软件危机"。由于熟练程序员的严重短缺，软件项目迟迟不能完成或不符合规格，而且漏洞百出。其中不乏戏剧性的、公开的失败：在 20 世纪 60 年代初，IBM 公司晚了一年才交付 OS/360 操作系统，超出预算四倍；美国国家航空航天局（NASA）被迫销毁了旨在探测金星奥秘的水手 1 号（Mariner Ⅰ）飞船，只因为一个小小的编程错误。

编写程序可能像策划晚宴，但它也要求完美，其要求完美的程度与以往任何人类活动都不同；一个错误的逗号可以让火箭翻滚着回到地球。在 IBM 公司管理灾难性的 OS/360 操作系统的弗雷德里克·布鲁克斯（Frederick Brooks）写道："如果咒语中的一个字符或一个停顿没有严格遵照正确的形式，魔法就不会发生作用。"这可能使编程难以学习。在该领域的早期，这也是使其抵制工业生产的原因，而工业生产将推动计算机硬件业务的增长：编写软件就像用无情的方程式写诗，它具有可以在前所未有的规模上影响人类生活的实际能力。

一些历史学家将"软件危机"归因于硬件和软件不成比例的发展：当更快、更强的计算机投入使用时，程序员却无力追赶。其他人则认为是程序员——如果不是女性，也是独特的、有创造性的、难以沟通的和有些傲慢的男性——与他们严格控制的工业和组织管理人员之间的个性冲突。但还有第三种观点，它反映出软件危机与女性在整个行业内高级编程职位上的长期缓慢的数量下降相吻合。

到 20 世纪 60 年代末，即使《时尚》将编程作为接听办公室电话的一种绝妙的替代方案来推动，从事计算机工作的女性所获得的报酬也远低于她们的男性同行。在一个可以追溯到 19 世纪计算办公室为省钱而雇用女性的传统中，女性程序员的年薪约为 7 763 美元，而从事同样工作的男性的年薪中位数为 11 193 美元。这种薪酬歧视，再加上计算机公司在结构上不愿意为"育儿义务"腾出空间，把女性们赶出了这个行业。与此同时，软件危机变得更加严重，以至于北约组织在 1968 年召开了一次国际会议来解决这个问题。然而没有一位女性被邀请。

会议在巴伐利亚州的滑雪胜地加米施镇举行。在从楚格峰（Zugspitze）滑雪场滑下来的间隙，与会人员提出了一种新的编程方法，他们希望这种方法能够解决困扰计算机行业的一些问题。可以说，他们所做的最重要的改变是语义上的——他们决定，编程（programming）将被称为软件工程（software engineering）。因此，它将被视为工程学的一个分支，而不再是由极为独立的、格格不入的人和很多女性把控的野蛮生长的领域。工程是一种有明确证书的工作，而不是一种在暗处的"神职工作"。这一变化标志着对计算机专业地位的广泛的重新协商，这一协商将在整个 20 世纪六七十年代通过专业期刊、协会、雇用惯例和认证项目展开。这门学科越专业化，它就越隐性地男性化。例如，将正式教育作为从事编程工作的先决条件引入，使得自学成才的程序员更难找到工作。这种变化对女性求职者不利，尤其是那些可能要向学校请假养育孩子的人。专门研究计算机的社会和历史问题的内森·恩斯曼格（Nathan Ensmenger）教授写道："如果计算机编程是始于女性的工作，那么（现在）它不得不男性化。"

从程序员到软件工程师的转变对女性程序员来说是一个很容易理解的信号。新的模式，尽管看起来很微妙，但"带来了关于哪种性别最能提升编程实践和地位的潜意识"珍妮特·阿巴特（Janet Abbate）写道。她认为，这种象征性的排斥，与包括工资歧视、缺乏儿童保育、缺乏足够的指导和支持等更具体的因素一起，向女性发出信号，让她们避开计算机，即使计算机行业正遭受着人才短缺。更雪上加霜的是，女性程序员带来的技能正是那些"软件工程"迫切需要的。

毕竟，软件危机只是其中的一个后果。项目之所以经常逾期和超出预算，是因为它们是建立在摇摇欲坠的预期之上。要想获得一个软件初始的正确需求，就必须倾听客户的意见，将混乱的现实世界的问题解析成可执行的程序，并预测非技术用户的需求。尽管它被誉为内向完美主义者的学科，但社交技能在编程中是有价值的，甚至是必不可少的。格蕾丝·霍珀明白这一点，正是她早期在广泛的非技术领域的自学使她成为一名称职的程序员。正如她在 1968 年告诉一位历史学家的那样，为了在"计算机人员"和外部客户、问题和可能的应用程序之间建立联系，"你需要有掌握更多词汇的人（意为更具有沟通技巧的人）。"

这些词汇并不是天生的女性化，但沟通的软技能肯定被社会广泛认为是女性体现的价值。在软件危机期间，依靠"典型的女性沟通技能和个人互动技能"的软件设计被"贬低和未被重视"，进而被男性程序员忽略，并在软件工程的课程中被跳过。因此，这个行业受到了影响，也许现在还在受影响。

第一代计算机在投入使用之前就已经过时了。马克 1 号带来了马克 2 号，然后是马克 3 号；ENIAC 的设计刚刚确定并开始建造，约翰·莫奇利和普雷斯就开始发明它的继任者。这些早期的计算机在更小、更快、更聪明的东西出现之前，只有几年保质期。这种模式一直持续到今天，迭代得很快。编程也是如此，在不到 10 年的时间里，它从一个乏味的想法跃升为一种艺术形式。1950 年，当地球上最能干的加法器需要整个办公室楼层的地盘时，IBM 公司预测全球的计算机市场总共会是 5 个。但到 1960 年，全球有 2 000 台计算机在使用。到 20 世纪 90 年代，当我终于能上网时，IBM 公司每周售出 40 000 个系统。打孔卡片变成了磁带，代码变成了语言，而晶体管让位给了集成电路，然后是微处理器。随着容纳它们的盒子长出屏幕和键盘，微型化呈指数级飞跃，成为家庭用品以及工作、娱乐和联系的入口。

当我想到第一批女性人类计算机，在有组织的群体中翻阅数字表时，我感觉到某种看不见的催化剂，某种东西似乎点燃了一连串的事件，导致我们目前难以解决的技术状况。发明编程的女性，作为金属机器和人类思想之间的调试人，成长为编写优雅抽象语言的女性，使我们能够像与人交谈一样与计算机交谈，她们的创新比那些使计算机硬件微型化和精细化的创新更难掌握。ENIAC 已经支离破碎，其 40 个单元散落在全国各地的博物馆里，但它仍能证明自己的存在。然而，ENIAC 项目是在时间上进行的操作。在一次又一次地拔掉插头重新排列之前，只有当电力通过菊花链式的电缆串在一起执行任务时，它们才短暂存在。

这些转瞬即逝的排列设计师们——不管你对她们的称呼是什么，女性计算机、计算机女孩，还是操作员或程序员等——改变了世界。正如文化理论家萨迪·普兰特所写的那样，"当计算机是由晶体管和阀门组成的庞大系统，需要被哄着才能运行时，是女性打开了它们。当计算机成为硅芯片的微型电路时，是女性组装了它们……当计算机实际上是真正的机器时，女性编写了运行它们的软件。当计算机是一个指有血有肉的工人的术语时，组成它们身体的是女性。"

凭借我们拥有的 21 世纪的大脑，我们都有机会像艾达·洛夫莱斯、哈佛大学的人类计算机或宾夕法尼亚大学的战时弹道计算者那样聪明。但是，在我们到达最终的门槛之前，我们只能走这么远。我现在的机器是 MacBook Pro 的顶级产品，当这些文字变成墨水出版的时候，这个机器就已经过时了。格蕾丝·霍珀梦想的能自动编码的机器代码现在是推动世界前进的引擎⊖。它让我能找到我们将在本书中碰到的女性，给她们发电子邮件，向她们挥手问好，并制订计划，最后我在她们的客厅里，看手册、看照片、喝茶。改变世界的技术就是这个样子。

要预测它们会变成什么，或者它们会把你带去哪里，从来都不容易。

⊖ 此处暗含人工智能的发展。——编者注

第 **2** 篇

连接之旅

第 **6** 章　最长的洞穴

世界上最长的洞穴位于肯塔基州中部。它的石灰岩通道在地底下延伸了 400 英里（640 多千米），曲折的图形就像地上古老的山核桃林的树根一样错综复杂。在洞穴里，洞穴探险者绕过无底洞，经过橙色石头的喷泉，发现了深邃而冰冷的地下河。在阳光下的世界和地下深处之间，有脚踝那么高的白雾在这个空间里旋转，像鬼魂一般。

肯塔基州的人们为控制对猛犸洞（Mammoth Cave）秘密的探访进行了激烈的斗争。20 世纪初，贫穷的当地人将游客诱入这块土地上的"天坑"，引发了"洞穴战争"，直到国家公园管理局接管这里，驱逐了地主，并安装了楼梯和地下厕所，甚至在地下 267 英尺（约 81 米）处安装了一个天花板上有石膏水晶雪球的大餐厅。如今谨慎的洞穴探险者使用公园部门授予的钥匙通过上锁的栅栏进入猛犸洞的入口。他们带着小型碳化物头灯，用于保暖和提供照明。

最早绘制猛犸洞地图的人们是被迫的。他们被主人安排在地下，带领人们参观。第一个被安排做向导的叫斯蒂芬·毕晓普（Stephen Bishop）。他根据洞穴里的特征进行了命名——冥河、雪球室、小蝙蝠大道，并在其最深水域内发现了游动的无眼白鱼。当毕晓普连同洞穴一起被卖给路易维尔市的一位医生时，他被要求凭记忆画一张地图。就像洞穴地图一样，他的画看起来就像"一碗倒在地上的意大利面条"，但它详细展示了毕晓普所发现的近 10 英里（约 16 千米）的通道，50 多年来这张画一直是关于猛犸洞洞口的最详尽的地图。一条从地下回声河分叉出来的无名通道，在一个世纪后变得很重要，就在毕晓普被埋葬的洞穴主入口附近的位置，他的坟墓只有一棵雪松作为标志。

在毕晓普的一生中，肯塔基州中部的每个地主都声称拥有一个洞穴入口；如果不是一个天然大坑，就是一个用炸药炸开的裂缝。毕晓普相信，这些碎片都被连接成一个更大的系统，而他的直觉被肯塔基州的几代洞穴探险者所认同。在遥远通道的尽头，洞穴在呼吸：寒冷的空气甚至在地表以下几千米处呼呼作响，水灌入越来越深的地下。

证明毕晓普的连接理论成为洞穴研究基金会（Cave Research Foundation）的起因，这是一个由洞穴爱好者组成的没什么规章的团体，他们花了近 20 年时间将猛犸洞附近的不同洞穴连接成一个单一的燧石山脊（Flint Ridge）系统。这是家族事业；一旦他们长大了，在基金会木板小屋周围的树林里玩耍的孩子们就会越过他们的父亲和母亲调查的最远点继续前进。到 1972 年，洞穴研究基金会几乎勘察了每一条通往终点的燧石山脊，有时需要在迷宫般的隧道中爬行 10 小时。他们所称的最终连接，就在眼前。

洞穴探险家们认为，燧石山脊与猛犸洞在 Q-87 勘测点的砂岩巨石的卡口处相遇，这是一个离地表数千米的偏远支线，但用长长的金属管移动巨石是一项艰苦的工作。有一支探险队尝试了另一条路线，通过一个被称为"窄点"的垂直裂缝。洞穴探险的幽默有一种虚无主义的色彩：这个"窄点"是一条黑暗的缝隙，小到只有一个人敢于挑战—她是瘦弱的计算机程序员，体重只有 115 磅（1 磅＝0.4535924 千克），名叫帕特里西娅·克劳瑟（Patricia Crowther）（以下简称"帕特"）。

帕特把自己塞进了这个窄点，然后从另一端出来，来到了泥滩上。在碳化物头灯下，她发现了前一个访客的名片：刻在墙上的首字母"P. H."。回到地面后，她的团队对这一发现保密。任何熟悉该地区的人都会知道老皮特·汉森（Pete Hanson，P. H.）的传说，他在内战前曾探索过猛犸洞。那一定是他刻在地底下的名字缩写，而这只意味着一件事：燧石山脊和猛犸洞在一个跨越 340 英里（约 550 千米）的连续洞穴中相连。这一发现被称为"洞穴学的珠穆朗玛峰"。

10 天后，帕特回到了这个关口。其他洞穴探险者对帕特说，"对了，帕特，这次你来带路"。穿过窄点，他们涉入与他们胸部齐平的泥水，直到地下河和滴水的洞顶之间只有 1 英尺（30.48 厘米）的空气。他们浑身湿透，身上沾满了泥浆，"像巧克力糖霜一样"。他们努力让头灯保持干燥。没有眼睛的小龙虾从他们的腰间掠过。通道打开后，露出了一个宽阔的大厅，在那里他们瞥见了一个手扶栏杆的边缘：猛犸洞中心的一条旅游小道。连接已经完成。就在刚才，他们比历史上任何一个洞穴探险者都走得更远；现在，他们在水中哭泣。

坐在公园管理员的皮卡车后座前往大本营，他们仰望着夏日天空中明亮的星星。躺在"敞开的卡车车厢里，树梢从头顶划过，落入黑暗中"，他们默默地思考着他们的壮举。漫长的车程使他们的思绪更加开阔：他们真的在地下走了 11 千米吗？他们走的最后一条通道，穿过窄点，越过后来被称为"汉森失落之河"的地方，与斯蒂芬·毕晓普 1839 年手绘地图上的一条未标明的线路相连。在黎明时分吃完汉堡、喝完香槟后，他们睡着了。

"这是一种不可思议的感觉，"帕特在旅行的日记中写道，"作为第一批从燧石山脊进入猛犸洞的队伍的一员，就像生孩子一样，你必须不断提醒自己，这是真的，是千真万确的，这个你带到世界上的新生物，昨天还不在这里。其他的所有东西似乎也是新的。周四我们醒来后，我听了一张戈登·莱特福德的唱片。音乐是如此美丽，它让我哭泣。"

帕特觉得她带到这个世界上的新生物一直都在那里，沉睡在地质世界的黑暗中。她那天创造的新生命不是洞穴，而是地图，不是某个东西，而是关于它的描述。通过把自己塞进窄点，把灯火带到黑暗中，她把地球上的一个地方移到了象征性的笛卡尔坐标系里。或者作为她们团队的地图制作者，至少她是这样看的。

回到马萨诸塞州的家中，帕特和她的丈夫威尔·克劳瑟（以下简称"威尔"）经营了一家"地图工厂"，跟踪洞穴研究基金会每次探险浮出水面的地图数据。他们都是程序员，这为地图制作带来了相当高的技术含量。正如帕特所描述的那样，这对夫妇将原始调查数据从"泥泞的小书"中输入他们客厅的电传终端，该终端与威尔工作地点的 PDP-1 大型计算机相连。基于这些数据，他们使用威尔编写的程序生成了"在大卷纸带上的绘图命令"。帕特贡献了一个子程序，可将数字和字母添加到最终的地图中。他们"使用连接到霍尼韦尔 316（Honeywell 316）上的一个卡尔康鼓式绘图仪进行绘图，该绘图仪日后成为阿帕网的接口报文处理机（ARPANET IMP）。"

帕特夫妇的地图是简化的线图，但它们代表了将洞穴计算机化的一些早期努力，这种技术复杂性的飞跃是由他们所能使用的硬件促成的：一台 PDP-1 主机和一台霍尼韦尔 316（一种 16 位的微型计算机），两者都远超过消费级产品。威尔·克劳瑟的雇主是博尔特-贝纳克-纽曼（BBN）公司，一家马萨诸塞州的公司，专门从事高级研究。1969 年，BBN 公司与美国政府签约，帮助建立阿帕网，这个催生了今天互联网的军事和学术分组交换网络。在他们用它来绘制洞穴地图的几年后，霍尼韦尔 316 微型计算机被重新设计和加固，成为一个接口信息处理机（IMP）——我们现在称之为路由器。这些路由器在阿帕网内形成一个由小型计算机组成的子网络，在主要节点之间进行数据交换和转换，这是当时和现在的互联网的重要组成部分。

威尔是 BBN 公司最得力的程序员之一，他那紧凑、节俭的代码表达了他严谨的态度。他是一个终生登山者，他教帕特攀登纽约肖瓦岗山的垂直面，而且据说他在沉思时用指尖吊在办公室的门框上。威尔也是一名洞穴探险家，这对夫妇在地下深处度过了他们所有的假期。她在一本洞穴日记中写道："没有他陪在我身边，我感觉很冷。这里风很大，洞穴在呼吸。"

威尔没有参加最后的连接之旅。在之前的调查中，他一直在帕特身边，在地下荒野中被逼到极限。最后一次勘测是在9月初，正值他们8岁的女儿桑迪和6岁的女儿劳拉返校。这对夫妇中的一个人不得不留在家里，为女儿们买书和校服，带她们去看牙医，并带她们报名上课。威尔知道这次远征对帕特意味着什么。毕竟她找到了线索，也就是洞穴探险家们所说的"要去的洞穴"，她很想坚持到底。他告诉她继续前进，他会照顾好两个女儿。

当帕特回到家时，威尔被这一经历深深震撼，他正在等她。他们彻夜未眠，相互拥抱，谈论着这段连接。当威尔睡着后，帕特蹑手蹑脚地来到客厅的电传终端前，尽可能安静地输入他们在肯塔基州做调查的方位。她运行了一个坐标程序，数据以长纸带的形式送到了她手中。早上，帕特和威尔把纸带带去了他的办公室，她看着 BBN 公司计算机绘制出了她在地下两个广阔而孤独的地方之间建立的联系。"现在我可以睡觉了"她写道。

洞穴探险是无情的。至20世纪60年代末，任何进入猛犸洞的人都会经过弗洛伊德·柯林斯的玻璃顶棺材，他是一个被巨石压死的乡村洞穴探险家。洞穴探险者被大地所笼罩，他们的一举一动都受到岩石墙和天花板的限制。他们吃得很少，仅有糖果棒和肉罐头，他们会把垃圾带回到地面上。他们没有时间观念。出来后，他们可能会看到月亮。正如帕特夫妇的朋友罗杰·布鲁克和理查德·沃森在《最长的洞穴》（*The Longest Cave*）中对这次连接旅行的描述："除非你可以在脑海中想象，否则这条路线永远不会出现。不能舒展开来，没有任何进展；只有随着你前进，位置才会发生改变。"

使路线清晰可见是严肃的洞穴探险者的核心追求。洞穴研究基金会有一个团体教义：没有调查绝不探索。地图是看清一个洞穴全貌的唯一途径，绘制地图就相当于攀登山峰。这也是一种生存机制。为了保证安全，洞穴探险者一边走一边绘制地图，"合理地、系统地寻找已知的通道。"难怪这个爱好会吸引计算机程序员。写代码是严谨的工作。就像程序员一样，洞穴探险者可能会成群结队地工作，但他们总是独自面对挑战。

连接旅行后不久，帕特和威尔的婚姻状况就恶化了。在威尔"以各种方式从帕特的身边被拉开"后，他们于 1976 年离婚。在没有帕特与他们的洞穴研究基金会共同好友的陪伴下，洞穴探险"变得棘手起来"。他独自一人，被地图淹没，其中包括他们在 1974 年夏天一起对猛犸洞的贝德奎特山洞部分进行的详尽调查。他用长时间的《龙与地下城》（*Dungeons & Dragons*）游戏及深夜在家编码来安慰自己。当桑迪和劳拉去看望她们的父亲时，她们常常发现他正在努力工作，编写一长串结构优雅的 FORTRAN 代码。他告诉她们，这是一个计算机游戏（Computer game）[⊖]，当他完成后，她们就可以玩了。

小说家理查德·鲍尔斯（Richard Powers）曾经写道："软件是描述战胜现实的最终胜利。"软件描述现实方法的艰苦特异性，有时甚至触及更深层次的秩序。这也许就是为什么威尔·克劳瑟不得不做最后一张地图。这张地图不是从他妻子带泥的笔记本上绘制出来的，而是来自他的记忆。在一台构成互联网骨干的计算机上，这些记忆被转换成 700 行的 FORTRAN 语言后，成为最早的计算机游戏之一——《巨洞探险》（*Colossal Cave Adventure*）。它描绘了他与帕特一起探索一起绘制的猛犸洞穴的各个部分。

⊖ 俗称"电脑游戏"，是电子游戏的一种类型。——编者注

《巨洞探险》——现在更普遍地被称为《冒险》（*Adventure*）——看起来不像是现代意义上的游戏。它既没有图像或动画，又没有操纵杆或控制器。相反，文字以第二人称描述洞穴的各个部分，就像这样：

你在一个 30 英尺（9 米多）高的华丽的房间里。墙壁是凝固的橙色河流。一个险峻的峡谷和一条看起来不错的通道从密室的东西两边延伸出去。一只欢快的小鸟正在这里唱歌。

为了在这个洞穴游戏中互动，玩家要输入简洁的命令，如"向西"（GO WEST）或"捉鸟"（GET BIRD），从而触发新的描述动作。《冒险》游戏的谜题是对魔法物品的无尽洗牌：要从盘踞在山王殿的大蛇处通关，你必须把鸟从笼子里放出来；如果你拥有黑棒，就不能"捉鸟"，因为鸟害怕黑棒。反过来，不挥动黑棒，水晶桥就不会出现，而此时你正在一个有曲折小通道的迷宫中，所有的通道都不一样；或者更糟的是，通道都很相似。

威尔的同事们有时在工作之余会玩《龙与地下城》游戏，他们对此很熟悉。在《龙与地下城》这个没有胜利目标的游戏中，一个神一样的"地下城主"详细描述了场景，在可操作的决策点上提示玩家。这是威尔为他年幼的女儿们写的游戏。离婚后，桑迪和劳拉开始期待她们每次去看望父亲时都可以玩计算机游戏。根据一位采访洞穴研究基金会成员的研究人员说，"有一位在 1975 年夏天与克劳瑟夫妇一起探险的洞穴探险者说，只要看一眼《冒险》游戏，就可以确定这个游戏是饱含深情的，是威尔在试图纪念失去的过往。"

编码完成后，威尔将游戏的编译版本保存在 BBN 公司的一台计算机上，然后外出度了一个月的假。如果他的计算机没有连接到他公司帮助建立的新计算机网络上，这个游戏可能会一直留在那里，无人知晓，除了克劳瑟家的女孩。当威尔结束他的假期时，《冒险》游戏已经被整个阿帕网的人们发现。在帕特连接洞穴的地方，威尔连接了节点，而《冒险》游戏是他们一起进行长期探险的精神地图，它包含了这些连接的所有地方。

《冒险》游戏是一种现象。这个游戏就像洞穴本身一样无情。一位尝试玩过它的作家说，它的导航让人抓狂，让人"肝肠寸断"，而且玩起来很上瘾。每次《冒险》游戏在终端上登录时，计算机科学实验室的工作就会停止。斯坦福大学的一位《冒险》游戏的爱好者唐·伍兹（Don Woods）进一步修改了代码，在克劳瑟朴素的描述中加入了幻想的元素（地下火山、电池分配机）。《冒险》游戏的问世现在被认为是计算机文化的一个基础文本。数以百计的玩家冒险一试，数千名玩家在威尔描述的地下世界绘制了自己的手绘地图。

对帕特来说，这一定很陌生。在 1976 年或 1977 年在波士顿举行洞穴研究基金会会议的某个时候，当她看到《冒险》游戏时，她已经嫁给了 1972 年跟她一起探洞的探险队队长，改名为帕特里西娅·威尔科克斯。对于他们圈子里经验丰富的洞穴探险者来说，威尔的计算机游戏是受欢迎的，实际上对任何熟悉猛犸洞的人来说也是如此。在波士顿，基金会的人大部分时间都在玩《冒险》游戏。他们玩的是由唐·伍兹补充的更流行的版本，由于他对部分游戏进行了修改，帕特没有立即认出游戏中所描述的洞穴。她在 2002 年告诉一位研究人员，这个游戏中的内容"与真实的洞穴完全不同"。

其实游戏中的内容与真实的洞穴相同，除了它不是真的：尝试过《冒险》游戏的猛犸洞洞穴探险者发现他们不需要地图了，因为游戏中的地图如此精确，以至于他们可以凭记忆来导航。随着游戏的传播，前往真正的猛犸洞洞穴朝圣的冒险者可以凭借他们对游戏虚拟地图的了解，在曲折的通道上爬行。1985 年，威尔·克劳瑟的一位前同事回忆起存储在 BBN 公司计算机上的地形数据指出，"《巨洞探险》基本上与肯塔基州的巨石洞相同，前几层的描述和地质都是一致和准确的。"这一点已经得到了证明。2005 年，访问"源洞"（即猛犸洞的贝德奎特山洞部分）的一组研究人员能够记录下该洞的地质和克劳瑟的描述之间的明显相似之处。

就像洞穴学者用荧光素染料追踪地下溪流的走向一样，《冒险》游戏的洞穴文化版本也给整个网络染了色。洞穴探险者通过系统的调查、集体的努力和在黑暗中勇往直前的意志来追寻连接、发现联系，他们清楚地知道，当终点出现时，终点可能是只有风才能触及的一个小地方，如岩石上的一个裂缝。《冒险》游戏是一套重建猛犸洞的说明，这些说明会变成用铅笔画的通道、前厅和坑洞。只有用地图才能在《冒险》游戏中获胜，就像只有知道回去的路的洞穴探险者才能生存。史蒂文·利维（Steven Levy）在他的计算机文化史中把《冒险》游戏比作编程本身的工艺，他写道："你在《冒险》世界中探索的深渊类似于你在破解汇编代码时将要进入机器基本的、最隐蔽的层次中旅行。在这两种活动里，记住自己的位置都会让人晕头转向。"

我向你讲猛犸洞的故事，讲斯蒂芬·毕晓普和帕特里西娅·克劳瑟以及她的丈夫威尔伤心欲绝地用代码回忆他们冒险经历的故事，是要以此提醒大家，每一个技术对象，无论是地图还是计算机游戏，都是一个人工产品。对它的考古研究其实是对人的研究。事实上，研究猛犸洞的最著名的考古学家帕蒂·乔·沃森（Patty Jo Watson）从保存在恒温恒湿的洞穴内的尸体所消化的谷物推断出了整个农业经济。要了解一个民族，我们必须知道这个民族的饮食方式。要了解一个程序，我们必须知道它的创造者——不仅要知道他们如何编码，还要知道他们是为谁和为什么编码。

几个玩家进入《冒险》游戏时，洞壁上会出现一个密语。真正的猛犸洞里有这个雕刻信息，这是帕特发现的最重要的信息，但《冒险》游戏中出现的词

"XYZZY"是威尔的发明。他为他的妹妹贝蒂·布卢姆添加了这个词，她在威尔离婚后和他住在一起。她是《冒险》游戏最初的试玩者之一，也是出了名的"不耐烦"。当输入"XYZZY"时，这个神奇的词会以快速跳转的形式将玩家传送到游戏的其他地方，跳过沿途乏味的步骤。据布卢姆说，"XYZZY"被威尔读作"zizzy"，是一个家庭密码。如果她们在游戏中迷路或需要确认自己的身份，她们被告知可以使用这个密码。它是原始的"作弊码"。

第一个认真考虑《冒险》游戏的学者是一位名叫玛丽·安·巴克尔斯（Mary Ann Buckles）的女性，她将游戏与民间故事、骑士文学和最早的胶片使用相比较，认为《冒险》游戏所代表的计算机技术日益增长的文化重要性将导致计算机使用的民主化，"类似于以印刷传播为特征的阅读民主化"。文学评论家埃斯本·阿瑟斯（Espen Aarseth）在写到《冒险》游戏催生的分叉数字文学流派时，称其为"一种神话般的语境，无处不在，无处不有"。《冒险》游戏创造了一种冒险游戏的流派，它从文本界面转变为视觉界面，同时保留了克劳瑟奇怪而引人注目的第二人称描述（如"附近有一盏闪亮的黄铜灯"）和命令式指令（如"拿灯"）的相互作用。这发展成早期互联网虚拟空间中使用的文本物理学。久而久之，即使是对洞穴探险一无所知的人也开始谈论起这个话题了。

《冒险》游戏被铭记、赞美、"封神"和讽刺。没有再制作游戏的克劳瑟，现在被认为是互动小说中的 J. D. 塞林杰（J. D. Salinger）。但《冒险》游戏产生的家庭背景也值得探讨。威尔·克劳瑟是在与同他一起绘制洞穴地图（《冒险》游戏原型）的女人离婚后，编写的游戏代码。游戏是由他的妹妹测试的，他为她发明了游戏的密语。并且，游戏是为他只在周末和节假日才能见到的女儿们创作的，因为他想念帕特，或者至少因为她向他灌输了包围黑暗的爱。

帕特里西娅·克劳瑟从麻省理工学院毕业时，曾是海斯塔克无线电观测站的一名 FORTRAN 程序员。像当时的许多技术女性一样，她离开了计算机行业，开始抚养她的孩子，并且自然而然地喜欢上了洞穴探险。当她在 20 世纪 70 年代末回到工作岗位时，一切都变了。她回到学校，参加了宾夕法尼亚州印第安纳大学提供的所有计算机科学本科课程，最终担任了讲师。她的课程常有数百人参加，她记得见到了很多女学生，但她们将是大量进入该领域的最后一代女性。在格蕾丝·霍珀和她同时代的人之后，"软件工程"的专业化标志着计算机性别人口结构发生了巨大变化。到 1984 年，在美国攻读计算机科学学位的女性人数开始跳水，并且一直跌到今天，这种下降超过其他专业领域。

霍尼韦尔 316，是威尔工作场所的微型计算机，后来成为早期互联网的路由器，又一次声名鹊起。霍尼韦尔为女性制造了一个模型：它有一个内置的基座和一个砧板，在尼曼公司 1969 年的圣诞节目录中作为霍尼韦尔"厨房计算机"出售。它的价格为 1 万美元，附带一条围裙，需要通过两周的编程课程来学习如何操作，但目录中的图片显示，一位身穿长花裙的女性在计算机上打开一篮子杂货，仿佛它是厨房柜台的延伸。文案中说"如果她擅长做饭，像霍尼韦尔公司的计算机擅长计算一样"，这意味着计算机具有"比其女性使用者更多的权威、权力和智慧"，而且是在她的主场。

随着帕特前夫的游戏越来越受欢迎，男人们聚集在联网的终端前玩到深夜。男人们在屏幕的电光照耀下，在记事本上潦草地画洞穴地图。每次深夜长途"爬行"后，白天都会出现昏昏沉沉的人。尽管帕特取得了巨大的成就，但在《冒险》故事的众多讲述中，她仍然是一个背景人物。尽管她绘制了威尔因游戏而知名的地下世界的地图，并在物理上跃入了很少有人会考虑前往的未知世界，但她的存在只像一个可能会存在的幽灵般的轮廓，一直隐藏在众目睽睽之下。早期网络时代的许多女性也是如此。

说网络世纪的首次集体体验是《冒险》游戏，是很合适的。这是一个关于人们对软件的影响有多深和网络产生的影响有多广的故事。洞穴始终是虚拟世界，是人类体验本体脱离实体的第一个地方，我们现在将自己与在屏幕上投射的自己联系起来，通过闪烁的火光或 CRT（阴极射线管）显示器的抖动，我们看到了超越实体的东西，并用符号代替原始花岗岩、画布和代码——所有这些都照亮了黑暗。

洞穴里有一盏灯。你知道该怎么做吗？

拿灯（GET LAMP）

很好。现在握紧它，我们需要带着它。我们将带着它穿过曲折的通道，直到通道打开到达另一边，我们终于可以看到墙上的文字，一个有百年历史的潦草字迹。这是我们的密语、我们的"作弊码"、我们穿越黑夜的跳板。在碳化物头灯下，你几乎看不清它，写的是：即使女性是隐形的，也不意味着她们不曾到达那里。

第 **7** 章 资源 1 号

加州正在下雨。雨水来势汹汹，扑向地面，就像是被干旱赶走的爱人。在旧金山北部的马林岬，微咸的潮汐平原里波涛翻滚，白鹭在草丛中穿行，发出沙沙的声响。而我在一个河水泛滥的公交车站旁等待，雨滴落在我的眼镜上。谢丽·雷森（Sherry Reson）开着一辆老式凯美瑞停了下来。驾驶侧的车门打开后，她探出头，朝我挥手示意。

她开车带我到她的住处，一座被风吹过的板岩灰色平房。一路上她兴奋地向我介绍了她召集的一群人。我看到他们正围坐在她的餐桌旁，吃着海绵状的羊乳酪、蚕豆和木碗里的菠菜沙拉。当我脱去湿漉漉的外衣时，他们才从谈话中愉快地抬起头来——他们之前一直在叙旧。40 年前，他们和其他数百名梦想家、嬉皮士和反主流文化者一起，住在旧金山一个名为"1 号工程"（Project One）的技术公社里，直到现在他们才重新建立联系。

他们向我解释说，1 号工程是市场街南区的一个芥末黄色仓库。在其84 000 平方英尺（7 800 多平方米）的相互连接的住处中，他们睡在手工建造的100 英尺（30 多米）宽的区域内，并聚集在 5 楼参加社区会议，会议通常要么在大喊大叫和泪水中结束，要么在音乐和笑声中结束，视当天的情况而定。灰泥门上铺着马赛克图案，有一个公共浴池，一些居民住在用钉子枪固定在一起的胶合板和石膏板组成的玩具屋里。公社的孩子们由一名留着 1 英尺（30.48 厘米）长胡须的前海军陆战队员带着；他带着孩子们在城里游行，并把他们介绍给其他人。

作家查尔斯·赖克（Charles Raisch）称 1 号工程为"城市中的普韦布洛（Pueblo）"，这是一个从地球上剥落并转向内部的村庄。他写道："这是个保龄球道大小的临时宴会，有 7 只火鸡和 4 支乐队，还有放着玫瑰的垃圾箱。我们 50 个人在屋顶上享受日光浴和烧烤。"

在谢丽的家里，我见到了 4 位来自湾区各个角落的 1 号工程前居民：除了谢丽以外，还有帕姆·哈尔特·英格里希（Pam Hardt-English）、米娅·肖恩（Mya Shone）和克丽丝·梅茜（Chris Macie）。帕姆在 1 号工程的房间是一张高架床，红色半透明塑料制成的气垫墙包裹着她的床。米娅睡在一个木板上，当时她从纽约市过来，只带着衣服，梦想成为一名全职革命者。谢丽继承了一个有白色台阶和前门的小房子。他们一起做饭，共用浴室，并在他们称为家的同一栋楼里工作，那里到处都是政治组织、艺术家工作室和生产设施。但是，即使是在一个充满纪录片制作人和脱发者的仓库里，他们的办公室也比大多数人更奇怪。在他们的办公室中间，在一个透明的聚碳酸酯板的盒子里，放着一台有 10 个冰箱那么大的计算机主机。

这台计算机是 SDS-940，地球上仅有 57 台这类产品。它几乎是这栋大楼里最有价值的东西，对这群嬉皮士来说是绝对的宝贝。帕姆、谢丽、克里丝和米娅只是轮流看护它的一部分人，他们称所有看护社区计算机中心的人为"资源 1 号"（Resource One）。

像霍尼韦尔 316 一样，SDS-940 是重要的硬件，它也为早期互联网的骨干网络做出了贡献：1969 年，当它还是用钱可以买到的最好的计算机时，斯坦福大学的一台 SDS-940 成为阿帕网最早的主机之一。到了 1972 年，当 1 号工程收购他们的计算机时，SDS-940 已经变成 T 型车而不是雷鸟，但它仍然是一台价值 15 万美元的主机，远远超出了住在每平方英尺 5 美分的废弃糖果厂里面 20 多岁年轻人的承受能力。然而，它就在那里，由自学成才的电工接线，将工业电源线"大面条"拖进他们临时的无菌室。为此他们要感谢帕姆。

帕姆·哈尔特·英格里希是一个深思熟虑、言语温和的黑发女子，她保守秘密并且好学。在加州大学伯克利分校上学后开始积极活跃，那里是反战和言论自由运动的爆发点。她回忆说："大部分时间都在罢工。"她在 1972 年告诉一位记录者，当美国轰炸其他国家时，计算机科学系也在组织，"所有的计算机人员都聚在一起，这是他们中的许多人第一次参与这些事情，这真的很让人兴奋。我们开始讨论建立通信网络。"1970 年夏天，她和两个伯克利大学计算机科学系的同学克丽丝·梅茜和克里斯·诺伊斯特鲁普辍学，搬进了 1 号工程。他们的使命是将反主流文化连接起来。

在某种意义上，它已经连接了。湾区到处都是地下报纸，前院设置了公告栏和免费信箱。《伯克利芒刺报》（*Berkeley Barb*）为抵抗组织投放后页广告，一个名为哈特-阿什伯里总机（Haight-Ashbury Switchboard）的团体甚至在 1960 年末建立了一个复杂的电话树，将人类"总机"联系起来，帮助有烦恼的家庭追踪他们流浪的嬉皮士孩子。这发展成由湾区特定兴趣的总机组成的非正式网络，其中一个总机，即旧金山总机，在 1 号工程设有办公室。借助几部电话和一盒索引卡，它协调了集体行动，比如 1971 年的"旧金山湾漏油事件"，这是当今社交媒体上很容易发起的组织的早期版本。

资源 1 号接手了这些工作，甚至继承了旧金山总机的公司外壳。当帕姆和克丽丝搬进仓库时，他们的计划是为该市所有现存的总机设计一个共同的信息检索系统，将他们的各种资源相互连接到一个数据库中，在借来的计算机里运行。帕姆解释说："我们的愿景是让人们能够使用技术，那是一个非常有激情的时代。我们认为一切皆有可能。"但是，在借来的计算机里建立这样一个数据库的局限性太大；如果他们要将自己的活动融入一个为人民服务的计算机系统中，他们需要从头开始构建它。他们需要有自己的机器。

这比我们所知的个人计算机早，甚至比微型计算机更早。资源 1 号盯上了大型机系统，这种由专家在大型装置中管理的系统，是在格蕾丝·霍珀或贝蒂等早期商业程序员的努力下演化而来的。帕姆列出了一份她认为可能有剩余主机的机构和公司的名单。经过一系列的电话和会议，她最终与泛美租赁公司达成了交易，该公司有几台 SDS-940 在仓库里积灰，其中一台在斯坦福大学被使用了 3 年之久。她以共同利益的说辞说服了他们：这台计算机作为减税捐赠比荒废不用更有价值。就这样，1972 年 4 月，在一辆半拖车的车床上，计算机被送到了 1 号工程。

那年夏天，当其他公社成员为大楼的 20 英尺（6 米多）热水浴缸安装管道时，资源 1 号小组安装了机架和鼓形存储单元。他们中没有人做过类似的事情，即使是首席电工也是边学边做。软件也是从头开始写的，在操作系统层面上将反主流文化的价值观编码到计算机中。黑客埃弗莱姆·利普金（Ephrem Lipkin）编写的资源 1 号通用信息检索系统（ROGIRS），是为地下总机设计的，作为管理替代品的一种方式。一旦启动并运行该机器，其将成为北加州地下免费接入网的核心，在大多数人听说互联网的数年之前，它就已经成为互联网重要文化中的一抹亮色。

帕姆对我说："在生命的不同阶段，有不同的重要的事情。"1 号工程的生活是欢乐的、快节奏的，同时也是狂热的，但它并不舒适。为了支付房租，她每天晚上在一个医学实验室里洗烧杯。当她回来时，屋里总是很冷，混凝土地板和高高的天花板无法锁住温度。在一张冰冷的床上，她每晚的睡眠时间很少能超过几个小时。清心克己是社区文化的一部分，是为大楼的集体目标服务的一种牺牲。"我哥哥因为找不到工作而搬来和我一起住，"她回忆说，"然而他很快回到了研究生院，说：'我不能这样生活，打扫别人的浴室，并在晚上冻死！'但我不在乎，因为我知道，我只是专注于我正在做的事情。"

帕姆设法从泛美公司采购 SDS-940 的壮举仍然令人钦佩。1972 年《滚石》（*Rolling Stone*）杂志的一篇报道称这件事情为"现代最伟大的骗局之一"，并引用了一位资源 1 号公社成员的说法称，帕姆虽然看起来很温柔，但没有她办不到的事。在安妮·莱博维茨拍摄的附带照片中，帕姆俯身在 SDS-940 控制台敞开的、电线缠绕的背面，大眼镜歪歪斜斜，笑得合不拢嘴。在旧金山或其他地方，没有任何其他团体能够设法获得如此强大的硬件，更不用说运行它了。"帕姆非常有干劲，"李·费尔森斯坦是一名辍学者，他跟着计算机来到资源 1 号。他回忆说，"只要她皱着眉、咬着下嘴唇，她肯定是在思考。"

长期居住在 1 号工程的简·斯派泽写道："帕姆是我认识的独一无二的人，她能够列出一份完成项目所需要联系的 53 个人的名单，然后坐下来，通过电话、邮件或当面挨个联系，直到她完成，即使这样做要花费 3 个月的时间。她是一个有决心的人。没有其他办法可以让一群怪人获得一台计算机（以及安装和维护的费用）。"

除了确保计算机的安全，帕姆还花了 3 年的时间来筹集资金，以维持它的运作。为了使计算机不至于热坏了，她安装了 20 吨重的空调，因此产生了巨额的电费。工作人员需要生活，而且总是有额外的硬件需要购买和维护。具有讽刺意味的是，资源 1 号的大部分资金来自机构。美国银行支持该项目，希望能与当时如此认真地颠覆现状的年轻人合作。帕姆将旧金山的类似反主流文化数字化的愿景可不便宜。她设想在每个总机室、全市的书店、图书馆以及 1 号工程内部都有电传终端，所有都以菊花链的形式连接成一个共享资源和本地信息的分散网络。"如果人们需要什么任何东西，"她说，"人们可以输入信息并得到它。如果他们需要帮助，或他们想分享一辆车或资源，他们能够达成所愿。"

从根本上说，她想象了"互联网"。

让她说话

在计算机科学中有一个说法：垃圾进、垃圾出。给机器灌输胡言乱语，它就会不加判断地制作，精确地执行命令。给它灌输真理，它也会这么做。它并不关心信号的意义。意义是我们的事；计算机是一面镜子，将我们反射到自己身上，控制它的人会按照他们的形象塑造世界。这也许就是为什么反主流文化的杂志《全球概览》（*Whole Earth Catalog*）总是在每期的封面上印同样的内容：获取工具（*Access to tools*）。

在资源 1 号安装计算机的那一年，《全球概览》杂志的斯图尔特·布兰德（Stewart Brand）宣称，"一半或更多的计算机科学都是大脑"。布兰德的灵感来自湾区具有前瞻性思维的研究实验室，来自黑客团体在下班后聚集在大学地下室玩游戏的场景，还有资源 1 号开发的场景。他写道，计算机科学是神秘主义者、圣人和怪人的领域，或者用他的话说，"了不起的人们带着飞行器，探寻技术的前沿。"他使用这样的语言，向世界介绍了计算机用户的新原型形象：既不是像格蕾丝那样好学的女程序员，又不是穿西装打领带的软件工程师，而是那个眼神狂热、头发狂野的黑客，一个男人。

当资源 1 号的计算机终于启动并运行时——由于帕姆的筹款，他们更换了有问题的鼓式存储单元，花费了 2 万美元——他们筹划了湾区总机运营商的大会。他们提出了他们的大计划：将总机联网，为所有的信息编制索引，并让任何有电传终端的人都能使用。这个计划被搁置。该想法没有实际意义：电传打字机的月租费为 150 美元，而且它们呼呼作响。总机是人的系统，专门组织起来，以满足其配备人员的组织需求。嬉皮士操作员把他们的东西归档在箱子里，把笔记钉在墙上。无论是从实践上还是从意识形态上来说，分级主义的想法对任何人都没有吸引力。

　　资源 1 号建立了一个没有书的图书馆。埃弗莱姆·利普金建议他们忘掉交换机，并在某处安装他们自己的电传终端。如果人们能体验一下，也许他们会喜欢它。1973 年 8 月，资源 1 号在伯克利一家名为"利奥波德"的学生经营的唱片店设立了前哨站，这里是艺术家、音乐家和革命者的聚集地。埃弗莱姆和李·费尔森斯坦购买了一台废弃的 Teletype 33 型 ASR 电传打字机。这台设备在当地一家分时系统公司进行了一些繁重的工作后，磨损严重。为了帮助终端机融入新的环境，李把它放在一个纸板箱里，用聚氨酯填充以消除呼呼声，并在侧面手绘了"社区记忆"字样。

　　他们预计，大多数伯克利的和平主义者，像总机操作员一样，会带着怀疑的眼光看待这种硬件，而选择他们已经使用了多年的挂在后面墙上的模拟公告板。计算机是属于无尘室和白大褂的东西，是"反主流文化成员恐惧和厌恶"的"制度化秩序"的图腾。推广社区记忆的文化工作主要落在了裘德·米尔洪（Jude Milhon）身上，她是一位"臭名昭著"的女黑客和作家，后来被称为"圣裘德"，是"赛博朋克"（一种致力于加密和版权问题的计算机亚文化）的赞助人。在 20 世纪八九十年代，她共同编辑了有影响力的技术杂志《蒙多 2000》（Mondo 2000）（网络文化的记录杂志）。裘德是埃弗莱姆的女朋友，她在《伯克利芒刺报》上刊登了一则广告后认识了李。

　　裘德在社区记忆数据库中加入了吸引用户访问屏幕的挑衅性内容。她会发布原始的众创问题，比如，"在湾区（尤其是伯克利），我在哪里可以买到像样的百吉饼/如果你知道，请把信息留在计算机里。"在桌子下面，装有电话听筒的调制解调器将隔间的终端连接到资源 1 号计算机上的数据库。没过多久，纸糊的留言板就被淘汰了。一个人回答了裘德的问题——你可以在基立的百吉饼屋买到新鲜的百吉饼——然后又有了一个回答。第三个人提供了一个当地人的电话号码，他可以教她如何做。社区记忆成了一个免费的分类广告，诗人和神秘主义者在这里出售他们的商品，同时列出了拼车、合租和象棋游戏的清单。社区记忆产生了意料之外的用途：匿名留言、古怪的废话、感恩的语录。它有自己的个性。一个自称多克·本韦（Doc Benway）的人，将这项服务作为他自己替代现实的肥皂盒。多克——这个庞大数据库中的一日游者——发展出一批崇拜者。裘德和其他人开始与他一起创作。早在网络出现之前，社区记忆就展示了网络计算如何加强地方纽带并创造自己的文化。通过连接人、百吉饼和笑话，它预示了在线社区的"怪异"。"我们打开了网络空间的大门，看到它是好客的国度，"李宣称。为此，社区记忆得到了盛赞。在计算机历史博物馆里有一个终端，那里还保存着李·费尔森斯坦的论文，那个时代的一些历史以炽热的方式引用社区记忆，作为"活生生的隐喻"，"证明了计算机技术可以用作人民反对官僚机构的游击战。"对此，我说出两个事实：如果不是帕姆·哈尔特·英格里希不顾一切地把 SDS-940 带到反主流文化的人手中，它就不可能被执行。

而且这也不是我冒着大雨来到米尔谷的原因。

社会服务推荐目录

回到谢丽家，我们来到客厅。舒适的米色角落里靠墙放着低矮的沙发，我坐在一张休闲椅的脚凳上。大家都坐好后，谢丽给我拿了一些吃的。采访时吃东西感觉很不专业，但她坚持如此，而且她以我的名义召集了这群人，所以我挑了一小撮甜椒和无麸质米饼。她认为，大家都坐在一起，他们的记忆将更加真实可靠。

在 1 号工程，谢丽的居住空间经常成为她在仓库公社中最亲密的女性朋友的非正式聚会场所。她会给大家做食物，大家会躺在她的水床上，谈论大楼里的浪漫剧，社区会议上的权力斗争。喝茶时，她们向我描述她们把自己的一部分都献给了这座建筑，沉浸在集体梦想的充满爱意的混乱中。帕姆为我的采访开了头，说：“当我在 1 号工程时，我从来没有害怕过。我一个人走，没有什么困扰过我。当我离开时，我觉得任何人都可能伤害我。我没有任何防护。在离开 1 号工程之前，我从未感受过恐惧。”

帕姆在 1975 年离开了仓库。她觉得她已经做了她能做的一切。那时 SDS-940 已经妥善安装和设置。社区记忆的终端已经搬迁到伯克利市中心的一家商店，旧金山公共图书馆分部也有一台。但让她搬出去的不仅仅是一种完成感。作为最初的资源 1 号小组中的女性，“帕姆发现自己在不知不觉中扮演了‘蜂后’的角色，其他人试图把他们的情感工作丢给她，”李·费尔森斯坦在电子邮件中告诉我。“这可能是她突然离开小组的主要因素——我们许多人累积起来的，渴望她像我们的母亲一样行事的重担。”

剩下的女性接过她的工作。米娅、谢丽和她们的朋友玛丽·贾诺维茨一直在为一个名为埃科斯的另一个 1 号工程组织工作（“近似于大楼里的管理机构”，谢丽解释说）。她们集中资源共同开展了一个新项目，这个项目将推动资源 1 号计算机超越社区实验，走向社会公益。没有人认为自己是技术专家。玛丽在巴纳德学社会学专业时曾做过一些打卡数据输入的工作，但她发现这很枯燥，而米娅的技术热情只延伸到视频艺术。与来自伯克利大学计算机科学系的帕姆不同，他们都没有学过编程。但他们认识到，计算机是有价值的，它可以解决社区中一些未被满足的需求。他们只需要解决问题。

后来，当大家在寒暄的时候，克丽丝转向我。"一开始，只有男人，"他热情地说，"嬉皮士和老太太，还有花童。然后两年后，女性统治了一切。"这一变化部分归功于资源 1 号女性的努力——帕姆的筹款和项目管理，以及在她离开后其他女性所处理的问题。

他们通过在大楼周围走访的组织者查理·博尔顿（Charlie Bolton）找到了资源 1 号计算机的完美应用。博尔顿告诉他们，湾区的社会服务机构没有共享全市的推荐信息数据库；他观察到不同机构的社会工作者是如何依赖名册的。机构提供的推荐服务的质量各不相同，人们并不总是能获得他们需要的服务，即使这些服务确实存在。克丽丝·梅茜与帕姆一起创建了资源 1 号，并在她离开后继续工作。她为该项目设计了一个新的信息检索系统，然后女性们开始给旧金山各地的社会工作者打电话。她们问，如果有一个最新的推荐信息数据库，机构会有兴趣订阅吗？答案是肯定的。资源 1 号的女性们找到了自己的事业：利用计算机帮助城市中的弱势人群获得服务。

社会服务推荐目录（Social Services Referral Directory）在湾区总机互联失败的地方获得了成功，原因很简单：它从实际出发，考虑了它的用户。社会工作者不容易获得计算机终端或电传终端，所以数据库只以纸质形式分发。参与机构每月只需支付少量的费用，就能在邮件中收到马尼拉信封，内含按字母顺序打孔的三环活页列表，添加到他们自己的鲜红色"社会服务推荐目录"活页夹中。中央数据库本身是由米娅和后来的玛丽在 SDS-940 上维护的，他们输入谢丽打电话收集来的数据。每个列表都包括基本的信息：使用的语言、服务区域、提供的服务。"我们希望社会工作者能够做得更好"谢丽解释说。

琼·莱夫科维茨（Joan Lefkowitz）是一个 17 岁的嬉皮士，留着贾妮斯·乔普林的头发，工作服的膝盖处有几个洞。她在米娅离开后加入了这个小组，使这个女性的团队更加完善。在圣巴巴拉一家健康食品餐厅，一个陌生人告诉琼，到了旧金山后敲敲 1 号工程仓库的窗户，说"是杰里迈亚·斯凯让你来的"，就能找到"1 号工程"。她接受了这份目录工作，因为这份工作将她对电子产品的热爱与进步的行动结合在了一起。像谢丽一样，她每天都在打电话：登记旧金山的社会工作者、自杀预防热线、无家可归者庇护所、老年中心、社区团体和交换机信息。"在我看来，这就像是让这些工具真正发挥它的作用，满足人们的需求，"她告诉我，"他们想出了一种以真正影响人们生活的方式来使用技术的方法，这看起来完全合适而且很酷。"

为了保持目录的准确性，女性们每天要打几十个电话，并手工将其按字母顺序堆放在地板上来整理页面。她们都害怕每个月带着数百个马尼拉信封去邮局，每个信封都要手工贴上标签。正如琼所说，"女性们不做编程，我们只是做了其他的工作。"该目录是旧金山的社会服务机构里最有用的资源。每个月，更新的名单包都在增加，直到最后目录成为整个湾区的目录。该市的每个图书馆都有一份，社会服务部的所有办公室也有一份。当谢丽、玛丽和米娅撤出 1 号工程，进入生活的下一个阶段时，她们把目录交给了联合劝募会。最终它被送到了旧金山公共图书馆，该图书馆将该数据库放入其目录，并一直保存到 2009 年。

"社会服务推荐目录"将人口中看不见的、明确的非技术部分——社会工作者和需要帮助的家庭——连接起来，直到进入 21 世纪。目前尚不清楚斯图尔特·布兰德如此热情地撰写的那些黑客、不合群的人和"了不起的人"会不会想出或积极维护类似"社会服务推荐目录"的东西，因为这是一项乏味、繁重的社区服务工作。它的界面是一个三环活页夹，而不是一个电传终端。作为一个数字对象，除了那些维护它的人之外，其他人都看不到它，尽管为了那些不能"获取工具"的人，其数据库可被打印出来。

今天，在市场街南区的前仓库区，建筑物里仍然充满了年轻人，他们为明天的愿景努力着。他们现在叫它索玛（SoMa）。没有人搭便车——如今，汽车都是自己开的。大多数资源 1 号项目的毕业生都清楚地记得，资源 1 号不像是一台计算机，其安装的吨位可与屋顶锅炉相媲美——而现在每个人的口袋里和桌子上都有计算机。市场街南区的灯泡都比资源 1 号计算机更聪明。计算机科学领域最聪明的人仍然在这里——或者说是最有特权的人——但现在他们正在改进算法，在他们的嬉皮士前辈只能想象的网络上销售商品和服务。他们一头长发，指向盒子（他们说，这是一个电子公告板；他们说，这将帮助我们进行革命）。

在每周一次的全楼共识会议上，资源 1 号的女性们已经习惯了被议论。琼说："与 100 多人——其中有些人非常古怪——以 100% 的共识来做决定，这很累。"她们想出了一个解决方案。每当她们中的人被打断，其他人就会插话。她们提前制定了策略（毫无疑问是在谢丽的"水床夜谈"中想出来的）。"我们会说，'等一下，我没听到某某说什么'。或者我们会说，'等等，让她说完'。我们相互这样做。"谢丽回忆说。"你在对抗主导行为。有时，要做的就是唤醒某人。"

"社会服务推荐目录"代表了将计算机应用于社会公益的最早努力之一，它揭示了当技术设计和实施的过程向更多不同的人群开放时会发生什么。当资源 1 号的女性将她们的共同价值观加入机器中时，其结果是产生一个对社区更有利的产品。她们把被男性黑客吹捧为"改变世界的工具"，应用到本地，让它们在当时当地发挥作用。这仍然是一个激进的想法，而且这并不是女性第一次为技术带来如此强烈的关注度：像格蕾丝·霍珀和贝蒂这样的先驱者，致力于完善和系统化编程语言，使她们的手艺能够被更多的公众所接受，甚至为非程序员打开大门，让这些人了解计算机的可能性。这种情况很快就会再次发生，而且是一次又一次，因为计算机的连接给了女性开拓新领域的机会。在这一过程中，她们将帮助我们了解信息时代的意义。

第 **8** 章　网络

　　我在马林等待机场巴士，雨没有停的迹象。我不由自主地想到了资源 1 号和她们的 SDS-940。我想象着在我的家里有一台这样的计算机会是什么样子。它只有 64KB 的内存，比我口袋里的手机小很多，但我非常嫉妒资源 1 号。她们在计算机变得如此复杂之前就拥有了计算机。SDS-940 是自立式的，只与湾区对面的几个终端相连，它更像家具而不是配件。我从旧金山飞回洛杉矶，将我的设备切换到飞行模式，从一刻不停的手机通知中获得一个小时的喘息时间。

　　在 20 世纪 60 年代末计算机开始被串联起来，但直到 20 世纪 70 年代初，当资源 1 号的女性在湾区分发她们的推荐目录，以及"社区记忆"向长头发的嬉皮士们介绍电子公告板的欢乐时，我们所知道的互联网的骨架式版本才开始形成。在美国的十几个地方（其中一半在加利福尼亚），像 SDS-940 这样冰箱大小的主机通过电话线和路由器连接在一起，共享资源、时间和通信。这个原型互联网［即 ARPANET（阿帕网）］是由美国国防部高级研究计划局资助的。在电子邮件出现之前，它的应用目标不是社交，而是资源共享。在阿帕网之前，任何人想把数据从一台计算机传输到另一台计算机，都是通过一叠打孔卡片或一卷磁带来实现的。人的行动仍然比数据更流畅。正如一位历史学家所指出的，在计算机可以远程访问之前，"一个需要远程使用计算机的科学家可能会发现，坐上飞机，飞到机器所在地来亲自使用它比远程使用更容易。"阿帕网通过将一组有用的"远距离计算机"连接在一起，改变了这一切。通过网络访问，麻省理工学院的科学家可以在加利福尼亚的一台计算机上运行程序，就像他们在房间里敲键盘一样容易。

阿帕网是一个数据包交换网络，就像今天的互联网一样：通过将信息分解成一字节大小的"数据包"并以可测量的跳数在网络上发送它。阿帕网可以防止发生系统范围的故障。如果网络上的任何一个节点发生故障，数据包可以重新路由，然后在到达时重新组合。阿帕网最早的用户是它的创建者，包括数学家、计算机科学家和工程师，如 BBN 公司（帕特打印她的洞穴地图和威尔编写路由器代码的地方）、麻省理工学院、卡内基梅隆大学、加州大学洛杉矶分校以及北加州的伯克利、斯坦福和门洛帕克的斯坦福研究所。这些人都为设计早期的互联网做出了贡献，提出了新的协议，修复了错误，并在他们的工作中增加了新的特性。由于军队和计算机科学学术界的高层都是以男性为主，因此，这些人——互联网的第一批用户，都是受过大学教育的男性，这也是合理的。

当然，也有女性。

一个叫杰克的女孩

她把头发向后梳，向左分开，并为她第一天的工作选择了一套漂亮的西装。她甚至还穿了高跟鞋。但当她走进斯坦福研究所的增强研究中心（Augmentation Research Center）的实验室时，她仍然显得格格不入。那是 1972 年，实验室里都是优秀的男人：他们坐在豆袋椅里，头发和不修边幅的胡须一样长而狂野，豆袋椅 "看起来有点像没整理过的床。"那些有办公椅的人在他们称为 "牛棚"的巨大开放式办公室的光秃秃的地板上转来转去，声音像弹球一样吵。他们一个接一个地签到，没有明显的等级制度。她的名字叫伊丽莎白·费恩勒（Elizabeth Feinler），但在西弗吉尼亚的家乡，每个人都叫她杰克（Jake）。

杰克不明白她进入了什么鬼地方。

杰克是她家里第一个从大学毕业的人。在普渡大学做研究生时，她非常穷，她会吃她男朋友猎杀的野生松鼠，并以 5 美分一只的价格买食品部门科学实验中废弃的鸡。她来到斯坦福大学的路是迂回的：在学习化学之后，她在哥伦布的一家摘要服务机构担任信息化学家，将科学论文和专利整理成一个巨大的化学信息库（世界上最大的数据集合之一）。她对庞大的信息量以及将其组织成一个有用的数据库这一看似烦琐的任务很感兴趣。意识到她对信息本身比对化学更感兴趣后，她在斯坦福大学找了一份工作，帮助学者们进行技术研究：她跑到不同的图书馆收集单行本，然后在索引卡上留下她的发现，就像今天的搜索引擎一样。

在斯坦福大学，杰克在一个地下室实验室工作。没过多久，楼上的邻居道格拉斯·恩格尔巴特（Douglas Engelbart）开始找她寻求一些组织上的建议。在 20 世纪 60 年代末恩格尔巴特发明了一个名为 NLS（oNLine System）的计算机系统，它在形式上和理念上都是现代个人计算机的前身，也是第一个将鼠标和键盘纳入其设计的系统。NLS 如此有远见，以至于恩格尔巴特对它的第一次公开展示在科技史上被认为是"所有演示之母"。在增强研究中心（杰克的斯坦福研究所办公室上方的实验室），恩格尔巴特的工程师和计算机科学研究人员团队正忙于想象未来。"他会下楼来，问'你在做什么？'"杰克回忆说，"我说的是，'楼上那些人在做什么，盯着电视机？'"

有一天，当恩格尔巴特来参观她的办公室时，杰克请他帮忙提供一份工作。他告诉她，现在没有。不过，他一直记着这件事。6 个月后，他又来了，对她说："我现在有一份工作给你了。"这份工作与索引卡无关；恩格尔巴特将杰克引入了网络计算的狂野新世界。她的生活从此变得不一样了。

1969 年秋天，恩格尔巴特的一台机器成为阿帕网上两台主机之间进行第一次传输的接收端。连接在中途坏掉了，把第一条互联网信息从 LOGIN 截断成有点预言性的 LO。1972 年，当杰克加入恩格尔巴特的团队时，斯坦福大学是不断增长的全国阿帕网上的 30 多个节点之一，同时它也是网络信息中心（即 NIC）的所在地，一个负责阿帕网事务的中央办公室（当时参与阿帕网的所有人都称它为"尼克"，像一个有名望的老朋友的名字）。恩格尔巴特向杰克提供了网络信息中心的工作机会，并告诉她其办公室需要为阿帕网制作一本《资源手册》（Resource Handbook），以便向国防部进行重要演示。"我说，'什么是《资源手册》？'他说，'老实说，我不知道，但我们需要在 6 个星期内制作一本'"。

杰克想出了一个办法。因为阿帕网最初是为科学家的资源共享网络建立的，所以手册应该列出他们在网络上的各个站点可以使用哪些机器、程序和人员。杰克回忆说："我要做的事情非常明显。"为了编写这本手册，杰克联系了新生互联网上的每一个主机站，她打电话给全国各地的技术联络员和管理员，记录有哪些可用的东西。每个主机站都是不同的。各个学院和大学将他们的计算机主机用于各种途径；有些时候人不"在线"，而有的时候机器不"在线"。在麻省理工学院，"孩子们玩着机器"，杰克记得，本科生们对"城里最好的游戏"很感兴趣，经常在晚上偷偷进入网络捣乱。尽管有这些挑战，杰克办公室制作的《资源手册》仍成为互联网技术基础设施的第一份文件；它长达 1 000 页，记录了维持阿帕网运行的每个站点、机构和人员。

编写《资源手册》使杰克立即成为阿帕网上的权威，她最终将网络信息中心从两个人的运作变成了一个价值 1 100 万美元的项目，承担了不断发展的网络的所有主要组织责任。她与大部分女性员工一起工作，创建了阿帕网目录，这与《资源手册》一起构成了早期互联网的"电子黄页和白页"。此外，她还负责管理所有新主机的注册，为网络上的重要对话编制索引，管理网络信息中心的咨询台——一条天天响起的互联网热线，并提出至今仍是互联网核心实用程序的协议（见图 5）。

图 5　杰克在她的网络信息中心的办公室里

这些并不是一下子发生的。毕竟，当杰克在斯坦福大学工作时，阿帕网规模还比较小。"我们只是在后台运行了没多久，"杰克解释说，"突然间，网络开始疯狂地扩张。"随着阿帕网的发展，杰克的团队负责将其组织起来。1974 年，网络信息中心接管了维护阿帕网的注册表，即"主机表"（Host Table）。每次有新的机构想加入网络，都需要先与杰克的办公室联系，以确保他们的主机名没有被占用，而且硬件符合网络准则。在域名和网络解决方案公司这样的商业机构控制互联网地址的管理之前，网络信息中心的主机表一直在维持互联网的运行。杰克，一个有着化学学位的西弗吉尼亚人，在嬉皮士和黑客中显得格格不入。空中交通管制员、图书馆馆长和互联网管理员，全是她一人。

杰克是仅有的几位参与阿帕网的女性之一。由于阿帕网是军方资助，并由学术研究最高级别的工程师建造，所以网络的技术方面是由男性主导的。女性从侧面进入了这个领域：在杰克之前，有几个人通过信息科学进入了计算机网络（如在 BBN 公司工作的埃伦·韦斯特海默，她的公司是马萨诸塞州设计阿帕网第一批路由器的公司。她发表了早期版本的主机表；又如马萨诸塞州贝德福德的米特里公司的佩姬·卡普首先建议将其标准化），而杰克在网络信息中心（以下简称 NIC）的女性同事来自全国各地。玛丽·斯塔尔（Mary Stahl）是西弗吉尼亚州人，嫁给了杰克同父异母的兄弟，她在早期担任研究助理，拥有艺术学位，之前教过儿童绘画。NIC 的一名程序员肯·哈伦斯坦是听障人，他的手语翻译几乎都靠女性，这些女性承担着双重任务，还要为 NIC 的数据库输入数据。她们都没有技术背景，只能临时学习。她们对网络的贡献不在技术领域，而在组织方面。杰克说："在那个时候，没有多少女性是程序员，很多从事网络工作的人都有工程学位，他们是电气工程或物理学专业毕业的。而女性擅长信息处理，因为她们非常善于处理细节。"

不过，她们仍然是异类。杰克记得在一次与军方高层的会议上她被要求煮咖啡。那是在她第一次坐在实验室的一个 NLS 终端上工作时，"有人过来对我大喊，说'秘书不应该使用这些机器'"。这样的经历打击了她的自信心。她担心地说："我当时相信天上有个巨大的插头，只有我才会弄坏。"后来她想出了解决办法。当被要求煮咖啡时，她淡定地回答说："哦，这次我很乐意，也许下次你会自己煮？"至于她对弄坏机器的担心，她最终意识到，恩格尔巴特的复杂系统对国防部的高层来说，远比秘书或任何习惯使用键盘的女性更令人生畏。她发现，"让高层接触恩格尔巴特的复杂系统非常难，因为他们害怕使自己看起来很傻。"

正如前几代人类计算机协同工作反映了即将到来的网络一样，早期互联网的女性信息科学家探索了另一项最终将由系统接管的功能：搜索。早在我们如今习以为常的搜索引擎出现之前，NIC 就是当时的谷歌，杰克是它的人类算法，一个知道所有东西都保存在哪里的人。如果没有 NIC 的服务，浏览阿帕网几乎是不可能的；主机网站没有宣传他们的资源，而这些资源经常随着机器和配置的变化而变化。这使得新用户几乎无法使用它，管理的重担被推给杰克的办公室。她说："如果你不知道还能去什么地方，你就来 NIC。"她的电话响了20 年，随着电子邮件成为一个网络特性，她被淹没在其中了。她经常做噩梦，担心自己会在洪水中错过重要的东西。"那是无穷无尽的，电子邮件是我要背负的十字架。"

杰克捡起了所有没有被压住的东西——她的朋友开玩笑说，她从来没有遇到过她不喜欢的纸片——并把它们带到 NIC 保管。因此，她的办公室里堆满了书和文件。由于她的办公桌上堆得太乱，她的下属曾经雇了一个清洁工来处理这些混乱的杂物。她回忆说："那是我唯一一对下属发火。我说，'你可以随心所欲地打扫你的办公室，但请你不要碰我的办公室'"。杰克的文件堆，虽然看起来很乱，但却是整个互联网发展的精神索引，而杰克则是它们的主要策划者和保管者。

与其建设者相比，NIC 在管理阿帕网信息流方面的作用更容易被忽视。毕竟，当信息顺利流动时，它可以像空气一样自然。但是，要保持 NIC 和网络的运行，需要付出大量的劳动。杰克分享了她们在办公室里讲的一个笑话，关于一个叫乔·史密斯的普通人。每个人都认识乔·史密斯，她解释说：这个人认识乔，那个人也认识乔，甚至连总统也认识他。有一天，乔·史密斯在梵蒂冈，人群中有人说："上面的人是谁？"另一个人回答说："我不认识那个戴红色小帽的人，但另一个人是乔·史密斯。"她解释说，杰克是互联网上的乔·史密斯：无名无姓又无处不在。从某个时刻起，她开始从通信中删除自己的名字，因为感觉这"很可笑"。我问杰克，她第一次意识到互联网会变得非常大，以至于她无法完成工作，是什么时候？她毫不犹豫地说："几乎是从一开始。我曾经想过，我为什么要做这个？"

增强研究中心的实验室整晚运作。计算机体积巨大，容量巨小，编译一个程序可能需要几个小时，尤其当网络上充满了分时的用户时。为了加快进度，研究人员 24 小时轮流工作，喝着咖啡、可乐和山杜酒，在午夜对主要的数据库进行更新，直到天亮。"我们只是试着搭建一些东西，做一些事情，"杰克说，"白天机器忙不过来，所以有一大批人只能在晚上完成工作。"有时，他们会瘫倒在办公桌前，直接在终端机上睡着。不过，杰克和 NIC 的女员工们会回到女盥洗室休息。她解释说，前厅，"那里有一张沙发，当时这是一项法律条款——他们必须为女性准备沙发。"

就像二战期间格蕾丝·霍珀在霍华德·艾肯的哈佛大学实验室的压力下茁壮成长一样，杰克和最优秀的人一起通宵工作。她说："有时我工作了一晚上，然后白天又继续工作。早上 5 点多的时候比较惊险"。NIC 的电话线在 5 点上线，她接听东海岸的来电，并一直到午夜。虽然杰克到任时只有一部电话，但到她 1989 年离开时，NIC 已经有 6 部电话，来自全国各地的询问声此起彼伏。这是一条互联网的中央热线。杰克参考咨询台工作人员将来电者转到最有资格回答问题的人那里，从经常询问的问题清单中找出答案，或者从 NIC 不断扩大的文件库中提取信息。但是，这仍然无法满足需求。

杰克利用阿帕网来保持网络业务的领先地位。通过使用网络终端，她与整个实验室的同事——通过他们称为"链接"的屏幕聊天——以及全国各地的站点联系。她经常与她从未见过面的人交谈，还加入了征集意见（Request for Comments，RFC）的技术对话，这是阿帕网上的研究人员集体撰写的备忘录。虽然第一批 RFC 是打印的备忘录，但 NIC 把它们一放到网上，它们就变成了一个共享的聚会，很像一个公告板。随着 RFC 的重要性凸显，杰克、她的同事乔伊丝·雷诺兹（Joyce Reynolds）和一群自称"网络工作组"（Network Working Group）的阿帕网研究人员将它们编辑成互联网的官方技术说明，定义了我们如今使用的惯例。RFC 是那个时代的产物，当时互联网还很小，几乎所有在线的人都可以参与到一个对话中。当然，这很快就变得不可能了。杰克对这种蔓延（难以抗拒和处理的连接和联系人的信息大爆炸）做出了最重要的贡献。

这一切没有给其他事情留下多少空间。杰克很难与工作以外的朋友保持连接，特别是随着 NIC 的业务增长，她开始不停地奔波，协调华盛顿和全国各地最重要的主机站点之间的阿帕网活动。像当时计算机领域的许多女性一样，她并没有试图平衡个人生活和职业生涯的问题。她说："我一直想结婚，但我一直没能如愿以偿。"不过，在实验室里度过漫长的夜晚后，在早上 5 点出去吃煎饼，或者和一群黑客挤在中餐馆的长椅上争论谁的锅贴最好吃，没有什么比这更好了。当她在 2012 年入选互联网名人堂时，她意识到她的坚韧和运气是如何让她到达了这样一个特殊的关键历史时刻。她说："互联网比一群'猴子'还要有趣。早期的困境，让我获得了超出想象的乐趣。"为了庆祝网络的里程碑，他们会在会议室里举办派对。有一次，在春暖花开的季节，杰克为 NIC 的每个人带了螃蟹和新鲜的芦笋。玛丽·斯塔尔笑着说："她想举办一场螃蟹盛宴。"

"这里就像我的家一样"杰克回忆说。

WHOIS 杰克·费恩勒

在 NIC，杰克的项目之所以会成为一个必不可少的项目，是有重要原因的。由于早期的阿帕网是由全国各地不同的人管理的主机地址的集合，NIC 的资源手册在现实意义上是唯一的导航工具。虽然它可能是印在纸上的，但它是第一个互联网浏览器。而阿帕网目录，杰克的互联网"黄页"，在几十年前就预示了可搜索、可到达的在线联系的时代。这两个简单而有远见的工具最终都成为阿帕网的一部分，将 NIC 的作用与网络本身结合起来。就像格蕾丝·霍珀的自动编程一样，杰克用一台机器取代了自己。

随着阿帕网目录——互联网的黄页——与网络一起成长，杰克对如何处理它做出了重要决定。这个决定是理性的：因为早期的互联网社区是一个由军人、计算机科学家和偶尔闯入的本科生组成的奇怪组合，杰克坚持认为目录中应当只有名字，而不含正式的头衔。直接保留所有军人的排名是一个令人头痛的问题，更重要的是，20 世纪 70 年代是一个动荡的时代——这与 1 号工程社区的成员们想要一台计算机的时代是同一个时代。在阿帕网上，"一个黑客会和一个诺贝尔奖获得者交谈，而一个曾经是反越战'抗议者'的人则会和刚刚回国的军人交谈。"在黄页上去除隶属关系，让每个人都更纯粹，让互联网建立一种几十年来坚持的友好、平等的精神，使社区的发展不再受限于距离。

纸质目录变得过于庞大而无法更新后，杰克决定在网络中建立一个人员搜索器。她在 NIC 建立了一个名为 WHOIS 的新服务器。"WHOIS 可能是我们最大的服务器之一，"她解释说："我们不再发布类似网络电话簿的目录，我们把这些信息放在 WHOIS 下。所以你可以说'WHOIS 杰克·费恩勒'，它会返回我的名字、地址、电子邮件地址、在网络上的附属关系等信息。"这就是原始的用户配置文件。NIC 的工作人员使 WHOIS 数据库有最新的联系信息，让人们能够在网上找到彼此。WHOIS 在过去 40 年里不断发展，现在仍然是一个核心的互联网程序，可跟踪任何特定的域名、网站或服务。这有助于我们掌握谁控制了网上的什么资源。随着信息来源似乎逐渐被有意掩盖，这种实用性的意义也越来越大。正如一位政策专家所指出的，WHOIS 的作用就是保持互联网的民主。

主机表也同样如此。1974 年，当杰克在 NIC 的办公室负责保存和管理阿帕网的中央注册表时，它只是一个文本文件——一个简单普通的 ASCII 文件，列出了阿帕网上每台机器的名称和数字地址，主机直接从 NIC 上下载。但是，随着网络发展，主机的数量有可能超过主机表所分配的空间，而且文件本身也越来越大，一些小型主机无法处理。另外，也不是所有的网站都向 NIC 提交了准确的信息。从研究助理干到主机管理员的玛丽·斯塔尔，把每周两次手动校对和编辑数百个主机表地址描述为"一份精疲力竭的工作"，而且是一项没有回报的工作。"没有人说，'哦，干得好，主机表很棒'，"她说着笑了。"总是有什么问题。"到 20 世纪 80 年代初，很明显，维护集中式主机表的"烦琐和低效"的系统永远不会改善。

关于用于跟踪网络上所有主机替代系统的 RFC 爆炸式增长。大多数人同意新的系统应该是分层的，尽管互联网的本质是以分散的方式发展，但大多数人都明白，合理的命名和寻址系统对于防止其陷入混乱是至关重要的。社区确定了一个类似于国/州的系统：它们将主机划分为不同的领域，或"域"（domain）。主机在每个域中如何组织由它们自己决定，只要它们遵守一个标准的寻址格式，这对今天上网的人来说应该是很熟悉的：主机地址读作 host.domain，每个主机上的用户将把自己标识为 user@host.domain，相当于一个带邮政编码的在线地址。但是，这些域名怎么称呼呢？杰克建议根据计算机的存放地点将它们划分为通用类别：军事主机可以用 .mil，教育主机用 .edu，政府主机用 .gov，组织用 .org，等等。商业实体还不是互联网的一部分，但为了填补这一空白，杰克和她的同事们对于代表商业的 .bus 和代表商业的 .com 进行了辩论。杰克倾向于用 .bus，但有一些硬件组件使用了这个词。他们最终选择了 .com。如今我们使用最多的就是这个域名，这应该能说明网络是什么。

杰克不是学术意义上的计算机科学家，但她懂得如何理解复杂的系统，她对互联网的实际贡献都与建立网络组织架构有关，以使网络系统在快速和非结构化的增长中尽可能保持一致。她雇用并培训了一批女性，她们加班加点地工作，以确保网络的核心导航工具——手册、地址簿和地图——是最新的和最准确的。在早期，通过网络共享计算资源是非常令人兴奋的，但由于学术和军事利益的关系，人们倾向于将互联网用于社交，以及保持新系统在线的绝对复杂性，这种共享资源的兴奋可能非常强烈。杰克用她的整个职业生涯来保持互联网整洁、有标记和受控；如果没有 NIC，它很可能无法正常工作。

互联网是一个有趣的东西。无论在过去还是现在，它都是一个东西：一个复杂得无法估量的基础设施骨干，一个支撑现代生活的脚手架。它比建筑本身更坚固，而建筑似乎在它的重量下已经崩塌了。然而，尽管它具有内在的物理性——路由器、交换器、电线杆和跨海的光缆——我们仍然坚持认为互联网是不成熟的一团云。这种现象的起源，可以追溯到杰克的时代。硬件的建立是为了在大学和实验室之间共享计算资源。但互联网作为一种通信媒介，实际上已经存在，将计算机从计算器转变为有声音的盒子。杰克一开始就赶上了电子邮件时代，对未来，只能感知到它是信息时代。正如他们所说，信息就是力量。

在某些方面，NIC 的影响力被视为威胁，甚至受到质疑。玛丽·斯塔尔告诉我，"关于 NIC 拥有这种网络信息权力这一事实，我当时的感觉不太好。我们是数据的来源。阿帕网技术界的一些人反对它作为所有网络最重要文件的中央存储库。他们不希望 NIC 成为万能的，因为我们不是技术人员。"

这种力量让人感到熟悉。NIC 起初所做的，表面上是行政工作：把阿帕网新近可用的计算资源写在纸上以取悦其赞助者，然后维护其坐标和联系的记录。信息本身如此重要，其成为网络世界里事实上的货币，就像上一代改变世界的编程艺术一样，都是未曾预料到的。在这里，女性再次超越了平凡，确定了复杂的技术事业中缺失的人类部分。这有点像杰克对那些从未接触过键盘的军人的启示：没有人比操作员、图书管理员和秘书更了解这个系统。"互联网的主要目的是在互联网上推送信息，"杰克说，"所以必须有一个人组织信息。"除了那些已经在那里，接听每个人都知道的电话号码的女人之外，还有谁？

拉迪亚

信息的种类各不相同，或者说，有不同层次的具体信息。杰克在阿帕网处理的关于人、地点和事物的信息是粒状的。在我们谈话的最后，她跟我讲了她认为对不成熟的网络影响最大的人。当然，有工程师，还有像她这样来自不同背景负责信息方面工作的人。还有一些人在早期就强调了"构建处理流量的最佳协议套件。换句话说，就是设计网络本身"的重要性。当她提到这一点时，我不知道她是否想到了一个她认识的女性——在 NIC 时代，她访问另一个阿帕网主机站点时遇到的女性，拉迪亚·珀尔曼（Radia Perlman）。

就在杰克考虑退休的时候，拉迪亚·珀尔曼正准备增强网络覆盖全球的能力。像杰克一样，她的职业生涯是为复杂的问题设计简单的解决方案，这些解决方案能随着网络的增长而扩展。拉迪亚留着长长的中分灰色头发，带着和善的微笑平静地说话，她非常讨厌人们称她为"互联网之母"（Mother of the Internet）。但是，她似乎仍然无法摆脱这个称号。

20 世纪 70 年代初，在麻省理工学院近千名学生中，拉迪亚是仅有的 50 名女学生之一。在男女混住的宿舍里，她是另类的女室友。她在数学课上，从未见过任何其他女生。当她在校园的人群中瞥见一个女生时，她会想，"天啊，那个人看起来格格不入"，然后才想起如果她能看到自己，自己也一定是格格不入的。在拉迪亚的第一份编程工作中，和她一起工作的男性程序员会"出于善意做一些事情，给我留下深刻印象"，比如在她工作时坐在她周围，指出所有她做错的地方。这促使她意识到自己的职业道路方向的转移：作为一个本科生，她设计了一个使用触觉控制器和按钮教儿童编程的系统，无意中开创了有形计算领域，但她放弃了，因为她担心围着"可爱的小孩子"打转可能意味着她作为一个科学家永远不会被认真对待。

在杰克第一次访问麻省理工学院时，她认识了拉迪亚，当时麻省理工学院是孩子们运行计算机阿帕网主机站点所在地。虽然拉迪亚只是一个本科生，但在杰克的记忆中，她在人工智能实验室举行了一次女性主义活动，在那里她与那些爱管闲事的男性程序员一起工作。"她正忙着'实现厕所自由的活动'"杰克回忆说。"女性必须下几层楼才能上厕所，而男性的厕所和计算机在同一层楼。我认为'厕所自由'是一个有趣的概念。"拉迪亚告诉我，这并不是什么革命性的事情，她只是竖了个标志，"说什么'本卫生间不因性别、身高或任何其他不相关的属性而受到歧视'"。她是实验室里唯一的女性，但他们还是让她把标志拿了下来。许多年后，当她成为英特尔公司的杰出研究员时，她如实告诉访客她有自己的私人卫生间，他们大为震撼，直到有人看到她走进女厕所。她说："级别越高，女性就越少。"

拉迪亚的母亲在打卡机时代曾是一名计算机程序员，在为政府工作时编写了最早的汇编程序之一。当拉迪亚还是个孩子的时候，是她的母亲帮她做数学和科学作业，但拉迪亚并没有继承她对硬件的热爱。拉迪亚说："我不想和计算机有任何关系。"她更喜欢逻辑谜题和音乐，虽然她的成绩优异，但她暗自幻想着有一天会有一个男孩在数学和科学方面打败她。她说："我的计划是与他相爱并嫁给他。"然而，这从未发生过，因为她是班上的第一名。

拉迪亚在高中时第一次接触计算机，是通过一位敬业的老师为她安排的课外编程课。她发现所有的同学从 7 岁起就开始拆收音机，而且他们知道像"输入"这样花哨的计算机词汇。她觉得自己永远也追不上。她说:"我从来没有拆卸过任何东西,我以为我会把它弄坏,或者我被电死。"在麻省理工学院计算机科学入门课程里,实验室用一张愤怒的纸条退回了她的第一个程序。

她犯了一些可怕的错误,让计算机进入死循环、浪费了成堆的纸张。时至今日,拉迪亚仍称自己是最后的技术采纳者,尽管她最终确实破解了编程,但她在 20 世纪 70 年代放弃了。她被一次又一次地告知,成为一名优秀工程师需要什么,而我们都被告知了同样的话:从小就拆电子产品,专注、近乎痴迷地关注技术细节。"当然,这样的人非常有价值,"她告诉我,"但他们无法做到像我这样的人能够做到的事情。"

拉迪亚设计了路由算法:确定数据在网络上流动的数学规则。她从研究生院退学后进入该领域,在 BBN 公司工作。在 BBN 公司她爱上了网络,但这一直被同事们忽视。有一次她做了一个完整的报告,介绍了一个路由难题的解决方案,但主持会议的人却宣布,他希望大家解决一个没有解决的路由难题——正是她刚刚提出的解决方案的问题。她很受伤,但并不感到惊讶。幸运的是,数字设备公司(DEC)的一名代表在会后找到了她。"他说,'你对目前的职业满意吗?'我说,'我想是的'。他说,'你完全被忽视了,这没有困扰你吗?'我说,'不,我已经习惯了。每个人都忽视我。"

他当场为她提供了一份工作。

20 世纪 80 年代当她在 DEC 工作时,程序员在他们的隔间里吸烟很正常,以至于拉迪亚花了 3 年的时间才意识到她对香烟烟雾有过敏反应。她说:"我总是得世界上最严重的感冒。无论我走到哪里,我都必须带着一个废纸篓和一大盒纸巾,并且不断地擤鼻涕,这种可怕的喷嚏声响彻大楼。有一次,我走进大楼,打了个喷嚏,有人说,'哦,拉迪亚来了'。"当她去看医生并意识到她没有生病时，她威胁说要辞职，但他们却把她送到了研究生院。当她回来时，DEC已经解决了吸烟问题，"通过发布备忘录说，'不要在大楼里吸烟'，"拉迪亚说，并笑了。回到工作岗位后，她发明了一些协议，这些协议对所有计算机网络的稳健性和稳定性有着不可磨灭的影响。

算法小诗

拉迪亚喜欢思考概念问题。她描述她的工作方法时，听起来与 ENIAC 六人组的贝蒂很相似，她喜欢像雷达一样一点一点地处理问题。拉迪亚称其为"跳出特定实现的复杂性，以一种新的方式看待事物。"她说，通过去除不相干的细节，一次只关注一件事，她能为复杂的问题找到最简单的解决方案。因为早期编程的经历，所以她把易用性放在首位。"我尽量把东西设计成像我这样的人愿意使用的样子，"她解释说，"很好用，你根本不需要考虑太多。"

1985 年，拉迪亚在 DEC 工作。当时，以太网（Ethernet）——一种用于本地（如在一栋大楼内）计算机联网的技术——正在成为一种全球标准，有可能取代一些复杂得多的协议，而这正是拉迪亚的专长。但是，以太网只能支持 100 多台计算机，一旦数量超了，网络上传播的数据包就会相互碰撞和干扰，就像一个糟糕的电话会议。这意味着它永远不可能真正扩展。拉迪亚当时的经理交给她一个任务，"发明一个魔盒"，以解决以太网的局限性，而不占用额外的内存，无论网络有多大。他是在星期五下达的这个任务，就在他要离开一周去度假的时候。"他认为这是一个难题，"拉迪亚说。就在那天晚上，拉迪亚醒来时有了解决方案。"我意识到，哇哦！这太简单了，"她说，"我知道该怎么做，而且我可以证明它是有效的。"

像所有最好的创新一样，它很简单。数据包不可能在同一条路径上传输而不互相影响，因此网络中的每台计算机之间必须有唯一的路径。这些路径不能循环，在从 A 点到 B 点的旅程中不会重复。拉迪亚的算法在生成树的基础上为每个数据包自动创建路线，生成树是一种将各点连接在一起而没有冗余的数学图形。它不仅解决了以太网的问题，还具有无限的可扩展性和自愈性：如果网络中的一台计算机发生故障，就像计算机惯常的那样，生成树协议会自动为数据包确定一条新的路线。这是拉迪亚的标志性手笔。她通过自我配置和自我稳定设计了最少干预运行的系统网络行为。这种方法使互联网这样的大型计算机网络成为可能。正如她在 2014 年所说，"如果没有我，你在互联网上吹吹风，它就会挂掉。"

发明了生成树协议后，拉迪亚周末的剩余时间都用来休息。她在周一和周二写了说明书。她的经理还在休假，而且由于当时人们还不习惯每天早上清醒后检查电子邮件，所以拉迪亚无法与他分享这一成就。由于无法集中精力做其他事情，她决定写一首诗。她去了图书馆，想从她母亲喜欢的乔伊斯·基尔默的诗句中找一句话——"我想我永远不会看到/一首像树一样可爱的诗。"她说："图书管理员也依稀记得这首诗。"但他们只能在百科全书中找到对它的简短提及。于是拉迪亚打电话给她的母亲，这位在她整个童年时期帮助她完成数学和科学作业的前程序员，请她朗诵这首诗。她的母亲有着钢铁般的记忆力。"她说，'当然'，然后她在电话里给我复述了这句话。"由此，拉迪亚将她的生成树算法改编为诗歌。

算法小诗

我想我将永远不会看到，

比树更可爱的图。

一棵树，其关键属性

是无环连接。

一棵必须确保跨度的树，

这样数据包可以到达每个局域网。

首先，必须选择根。

通过 ID，它被选出。

从根部开始跟踪最低成本路径。

在树中，这些路径被放置。

网状结构是由像我这样的人做的，

然后网桥找到了生成树。

当她的经理在第二周的周一回到公司时，他在他的办公室的椅子上发现了两样东西：生成树协议规范和这首诗，这首诗在网络工程界已经有了神话般的色彩。许多年后，拉迪亚的儿子将算法小诗改编成音乐，拉迪亚和她的女儿，一位歌剧歌手和小提琴手，在麻省理工学院的林肯实验室表演了这首诗。至于生成树协议，它将以太网从一个有限的、本地化的技术转变为可支持更大网络的技术。现在它是计算机联网方式的基础，这是拉迪亚对网络最著名的贡献，但绝不是唯一的贡献。她的工作对于日常用户来说可能是不可见的，但它的看不见，就像看不见的法律或看不见的交通规则一样，在我们意识层面之外的层面指导信息流动。她解释说："如果我的工作做得好，你永远不会看到它。"

第 **9** 章　社区

我喜欢在飞行时看窗外。从天空中看到世界井然有序，让人感到心安。即使是大而混乱的城市也可被分解为可理解的系统，其无形的规则通过足够大的视野变得可见。即使是洛杉矶，这个没有合理网格的城市，从上空看也是有意义的：作为一个城镇中心，它向外呈放射状增长，直到边缘相接，蔓延融入相邻城市。正如建筑评论家雷纳·班纳姆所指出的，洛杉矶的城市研究（汽车和长长的林荫大道）揭示了社区惊人的地理增长，所有社区都重叠和纠缠在一起。他在 1971 年写道："为了了解原始的洛杉矶，我学会了开车。"

互联网的发展也是如此，是许多点的同时扩展。现在已经不可能根据原版读懂它，尽管一些遗物可以让人品味：阿帕网的先驱们制定了互联网的规则，这些文件与杰克保存的数百份其他文件一起在网上存档，还有社区记忆的信息语料库双面打印保存在博物馆的档案中。但是，当洛杉矶的村庄沉浸在欢乐之中时，互联网文化的第一个前哨站的许多精彩之处已经褪色，消失在喧闹和时间中。

电子邮件是阿帕网的杀手：由于即时信息的引入，这个为学术研究设计的网络在短时间内成为一种通信媒介，纯粹的社交聊天取代了资源共享和军事应用，成为主要用途。正如一位历史学家所指出的那样，"就像开着坦克兜风一样。"无论在哪里，无论计算机如何连接，情况似乎都是如此：我们上网是为了寻找信息，但大多数时候我们上网是为了寻找彼此。

从 20 世纪 70 年代末到 20 世纪 80 年代初，阿帕网易手了：从国防高级研究计划局（DARPA）转移到国防通信局，最后移交给美国国家科学基金会。无论管理者是谁，它都在不断发展，直到 20 世纪 90 年代初开放为商用。同时，在个人计算机引入的刺激下，其他通信中心开始在全国乃至全世界出现。像社区记忆一样，这些是电子公告板，但它们不是带有投币口的公共访问终端。相反，早期采用微型计算机和调制解调器的用户使用被称为 BBS（公告板系统）的服务器软件在家中访问下一代公告板。

调制解调器通过电话线收发载波，并对载波进行调制和解调。这是一项相对传统的技术——采用 AT&T（美国电话电报公司）在 20 世纪 60 年代初制定的标准——甚至连接利奥波德和资源 1 号的调制解调器也是一个美化的电话听筒。当更快的调制解调器出现，并被植入芯片时，最早的 BBS 用户通过他们自建的计算机过滤电波，打电话给他们本地的前哨。长途电话的费用起到了天然屏障的作用，使每个 BBS 都保持着激烈的本地化（至少在流量高峰期是这样，因为那时电话费更容易增加）。热心的系统管理员改进了原始代码，为早期的个人计算机硬件开发了一系列令人印象深刻的版本。就像它的软木板前身一样，BBS 开始是一个交流系统，后来像社区记忆一样，它成为一个独立的世界。

一些地理上的社区发现了价值，投资了社区网络［或称自由网络（FreeNets）］，即本地访问的市民信息和邻里对话的热点。许多网络是在美国西部出现的，那里的连通性很有限。其中包括蒙大拿州农村校舍的巨空电报（Big Sky Telegraph）BBS 网络，世界上最早的基于互联网的地方信息系统之一的特鲁莱德信息资讯（Telluride InfoZone），以及至今仍然活跃的博尔德社区网络（Boulder Community Network）。玛德琳·冈萨雷斯·艾伦（Madeline Gonzales Allen）是一名系统工程师，被科罗拉多州和犹他州的原始所触动，辞去了在 AT&T 的工作，被"大家聚在一起，思考如何使用新兴的公共互联网来造福自己的社区，"而不是把它留给极少数人的愿景所感动，开发了科罗拉多州和犹他州两个社区网络。

尽管有自由网络，但在 20 世纪 90 年代末万维网普及之前，本地拨号 BBS 是用个人计算机"上网"的主要方式。当阿帕网经过漫长的等待才能普及之前，BBS 填补了这个空白。这代表了近 20 年的网络文化；在此期间，大约有 15 万个 BBS 在美国蓬勃发展。即使当元网络——惠多网——出现，将它们全部连接成一个全国性的乡村社区时，每个 BBS 仍保留当地的特色。

如果说女性在这种文化中特别有代表性，那就太夸张了。在一部分为五部分的关于 BBS 的纪录片中（这是我们有可能看到的关于其起源的最详尽的文件），男性占了很大的比例。BBS 就像 CB 收音机——一个修理工的乌托邦。一些系统管理员有在圣诞节后的几个月针对新用户关闭公告板的传统，令人无法容忍的是，每年都有 12 岁的小男孩带着全新的调制解调器发布"范·海伦规则"！

阿莉扎·谢尔曼（Aliza Sherman）是一位开发人员，她为女性建立了一些网站［赛博女孩网（Cybergrrl.com）、网络女孩网（Webgrrls.com）和女性网（Femina.com）］，她有一段关于上网的精彩故事。那是 1987 年，她刚买了第一个调制解调器。她在纽约地区的一个 BBS 上闲逛时，屏幕上出现了一句话："你想聊天吗？"她从座位上跳了起来，想象着计算机正在与她交谈。当她冷静下来，她意识到这句话出自一个真实的人，一个在布鲁克林的 14 岁的孩子。她"第一次意识到电话线的另一边有很多人，而不仅仅是计算机。"他们是十几岁的小男孩！

YOWOW（你拥有自己的话语）

网上也有适合成年人的地方。与 10 年前受湾区技术理想主义之风影响而催生出社区记忆和资源 1 号一样，在索萨利托，也诞生了西海岸知识分子的 BBS——The WELL（全球电子联结）。这是由拥有计算机会议公司的流行病学家拉里·布里连特（Larry Brilliant）和《全球评论》（*Whole Earth Review*）编辑斯图尔特·布兰德共同投资成立的 BBS。布兰德被称为连接者——连接了浏览《全球概览》，了解太阳能炉、堆肥厕所和激进书刊的反主流文化的一代人和颠覆性技术的抄写员。他在 1984 年写道："软件做的所有事情就是管理符号。"

BBS 被誉为"书呆子的领地"，但 The WELL 不同。《全球概览》出版物的"粉丝"们报名，只为了与他们最喜欢的杂志作者和编辑进行主题聊天，期待能与布兰德和他的同伴们热烈讨论。The WELL 提供订阅会员资格，社区提供技术支持，全体员工随时准备回答问题并解决极其复杂的纯文本界面的故障——这是一个需要坚韧的毅力来学习的叫作皮科斯潘（PicoSpan）的软件平台。

The WELL 在 BBS 的世界里是独一无二的，它的员工也是如此。The WELL 的早期员工南希·莱因（Nancy Rhine）告诉我说，斯图尔特·布兰德"想做一个实验"，他想看看在现实生活中具有社区建设技能的人在虚拟世界里探索会发生什么。南希就是其中之一，她从田纳西州农村的"农场"（一个由一群嬉皮士在 1971 年的跨乡村校车大篷车结束时搭起帐篷而建立的公社）来到湾区。The WELL 的大部分创始员工都是从农场来的：这些人在经历了十多年的有机农业、集体婚姻、家庭分娩和不良药物之后，收拾他们的东西，继续往西走。

娜奥米·皮尔斯（Naomi Pearce）是一位技术公关人员，她在 20 世纪 80 年代末发现了这个社区。她说当她第一次加入时，"就像有人真的开了一扇门，就像我在我的小公寓里待了一段时间，然后有人打开了门，外面的世界尽在眼前。"娜奥米是死之华乐队的"粉丝"，当时 The WELL 的许多用户也是如此——死之华乐队的"粉丝"是早期用户，早在互联网出现之前就用地下网络交易磁带。这使文化变得丰富多彩。直到今天，The WELL 的用户还自称"WELL 人类"，并发送光束表达精神支持。The WELL 有一种激烈的冲锋陷阵的新鲜感。它与法律最沾边的是斯图尔特·布兰德传下来的一条公理：你拥有自己的话语。或者，正如 WELL 人类所说，"YOYOW"（You Own Your Own Words）。

当美国国家科学基金会从军方那里继承了阿帕网并以更快的骨干网重建它时，在 20 世纪 90 年代初基金会首次尝试取消了对互联网的商业限制。The WELL 成为首批商业互联网服务提供商之一。南希·莱因为不断增长的业务做了很多事情：记账、写手册、接电话，并负责支持国际用户。她报名参加了一个电子公社，但她注意到 The WELL 和她在农场社区的生活有很大的不同，农场社区仍然以其自然助产流派闻名。The WELL 社区可能来自世界各地，但大多数是男性。南希说："The WELL 代表了全球电子联结，但它并不代表整个地球。分布的钟形曲线图显示可能主要联结的是 30 岁的白人。"

ECHO

不是每个人都是 30 岁的白人，也不是每个人都喜欢那个乐队。

纽约市的研究生斯泰茜·霍恩（Stacy Horn）就不喜欢这样。当她在 20 世纪 80 年代初第一次拨通 The WELL 的电话时，她与那些乐队的"粉丝"保持着距离。这里有足够的对话让她感兴趣：这里有记者、前嬉皮士和业余计算机程序员，拨通 The Well 网站就像花长途电话的费用访问加利福尼亚州。这里离她的曼哈顿公寓只有一个按键的距离。这群精神抖擞的陌生人有一种西海岸的感觉。但是，当她克服了这种刺激—对第一个月电话费的不安—斯泰茜开始感到迷茫。像所有在加利福尼亚州度假的纽约人一样，阳光对她有好处，但她的心在别处。

斯泰茜就读于纽约大学的互动电信计划，这是一个有创意技术的研究生项目，有时候在实验室做实验，有时候思考问题，所以在 BBS 上花几个下午的时间也算是家庭作业。虽然她在学习计算机，但她上网时并不想谈论它们。斯泰茜想谈论文学、电影、文化。她希望有一个八卦和争论的地方，希望身边有一些女性以及有机会在现实生活中遇到的朋友。最重要的是，她希望有纽约味儿——比技术"嬉皮士"更多的技术潮人。她在 1998 年出版的《电子社区》（*Cyberville*）一书中抱怨说："我无法向别人发送光束以表达支持，这不是我的风格。不过，我可以克服自己的厌恶情绪。"

1988 年，The Well 网站的一个朋友问斯泰茜，她打算什么时候在东海岸建立自己的 BBS。她没有想过这个问题，但是相对安全的研究生院生涯已经快结束了，对于未来她也没有计划。在她回复的时间里，她决定：要为纽约人创办纽约版的 The WELL 网站。她当场给这个网站取了个名字，叫作"东海岸闲聊网（East Coast Hang-Out，ECHO）"（见图 6）。斯泰茜不是她所说的"技术人员"，也不是商务人士，但她善于与人打交道，并且技术方面的东西她也可以学习。她在 The WELL 网站上的工作让她学到了一些基本知识：只要两个或更多的人发现他们有同样的喜好，网络社区就会自然而然地出现。人们上网是为了获取信息，而他们留在 BBS 是为了获得陪伴。没有人会因为无聊而发帖。分享，无论好坏，都是如此。她认为，如果她能让纽约人上 BBS 交流，他们就会留下来，甚至可能会为此付费。

图 6　ECHO

她放弃了一门选修课，写了一份商业计划书。她说："我并不是一个有远见的人。"计算机聊天室的用户数量是庞大的，因为每个体验过的人都很喜欢。"你只需要坐下来，进入 BBS，就会发现它很有趣。"但斯泰茜的笃定却离现实情况甚远。1988 年，除了湾区的技术"嬉皮士"和 BBS 上的少年，没有多少人会坐下来连接 BBS。要再过三年后网站才会出现，而直到 1993 年才会有一个像样的浏览器来浏览网站。与互联网主干网的连接，在很大程度上仍被挡在政府机构、与政府做生意的私营企业及大学之外。

当斯泰茜带着她的商业计划书到银行时，"那些人公然取笑我，他们看我的眼神就像我是一个失败者，竟然认为人们会想通过计算机进行社交。"她没有被这一切吓倒。相反，她拿着她的每一分积蓄去实施她的计划，决心从头开始建立 ECHO。每天晚上，她都会到城里，去那些有趣的人聚集的地方——派对、艺术活动开幕式、博物馆、音乐会。她钻进酒吧，接近陌生人，向他们推荐刚刚起步的网络社区。不少人已经可以接触到计算机，但有调制解调器的人不多（当时调制解调器的价格是 100 美元）。斯泰茜不得不说服他们"做一些他们认为很疯狂的事"。

除了钱，还有基本的计算机知识问题。The WELL 在 PicoSpan 这个会议软件中运行，而斯泰茜是在 Unix 中建立 ECHO。跟她所讨好的艺术家和作家相比，程序员对这个操作系统更熟悉。她用与招募用户相同的办法来解决这个问题，邀请新用户到她格林尼治村的公寓里参加临时的计算机课程。她的学生在斯泰茜的客厅里（ECHO 就在客厅）学习 Unix 命令和文件结构。ECHO 本身只是一台服务器和一堆 2400 波特率的调制解调器，被堆放在客厅的红色铝架子上，旁边是松散的文件和哥斯拉、冈比和埃德·格里姆利（Ed Grimley）的玩具小雕像。

超越她技术水平的问题，由她的朋友们提供帮助。一个知名的计算机黑客无偿调试了 ECHO 的服务器，后来他因网络犯罪入狱。ECHO 有时会崩溃。有时情况实在太糟糕了，以至于当电话响起时，斯泰茜和几个兼职员工会跳起来，对着电话大喊"走开，我们搞砸了！"不过，大多数时候都很有趣。斯泰茜把"类似松脆饼干"的小惊喜塞进账单里，直到美国邮政局的工作代表打内线给她，请求她不要再这样做，因为信函分拣机被堵了。

ECHO 最终从住宅搬到了翠贝卡街区里的正式办公场所。当翠贝卡街区还是一个"荒废的、空旷的、被时间遗忘的曼哈顿地区"时，斯泰茜就经常在这里溜达。到 1994 年，ECHO 有 2 名员工和 35 条电话线，她的用户群已经从最初她在酒吧里认识的有趣的几百个人跃升到在《乡村之声》（*Village Voice*）和《纽约时报》上看到 ECHO 的几千个人。在差点就支撑不下去时，斯泰茜终于得到媒体的关注。她在不景气的几年里几乎花光了所有的积蓄。

她认为当时的副总统艾伯特·戈尔将 ECHO 从危机边缘拉了回来。她记得，"当时正谈论信息高速公路。"戈尔以 1991 年出的《高性能计算法案》为国家电信基础设施四处游说，他的父亲是一位来自田纳西州的美国参议员，约30 年前曾赞助立法建设州际公路系统。当该法案通过时，它不仅对许多关键的互联网技术的发展发挥了作用，而且对文化也产生了深刻的影响：它使互联网成为噱头。斯泰茜说，"突然间，人们开始感觉，这是一件很重要的事情。他们如果不跟上潮流，就会被甩在后面。"全国上下对错过的恐惧使 ECHO 更容易得到推广。她说："你了解你一直听说的那条信息高速公路吗？"嗯，ECHO 是这条路上的一个站点。

ECHO 将几种社交功能合并到一个相对容易操作的平台，也就是我们今天所说的社交网络。用户用他们的真实姓名登录，用他们的昵称在"会议"上对各种主题发表信息。ECHO 提供电子邮件账户，"Yos"可提供实时聊天的功能，类似弹出即时消息，发出三声急促的哔哔声。

斯泰茜的第一批用户是剧作家、演员和作家。"当人们涌到线上，看到我们在谈论歌剧而不是游戏时，他们离开了，"斯泰茜在 2001 年解释说。玛丽莎·鲍威（Marisa Bowe）是 ECHO 的长期用户，在她的印象中，ECHO 上的人有趣、犀利，也很聪明。她说："有那么一群人，他们在聚会上永远无法控制自己。但在线上，你会发现他们是如此聪明。"这些纽约知识分子包括艺术家、自由主义者、程序员（可以与人正常沟通的那种），还包括媒体人。在 ECHO 的鼎盛时期，其用户也不乏名人，如杂志作家罗伯·坦南鲍姆，编剧威廉·莫纳罕，甚至还有以"闪电"为名发帖的小约翰·肯尼迪，斯泰茜在她的公寓里为他建立了账户（当时有无数难以置信的 Yos 消息在她的屏幕上跳动）。

斯泰茜亲切地称她的用户为"埃科伊德斯"（Echoids），这是她儿时就记得的瑜伽熊卡通片中的一句口头禅："上天保佑穆尔加特罗伊德！"这个简洁、直接的名字适合东海岸的这群智者，他们把自己的网络社区看作虚拟的沙龙，而不是在对着电视屏幕喋喋不休。The WELL 网站的创始人斯图尔特·布兰德和拉里·布里连特都是西海岸科技和文化领域的成功人士，而斯泰茜·霍恩则是一个"城郊朋克摇滚女孩，在她创办 ECHO 之前没有做过什么大事"。这两个社区之间的差异就从这里开始显现。她在 1998 年写道："西海岸和东海岸，男孩和女孩，夜晚和白天。"

20 世纪 90 年代报道 ECHO 的记者倾向于关注 ECHO 独特的纽约风味。"有时新人没有意识到，如果埃科伊德斯用户攻击并无情地驳斥他们的论点，甚至连招呼都不打，他们并不是怀有敌意，"1993 年《连线》（Wired）杂志的简介解释说："相反，这只是纽约风格的'欢迎来到我们的世界！'"ECHO 的特色主题是"我'恨'自己"，这里是埃科伊德斯们突然出现的地方（有时甚至是天天），他们在这里创建他们的过失行为清单。例如，1992 年 2 月，一位用户发帖称，"我'恨'自己是个该死的瘾君子。"另一个人戏谑道："我'恨'自己，让我的草娃娃死了。"

她们没有一个人会给你时间

斯泰茜·霍恩在 ECHO 有一句经典语录，她在印刷广告时使用了这句话。网络出现后，她把这句话放在 ECHO 网站的首页："ECHO 是网络空间中女性最多的地方——她们没有一个人会给你时间。"

今天，女性在 Pinterest（拼趣）、Facebook（脸书）和 Instagram（照片墙）等社交网络平台上占据主导地位，但在 20 世纪 80 年代，没有一个在线服务拥有庞大的女性用户群体，或为培养女性用户做出过任何努力。在斯泰茜创立 ECHO 时，整个互联网用户只有大约 10%～15%为女性。但 ECHO 用户却有将近半数为女性用户。她解释说："我的成功部分归功于一个事实，那就是我是唯一的尝试者。"（见图 7）就像她在争取她的第一批用户时，她去任何地方都会去找女性并就她们的在线经历进行非正式的采访。如果她们没有任何经验，她就会问是什么原因阻碍了她们上网，并用心倾听她们的回答。她向当地的女性团体请愿，并为《女士》（Ms.）杂志的编辑们举办了 ECHO 会议，会议上有关于月经和汗毛重的坦诚对话。ECHO 的男人们在敬畏的沉默中阅读完以后，悄悄地提出他们可能很早以前就想问的问题。她启动了一个指导计划，甚至在 1990 年免费招录女性 ECHO 会员。

她的倡议是针对个人的。当她还在纽约大学读研究生时，她曾在美孚石油公司担任电信分析员。在工作中，她负责确保美孚的区域办事处与普林斯顿和达拉斯的数据中心相连。当她意识到在线网络的可能性时，她把她的激情带到

图7 "因为一位女性开启了这项事业，一半的用户是女性，
所以我做的这件事在登录的那一刻，就与众不同。她们感觉更轻松自在。"

了美孚。她相信，如果每个人都能在工作中实时讨论他们正在做的事情，那么
从事国家数据网络安装工作的员工就会减少失误——降低错误事件的发生。她
说："我们有这样的会议，在长长的会议桌上有公司电信部门的所有人。不过这
群人里只有我一个女性。我试图推广社交网络的理念……每次我这样做，他们
就会试图让我闭嘴。我不停地尝试、尝试、尝试，他们却让我闭嘴。"

当时，美国第一夫人正在游说国会推动医疗改革计划。斯泰茜在新闻中看
到她面对满屋子的男人试图破坏这个计划时，她不正面相迎，但看起来很坚
定。斯泰茜回忆道："她是个高手，即使面对这种情况，她也只是转移话题，并
不生气。"这个场景深深地影响了她，如果第一夫人能在全国范围内应对男性的
冷漠，斯泰茜就能证明美孚的老板们是错的。当美孚将集团办公室搬到弗吉尼
亚时，她决定留在纽约。她的遣散费够支付第一批 ECHO 服务器的费用，这段
经历成为其文化的一个风向标。斯泰茜曾是会议室里唯一的女性，她要确保她
不是聊天室里唯一的女性。

她并不是总赢。阿莉扎·谢尔曼——那个第一次上网时认为她的计算机在和她说话的开发者——在注册 ECHO 后，无法理解这里的文化。就像斯泰茜在 The WELL 网站上被死之华乐队的"粉丝"包围一样，这里不适合她，所以她注销了她的账户。斯泰茜亲自给她打电话。阿莉扎记得她说："我是斯泰茜·霍恩，我看到你要离开这个网站了，我们这里需要更多的女性，不要离开，我做些什么能让你感觉好一点？"后来，斯泰茜给她寄了一封信。虽然阿莉扎还是离开了 ECHO，但她保留了这封信。这是一个时代的提醒：每一个在线的女性都各不相同。

斯泰茜的前夫曾经形容她是多变世界中一股坚不可摧的向善的力量。斯泰茜写道："在那些日子里，记者们总说，我创办 ECHO 是为了给网络上的女性提供一个安全的地方。不是！我想让更多的女性加入 ECHO，让 ECHO 可以变得更好。"

网络空间热议的新问题[⊖]

ECHO 最大的语音聊天区就像网络空间里的希腊广场。这里是开放的公共集会，任何人都可以被听到，只要他们说得足够大声。虽然这些聊天区往往是新老用户的第一站，但斯泰茜知道，即使是最民主的公共空间也有局限性。她解释说："当我和我的合唱团朋友在一起时，我说话的方式不同；当我和我的鼓手朋友在一起时，我说话的方式也不同；如果我在一个全是女性的小组里，我会说一些在其他群体中不会说的话。"如果 ECHO 要成为现实世界的延伸，满足各种情感需求，它必须同时拥有公共区域和私人空间。

这是其设计中最有趣也是最有先见之明的一点。有时候，我们喜欢在聚会

⊖ 在保留原意的情况下，此小节对英文原书略做删减和编辑。本书内容仅代表作者个人观点。——编者注

上对着一群陌生的听众夸夸其谈，但有时候在与五六个朋友吃饭时，我们会分享更多的个人意见。这两种交流方式并不相互排斥；事实上，拥有这两种方式使我们成为一个整体。在当今的社交媒体环境中，脸书私人群组、Slack 频道、群组文本线程和直接信息中的活动与我们的公共订阅源中的活动一样多。我们需要在线的私人空间；斯泰茜很早就认识到这个事实。例如，如果有人在公开讨论区表现得很烦人，那么老用户更有可能想让公开讨论变成私聊，而不是完全退出。

斯泰茜从一开始就在 ECHO 中提供了私人聊天的可能性，而埃科伊德斯们也按照这个想法行事，不同需求的用户设立不同的小组，如 30 岁以下的，情感聊天的，除上瘾行为的。以亚利桑那州的密封生物实验命名的生物圈是为了保证其私密性。另一个叫电信女性（WIT）的小组是 ECHO 中的女性专区。这个角落是斯泰茜的宝贝，她严格监管，只有当她与老用户在电话中交谈确保她们是女性后，才允许她们进入 WIT。这是一个不完美的过程，但无论如何，这一层审查在今天是难以想象的。

WIT 是 ECHO 的女性会员偷偷溜走并相互交谈的地方。在一个名为"有人在 ECHO 上骚扰你吗？"的线程中，女性们会举报受到虐待和骚扰的情况，并对在线讨厌鬼的行为进行比较。不是每个人都喜欢 WIT 小组；一些女性会员发现它很俗气，与当初吸引她们加入 ECHO 的黑色幽默背道而驰。在斯泰茜的支持下，她们中的一些人开始创办一个只邀请有态度的女孩参加的聚会。有人称它为"穿皮夹克的 WIT"。如果 ECHO 是纽约的数字叠加层，那么这个城市的每个角落都必须有网络中模拟它的地方。有时一个女孩只是需要喝一杯，骂骂咧咧一下，然后发泄一下情绪。斯泰茜为那些被排除在 WIT 和有态度女孩聚会的对话之外的男人建立了一个类似的聊天区——MOE（ECHO 上的男性用户），这平息了 ECHO 上男用户对女性优待不满的呼声。

按性别加入小组这个问题直到 1993 年才变得明显。这个问题在网络空间是个新问题。ECHO 是纽约左翼人士和艺术家的一个据点。得知 ECHO 老用户对这个问题激烈辩论令人震惊，因为它揭示了在过去 20 年中对用户上网体验的理解发生了多大变化。但是，另一个起作用的因素可能是当代读者看不到的，那就是总有冒充女性的用户。基于文本的互联网社交空间充斥着性别交叉，而且由于在线女性的短缺，男性冒充女性的情况经常发生。阿莉扎·谢尔曼以第一人称在女性互联网历史项目录制叙述中讨论了这种现象。"那时候真是太奇怪了：这么多男人在网上假装是女人。有那么一些网站，你会认为上面是女性用户，但实际上是男性冒充的女性。我不打算讨论其中可能的原因，但真的很难找到有女性的网站。"

这种现象可以追溯到互联网上最早的一些社交空间，即基于文本的幻想游戏。有媒体理论家称这是"计算机变装"。在 1991 年的一篇论文中，该媒体理论家举了另一个例子：朱莉，一位受人喜爱的留言板人物，原来是一个中年男子。这个假的朱莉在第一次上网时被误认为是一个女人，他对女人在没有男人的情况下如何相互交流非常感兴趣，以至于他保持了几年的变装，为他女性化的另一个自我建立了一个完整的虚构人物。在整个 20 世纪 90 年代，这在 BBS、列表服务器、MUD（多用户域）和其他聊天平台上经常发生。

她于 1992 年出版的一本书中写道："在网络世界里，在肉体上建立角色是没有意义的，只要他们能选，男人通常会使用女性角色。"这当然是双向的。在相对模糊的互联网文本中，任何人都可能尝试一个新的身份，这有其创造性的优势，并允许很多人在群体环境中亲身体验以前不曾有过的身份的感觉。女性可以选择男性化名，以避免过度被关注或被骚扰。然而，所有这些计算机变装的实际影响是，为数不多的在线女性更难找到对方。

关于入社区的问题，新老用户各执己见。斯泰茜写道："网络空间让我们更容易听到人们的声音。"ECHO 后来调整了入社区的政策。斯泰茜写道："通过大量的文字和内容，经过数年的时间，ECHO 用户只能达成一个暂时的理解和协议。"

佩里街

当我第一次与斯泰茜接触时，她正忙着将尚存的 ECHO 从一个服务器转移到另一个服务器。转移一个有 30 年历史的网络社区，就像运输酸面团一样：ECHO 是一个罐子里的活文化，它容易受到外部世界的影响，必须好好保护，以便提供新旧服务器之间的连接。

ECHO 的大转移发生在我和斯泰茜原本计划在纽约见面的那个周末。在我们相约一起喝咖啡的前一天深夜，我收到一封电子邮件，邮件中说服务器的转移是一场灾难，她在没日没夜地工作，并且这场危机可能会蔓延到明天。一小时后，她再次给我写信。她写道："完了，这次搬家变得越来越糟。我们终究不能见面了。"她很抱歉，并给我发了几个地址：在格林尼治村的公寓，就是 ECHO 的服务器最初所在的位置，以及 ECHO 老用户经常去的拐角处的那个艺术酒吧。

我在一个秋高气爽的早晨访问了这两个地方。我不确定当我看到它们时，我希望看到什么或感受到什么。尽管我们大多数人几乎从未感受过物理空间中骨干网的束缚，但它似乎在设备之间无限制地漂浮着。对基础设施的任何考虑都无法揭示其经验的总和，并且一条电缆也无法告诉我们通过它传送的对话的任何信息。我站在佩里街上，眯着眼睛，举着手机上的地图对着曾经是这个城市首个社交网络所在地的公寓楼的前门，说实话，我没有什么感觉。

这是一座漂亮的建筑。像曼哈顿一带的许多建筑一样，它看起来价值不菲，并且窗户上有狮子和狮鹫的装饰线条。街道两旁是光秃秃的细长树木和铁制的路灯；在我周围熙熙攘攘的是带着狗的运动员、从人群中散开的游客和拿着冷冻酸奶行走的女性，他们都对这个地方视而不见。难道不应该有一块牌子吗？我们为诗人和画家所居住或纪念他们的建筑物这样做了，为什么不能对软件和服务器也这样？我突然被这个想法打动了：这里住着 ECHO，纽约人在这里爱着、笑着、抱怨着，互相诉说他们的自责，以及其中的缘由。

当我们终于有机会交谈时，斯泰茜给我讲了一个佩里街的故事。作为一个受租金控制的曼哈顿人，她有着长达 30 年的长岛口音。当她说话的时候，你可以听出来。她向我讲述了她的社区几十年来的变化。她说："这里以前有洗衣店、熟食店，现在这些都没有了。我必须走很久才能到洗衣店，这真是麻烦。"

1990 年，当格林尼治村还是一个社区时，ECHO 仍然是斯泰茜公寓里的一台服务器。然而，多亏了艾伯特·戈尔的信息高速公路，ECHO 的业务蓬勃发展。由于 ECHO 的调制解调器依赖本地电话服务，斯泰茜的传入请求干扰了附近所有的电话线。电话公司被迫为斯泰茜提供了一条专用线路，但在曼哈顿，电缆是铺设在地下的——架空电话线对这个城市来说过于复杂——因此纽约电话公司挖开了从当地中央办公室一直到斯泰茜公寓门口的佩里街（Perry Street）。她告诉我："当我看到纽约的街道因为我而被掀开，感觉有些奇怪。对我来说，这不仅是一个自豪的时刻，而是，未来似乎就在眼前发生，而且是因为我。"

斯泰茜的邻居们并不认同她的自豪感。邻居们的服务被中断了，而且他们的街道也被拆了。但斯泰茜知道，当佩里街拥有纽约市最快的互联网时，他们会感谢她。

面对面

根据 1998 年前后进行的全系统民意调查显示，83%的 ECHO 用户说他们经常见面。ECHO 用户每月在艺术酒吧举办聚会，并在中央公园举办垒球比赛。

斯泰茜为 ECHO 用户启动了一个名为"唯读"的阅读系列，还组织了公开讲座、系列电影放映和虚拟文化沙龙（由惠特尼博物馆联合举办的双月活动）。到了 20 世纪 90 年代中期，纽约的硅巷充斥着聚会、见面会、媒体活动和网络炒作，但斯泰茜是第一个将纽约的技术先驱联系在一起的人。正如在线时事通讯 @NY 的一位编辑在 1996 年所评价的那样，ECHO 是"硅巷的基石"。

斯泰茜从来没有这样认为过。ECHO 会员没有联网，他们在网络上，一起探讨，然后再散去。一群 ECHO 的会员每月都会聚在一起，吃北部的一个小伙伴安排的牛排。ECHO 的室内乐队"白色免费电话"定期在下东城俱乐部演出。当 ECHO 会员有诗歌朗诵会或公开麦克风露面时，他们会列出演出安排，以便其他人可以出现在现场。回家后，他们做的第一件事就是登录 ECHO，交换故事。"最强大的虚拟社区并不是严格意义上的虚拟社区"斯泰茜解释说。

正是现实世界的责任感使 ECHO 变得文明：当你周一晚上在艺术酒吧碰到某人时，就很难在网上对他下狠手了。ECHO 用户经常碰面，所以在网上碰到时，会将对方看作一个人而不是某个用户名。双方通过啤酒或垒球友谊赛达成和解。无论好坏，ECHO 都是一个社区，它自己运行自如。

当这一切都不起作用时，斯泰茜就会介入。从任何意义上讲，她都是一个主持人，竭尽全力确保人们能够和睦相处。如果 ECHO 社区是一个小镇，那么斯泰茜便同时是市长、警长和旅游局长。她制定规则，并执行这些规则。如果有人表现得很糟糕，她有权力开除他们。自 1989 年以来一直活跃在 ECHO 上的小说家霍华德·米特尔马克（Howard Mittelmark）说："斯泰茜比其他大公司更能专制，因为她可以在最后说，'你给我出去'。"

驱逐令只为犯规最严重者保留。斯泰茜的书中有一整章专门讨论 ECHO 用户所说的"恐惧"：真正令人反感的人，其在线行为会让其他人产生恐惧感。

ECHO 曾经有过纳粹分子及其性骚扰事件。玛丽莎·鲍威记得有一个插曲，一个年轻的家伙——"他认为他是真正的颠覆者"——在每个 ECHO 会议上发布攻击性信息。斯泰茜禁止人身攻击，由于乱伦的帖子没有特别针对某人，所以没有违反 ECHO 的规则。玛丽莎发现它们和破坏性行为一样令人不安。"当你所处的世界是由言论构成的时候"，发布攻击性信息只是为了这样做"就像你在轰炸建筑物一样。"

在今天，这些都是稀松平常的。一个无缝融入日常生活的社交网络感觉是一个自然而然的想法。这就是我们所有的社交网络现在所做的：我们在脸书上邀请朋友参加聚会，并通过照片和视频故事向他们展示他们错过的东西；我们在社交媒体上关注彼此的旅行日程、爱情生活和宠物，轻松地从现实生活过渡到在线生活，模糊了两者之间的界限，常常把一个误认成另一个。

但斯泰茜很早就明白人对网络的重要性；作为 ECHO 的权威，她鼓励讨论并招募 ECHO 会员来领导他们感兴趣的领域的对话。这些"主持人"拥有全权设计会议特定文化氛围的权力。她在 1998 年写道："ECHO 之所以是 ECHO，是因为主持人的存在。我们的关系是由我们讲述的内容形成的。主持人让我们把一切都告诉每一个人。"为了让 ECHO 茁壮成长，霍恩意识到它需要一个有发言权的、参与性的核心用户群。霍华德·莱茵戈德在《虚拟社区：电子边界上的自留地》（*The Virtual Community: Homesteading on the Electronic Frontier*）中记录了这一策略在整个网络中的作用，从其最活跃的用户中挑选出付费"发起人"的法国 BBS，到在自己后院找网站主持人的 The WELL 网站。他写道："主持人的主要职责是欢迎新来的人，介绍人们互相认识，在客人离开后清理场地，激发讨论，并在必要时解决争端。"

现在，我们都是主持人，我们的照片墙和脸书帖子下面的评论区是我们自己的会议。但更正式的会议也在应用。掘客，即所谓的"互联网头版"，是一个美化的公告板系统，其每个子版块——ECHO 会员称之为"会议"——都有其版主，他们做出编辑决定并引导对话。像脸书和推特这样的社区也有版主，尽管这个角色不再由被授权的用户来担任。在不为人知的情况下，通常是由在国外工作的付费员工取而代之，手动删除令人反感的内容，并对滥用和骚扰的举报做出回应。这些会议后的清理工作会变得比会议本身更重要，这是规模化的必然结果。当你邀请地球上所有人参会时，就会发生这种情况。

按照惯例，ECHO 上的每个会议都有一个男主持人和一个女主持人；作为免费使用这项服务的交换，这对组合将使会议中的言行保持文明和有趣。ECHO 的一半主持人是女性，这也是有意的。斯泰茜将其称为"网络肯定行动"。对她来说，当女性拨通 ECHO 的电话时，她们会看到其他女性在其中忙碌，这是至关重要的。当知道她们不是少数人，而且管理员也不全是男人时，会鼓励女性发帖而不是潜水，这样她们就成了 ECHO 文化的一部分。男人们不得不听她们说话。霍华德·米特尔马克说："我听到了女人们谈论那些我通常听不到的话题，也听到了她们以我不知道的方式谈论男人。"

在巅峰时期，ECHO 有大约 46 000 名用户。超过半数是潜水者。即使在今天，大多数人都是潜水者：在社交媒体平台上，绝大多数沉默的人都在倾听、阅读，并保持沉默。这是互联网的社会暗物质，是维系我们所有人的力量。那些在 ECHO 上积极发帖的人——约占斯泰茜订阅者的 1/10——都是"死忠粉"。他们是主持人，是反对者，是搅局者，也是核心群体。尽管 ECHO 仍然存在，但那个核心小组只剩下一小部分人。

和其他家庭一样，剩下的 ECHO 会员一起经历了很多事情。比如，当一个ECHO 会员离开人世，其他会员最早发现其话语像幽灵一样留在机器中时，悼念他是多么困难。长达 20 年的对话代表了一份沉甸甸的情感：在这么长的时间里，有争论，有反复，有示好，有高谈阔论……ECHO 有它的浪漫。当然，也有一些内讧。ECHO 会员还通过"联播"形式共同经历了一些美国历史上的事件，如辛普森案、奥斯卡颁奖典礼、9·11 事件。

在 ECHO 上，讨论的范围有深有浅。人们分享他们的冰箱、钱包和口袋里的东西。"有一阵子最热门的话题是关于洗发水的，"斯泰茜写道："洗发水！谁会想谈论洗发水？然而，谈话却出奇地具有启发性。"像这样的细节使屏幕上的文字变得人性化：这里的纽约人过着他们的生活，吃饭、抱怨和洗头发，而世界在他们的周围继续运转。

斯泰茜最近将 ECHO 的所有档案，以及其 20 年来的不间断对话，捐赠给了纽约历史学会。她特别自豪地告诉我："在 22 世纪及以后的世纪，有人会回顾过去并拥有这个历史宝库。"ECHO 的遗产可能不是它对社交媒体未来的预测，而是它揭示了过去。它提供了关于真实的纽约人如何生活的描述，不受时间的影响。斯泰茜关于 ECHO 的书被称为《电子社区》是有原因的：ECHO 是一个通过键盘和调制解调器形成的选举性社区。社区里不是每个人都能相处得很好，但大多数人都是为了友情而留下来。他们是城中之城的公民，在这里，只有通过你所说的话，才能证明你是好人，或者是坏人。

斯泰茜·霍恩最初把 ECHO 卖给了纽约客（New Yorkers），作为信息高速公路上的一个当地站点，但高速公路建在了镇上。ECHO 变得像风景线上的休息站，充满了人物和野史。人们偶尔会在休息站里徘徊，但大多数时候它们都不在地图上。在互联网的过去，在家园的狂野西部，以及在现在以应用程序为中心的互联网之间的某个坍塌空间里，它有很多东西，但肯定不是任何人免费或自由写作的对话。ECHO 会员有时会在"高速公路"上访问脸书和推特等这样的大城市。对于这些光鲜亮丽的新大都市中的所有动作，这一切都让人感到异常的熟悉。

现在要加入 ECHO，你只需在 ECHO 网站上填写一个表格，然后等待斯泰茜给你邮寄新用户数据包即可。这个过程，我花了一个星期。在数据包里面有一封欢迎信，回信地址是 ECHO 通信集团，开头是这样的："感谢并祝贺你！你即将加入一个叫 ECHO 的不拘一格、固执己见且功能稍有缺陷的社区！"然后是注意事项："我们使用这个完全复古的软件且从未升级。在 ECHO 上四处走动跟在网上走动不同。但若坚持下去，你会发现它是值得的。"附加的说明是从不变的。

ECHO 是一个 BBS，这意味着它不在网络上。相反，它是通过 telnet 访问的，这种协议允许我直接拨通斯泰茜的服务器。要连接到 ECHO，需要打开一个文本格式的命令行应用程序终端窗口进入操作系统，并通过输入命令来召唤ECHO：

```
$ ssh claire@echonyc.com
```

ECHO 的欢迎数据包里还包括一份 Unix 命令的备份，掌握这些命令需要一下午的时间。我表面上对这些东西很精通，但使用 ECHO 的感觉就像当电影里的黑客一样。最终我掌握了窍门：输入 j mov 加入电影和电视会议，输入 sh 222 阅读那里发布的 222 个条目。我读到了 ECHO 正在进行的关于《星际迷航》的讨论，输入 0 后（对应于"谁在网上？"），我发现在斯泰茜的服务器里有少数人和我在一起，那里没有广告，也没有点击诱饵。它是一个纯粹的渠道，是社交媒体的骨架核心。

对于我们这些在万维网语义环境下长大的人来说，像 ECHO 这样的系统是非常不直观的，因为网络是我们了解世界数字信息如何传播的唯一参考框架。

即使在我了解了 ECHO 的文字世界之后，当我与它连接时，我的手指还是会滑到触控板上，因为我对点击式界面是如此执着。ECHO 不在网络上——1993 年的时候，斯泰茜没有能力实现这一飞跃——它的"完全复古的软件"让人感到非常陌生。没有链接，没有可点击的内容，也没有网址，它缺少了现代通信媒介体验的基本要素。这些要素是如此令人感到熟悉，以至于许多人甚至都没有注意到它的存在。如果我们都是网络海洋中的鱼，那么 ECHO 就缺少了水。它没有超文本。

第 *10* 章　超文本

当我们说"互联网"（Internet）和"网络"（Web）这两个词时，我们往往指的是同一件事，即从我们的屏幕上散发出来的仿佛比自然更强大的力量。但是，"互联网"和"网络"是不能互换的。正如我们从 ECHO 中了解到的那样，在图形化网页出现之前，人们已经在网上连接了几十年。他们直接拨号到对方的机器和主机来交换文件和发布信息，就像 ECHO 或 The WELL 网站，或者他们参与商业性的在线服务，如美国在线服务（AOL）、CompuServe 和 Prodigy 网站那样。在网络（Web）出现之前，当人们谈论"网"（Net）或"上网"时，这通常就是他们的意思。许多特设网络与互联网的基础设施交互，并最终凝聚在一起。1994 年，当阿帕网的后继者——美国国家科学基金网——让位于我们今天使用的网络时，互联网终于达到了临界规模，商业互联网服务提供商也随之出现。

这是一个复杂的问题。早期的阿帕网地图很容易读取：位于美国的学术和军事中心的几个节点以电线和光纤呈线性辐射。随着节点数量的增加，地图变得更加复杂，直线也成倍增加，软化为宽阔的曲线以适应其增加的数量。最后，地理背景从互联网地图上消失了，网络开始独立存在。今天，互联网地图是一种有张力的、疯狂的、分形的东西，它像一颗跳动的心脏，一个突触的网络，一个超新星。

在这一切之上是万维网（World Wide Web，WWW），这是一个由共享语言（被称为 HTML 或超文本标记语言）构建的互联视觉页面网络。"超文本"不是我们今天经常使用的一个词，但网络的大部分内容是由这些超文本文件构建的：由文本、图像和视频组成的结构化页面，散布着连接各个点的可点击链接。这些链接不仅影响我们浏览网络的方式（谷歌在一个搜索引擎上建立了自己的帝国，该搜索引擎提供了具有最多数量和高质量的超文本链接的网页），还影响我们彼此交流的方式，并最终影响我们如何理解这个世界。

任何引用另一个文本的文本都被认为是超文本的一种形式。例如续篇，是从上一本书的最后一页开始；诸如此类的还有脚注、尾注、边注以及括号内的夹注。像《尤利西斯》或《芬尼根的觉醒》这样篇幅浩大、自述性强的小说就像扁平化的超文本，学者们喜欢引用阿根廷作家豪尔赫·路易斯·博尔赫斯的短篇小说《交叉小径的花园》作为计算机超文本出现前的高峰。博尔赫斯写道："这张时间之网，在几个世纪的时间里，它的股线彼此接近、分叉、交错或相互忽视——包含了所有的可能性。"这个作家可能喜欢万维网。

我们所知道的网络（Web）并不是以博尔赫斯、乔伊丝为模型的。最有名的超文本先驱是杰克在斯坦福大学的导师道格拉斯·恩格尔巴特，他将超文本纳入了他的 oNLine 系统（NLS）；泰德·尼尔森创造了超文本这个词并且几十年来一直倡导乌托邦式超文本思想——但是只有在杰出的女性研究人员和计算机科学家对超文本原则和惯例进行了近十年的探索之后，网络（Web）才出现。她们是被时间遗忘的超文本系统的设计师，这些系统的名字包括 Intermedia、Microcosm、Aquanet、NoteCards 和 VIKI，它们是信息时代最早的本体论框架。在许多方面，超文本是将纯数据转化为知识的实践。就像上一代的编程一样，它是女性所在的地方。

Microcosm 系统

为了了解超文本，我请教了世界上最聪明的计算机科学家之一——温迪·霍尔（Wendy Hall）夫人。她是一位有浅红黄色头发的英国人，举止温和，日程繁忙。我们通过 Skype 交谈，相隔 9 个小时时差。温迪因其对计算机科学的贡献于 2009 年被授予大英帝国勋章（相当于女性被授予"骑士"称号）。当时她在伦敦一家酒店的房间里准备参加晚宴。而我穿着睡衣，在洛杉矶的办公室里喝着咖啡，周围是索引卡。不知为何，她选择在这个时间让我了解中世纪的欧洲历史。

准确地说，是黑斯廷斯战役。温迪告诉我："这是我们在历史上学到的东西。"她不确定征服者威廉在 11 世纪取得胜利的消息是否曾经在美国本土传播过。当我在回想这段历史时，温迪解释说，征服者威廉从英格兰南部海岸入侵并击败了最后一位盎格鲁-撒克逊国王，从而赢得了"征服者威廉"这一绰号。几年后，征服者威廉决定清点整个王国内他的战利品。他下令对他拥有的一切进行审计。温迪说："他们转了一圈，用手把所有东西都数了一遍，每头牛、每只羊、每个人、每座房子、每个村庄，所有的一切。"

统计的结果是一本不寻常的书，对当今的历史学家而言，这本书是非常宝贵的，它详细记录了细枝末节，是唯一的调查记录。编写它的诺曼评估员做出的判断应该是确定的，因此本地的英国人称它为《土地调查清册》，即中世纪英语的《末日审判书》。正如英国神职人员理查德·菲茨尼尔在近一个世纪后所写的那样，《末日审判书》中的决定，"就像最后的审判一样，是不可改变的。"《末日审判书》以一种迂回的方式引导温迪·霍尔在网络出现很久之前就开始了她创建超文本系统的事业。

1986 年，当时温迪刚开始她的教学生涯，为了庆祝《末日审判书》问世900 周年，BBC（英国广播公司）对《末日审判书》进行了更新，在一对多媒体视频激光光盘上以高度复杂的技术发布了新的英国人口普查。当然，他们称之为《末日审判光盘》。超过 100 万人为这个项目做出了贡献，它成为一个用比特和光线编码的大型志愿者的时间胶囊。温迪解释说："全国的每所学校都被要求发送他们地区的三张照片。"学童们写下了他们的日常生活；英国人寄来了办公园区、酒吧和风车的照片。来自斯潘尼莫尔村的一个孩子对未来做出了准确预测：

失去自然肢体时，机器肢体可以代替。

计算机将接管现在由医生做出的大部分诊断。

食物将通过人工方式变得更美味。

孩子们将主要通过计算机学习。

这项众筹调查构成了两张《末日审判光盘》中的第一张；第二张是关于英国遗产、政府和皇室的互动材料，包括人口普查数据和一些早期的虚拟现实，比如著名景点的游览。当温迪第一次看到这些光盘时，她大吃一惊。让她印象深刻的不是信息，而是展示信息的方式。她告诉我："这些想法令人惊叹。"《末日审判光盘》是交互式的，使用可以用光标导航的互联链接，就像我们今天在网上用的那样。轻松自如地从人物自述的英国生活记录，到人口普查数据和三维照片的浏览，对温迪来说，是一种丰富、有益并且似乎身临其境的体验。她以前从未见过计算机做这样的事情。

当然，她对计算机也没有什么兴趣。虽然她的母校南安普顿大学是英国最早教授计算机科学的学校之一，但温迪是一个纯数学专业的学生。据她的博士生导师说，温迪在那些年里是一个"害羞和腼腆的学生"，从事拓扑学领域的研究，"这个领域非常晦涩难懂，直到今天我都无法理解论文的题目"。她在第一年的课程中学习了一些编程，但发现它既乏味又缺乏人性。她在 2013 年对一位电台采访者说："我在我的数学世界里自得其乐，而且当时真的没有看到计算机会真正给我带来什么。"但是，当她看到了《末日审判光盘》时，她竟忽略了自己对计算机的厌恶。突然间，她明白了计算机可以带来什么样的体验。随着个人计算机开始在英国出现，"我开始看到了未来"她说。

并非所有人都看得那么清楚。当温迪回到南安普顿大学时，她接受了计算机科学的讲师职位，但她对多媒体的热情与该系的既定观点相斥。她记得，"一位教授曾当众告诉我，如果我继续做多媒体工作，我在南安普顿或计算机科学领域就没有前途，因为我不是在编写编译器，也不是在编写新的编程语言，或者做操作系统。"她的许多同事并不认为交互式多媒体是真正的计算机科学，它被看作一种松散的、不严肃的东西，比经典编程更接近人文科学。

但温迪无法忘记她所看到的对未来的惊鸿一瞥：在未来，图像、文本和想法通过屏幕的直观链接联系在一起，而且计算机屏幕对所有人来说都是可获取的。1989 年，她离开南安普顿大学，在密歇根大学找到一份工作。在那里，她沉浸在美国科技文化中，参加各种会议，终于了解到计算机上的可点击多媒体确实是一门严肃的学科，并且它有一个名字：美国人将它称为"超文本"或"超媒体"。虽然她的兴趣在她的英国同事看来是不切实际的，但她在美国却处于前沿的位置。她带着对新超文本系统的憧憬回到了南安普敦。为了解释得更清楚，她又一次把我带回到过去。

这种跳跃只是跨越了几十年，而不是几个世纪。温迪向我讲述了关于蒙巴顿伯爵的故事。他是伊丽莎白二世的第二个表亲。蒙巴顿是 20 世纪英国的化身。作为印度的最后一任总督，他目睹了该国向现代共和国的过渡。

蒙巴顿家族住在罗姆西，这是一个古老的集市村庄，中世纪的《末日审判书》中记载了这里的三个水磨。根据为《末日审判光盘》项目调查该村的学童说，1986 年罗姆西最突出的生活特征是：大量的朋克（"他们有大把时间与朋友闲逛，有时会用失业救济金，玩太空入侵者"）、一家深受喜爱的鱼店、维特罗斯超市、布罗德兰兹庄园还有蒙巴顿伯爵招待皇家访客的帕拉第奥庄园。布罗德兰兹庄园坐落在特斯特河上，特斯特河向南流经南安普敦，与英吉利海峡的海水汇合。碰巧，南安普顿大学以其档案而闻名，蒙巴顿伯爵被暴力暗杀后，他的大量生活遗迹最终被放在了图书馆里。

在南安普顿，蒙巴顿档案馆加入了数百万份手稿，但与图书馆的大部分藏品相比，它明显更现代化。由于蒙巴顿的社会活动跨越了 20 世纪媒体的所有试金石，图书馆继承了大约 5 万张照片、78 转（rpm）唱片录制的演讲稿以及大量的电影和视频。这些材料没有线性顺序，只有时间顺序，把这些东西整齐地纳入数据库毫无希望。10 年后，温迪·霍尔结束美国的超文本研究归来。

在她安顿好后不久，她听到有人敲办公室的门。关于她研究兴趣点的消息已经从计算机科学部门传到了图书馆。"档案员来找我，"温迪回忆说，"他说，'我们能不能一起干点很不错的事？我有多媒体档案，里面有图片、胶片，还有声音。我们能不能把它放在计算机上，并把它们联系在一起？'而这就是开始。"

蒙巴顿档案馆是完美的超文本项目测试案例：一个跨越不同媒体的庞大的、相互关联的文件集合，从中可以读到很多关于英国 20 世纪历史的观点。温迪组建了一个团队，到 1989 年圣诞节，他们为一个名为 Microcosm 的系统进行了演示。这是一个了不起的设计：就像几年后的万维网一样，Microcosm 展示了一种前所未有的直观方式，为保存在计算机里的大量多媒体信息进行导航。通过使用多媒体导航和智能链接，信息动态、生动地展示出来，以适应用户的需求。事实上，它根本不像网络，比网络更好。

Microcosm 的核心创新在于它处理链接的方式。网络的本质是通过网络连接文件，而温迪更感兴趣的是这些连接的本质是什么，离散的想法如何联系在一起，以及为什么联系在一起——也就是我们今天所说的"元数据"

（metadata）。Microcosm 没有像网页那样将链接嵌入文件中，而是将链接分开，放在一个数据库中，以便定期更新和维护。这个"链接库"（Linkbase）与文件交互，而不在任何底层文件上留下痕迹，使 Microcosm 中的链接成为一种灵活的信息层，而不改变材料的结构。

举个温迪的例子。假设在 1989 年，我正在用她的 Microcosm 系统浏览蒙巴顿的档案（见图 8）。我对蒙巴顿在印度的职业生涯感兴趣，在这段经历中反复出现的人物有：他的陆军元帅等，当然还有圣雄甘地。还要说的是，在 Microcosm 链接库中，"圣雄甘地"这个名字的实例已经被链接到一些多媒体信息——也许是甘地演讲的视频。由于 Microcosm 链接的性质，这种连接并不与这些词的带下划线的蓝色超链接实例孤立。相反，它与甘地的概念相连，在系统的每个文件中，无论他的名字出现在何处。此外，如果我把一个新的文件带入 Microcosm，系统会自动识别任何与链接库中的链接相对应的词，并相应地更新它。想象一下我们今天所知道的网络上的类似情况：每个名字，每个想法，每个可链接的东西，都有一个单一的补充材料库，由每个人更新，根据用户确定的参数进行过滤。

图 8 温迪·霍尔在她位于南安普顿大学计算机科学系的研究实验室里演示 Microcosm 系统

Microcosm 中的链接可以根据用户的知识水平进行定制，并且可以同时指向链接库中的几个地方。Microcosm 甚至能够通过对系统中的所有材料进行简单的文本搜索来挖掘新的链接——这是一个有先见之明的设计，预见到了搜索功能在信息导航中的重要性。这种"通用"链接，与链接库相配合，创造了一个能够适应用户的系统，同时为他们提供了更多的学习机会。温迪解释说："链接本身是一个有价值的知识库，如果知识与文件捆绑得太紧，那么它就不能应用于新的数据。"这就是说：一个链接的实例可能是有趣的，多个实例的横向表达，看起来更像真理。通过为这种通用知识留出空间，温迪的系统重视文件之间的关联，而不是文件本身。对于超文本这个小而活跃的学者群体来说，这就是该领域的全部内容。

在 1984～1991 年，一系列像 Microcosm 这样的超文本系统出现在大学和诸如苹果、IBM、施乐、新柏利克斯和升阳等科技公司的研究实验室中。每一个系统都提出了不同的链接约定、空间关联以及包含信息语料库的微观和元的精度水平。如果这听起来很枯燥，那么你只要记住，管理、导航和优化信息是现代生活的核心追求，而且这些系统中都有可能像今天的网络一样，成为对我们来说同样重要的东西。

新兴的超文本学科里有很多女性。几乎每一个建立超文本系统的主要团队都有女性担任高级职务，如果不是掌舵人的话。在布朗大学，包括妮科尔·扬克洛维奇（Nicole Yankelovich）和凯伦·凯特琳（Karen Catlin）在内的许多女性参与了 Intermedia 系统的开发。这是一个有远见的超文本系统，将 5 个不同的应用程序连接到一个"学者工作站"，并在这个过程中发明了"锚链接"（anchor link）。Intermedia 系统启发了资助部分该项目的苹果公司，将超媒体概念纳入其操作系统。来自太阳微系统公司（Sun Microsystems）的艾米·珀尔（Amy Pearl）开发了 Sun 的链接服务，这是一个开放的超文本系统；Symbolics

公司的珍妮特·沃克尔（Janet Walker）一手创建了文档检查器（SDE），这是第一个包含书签的系统，这一想法最终融入了现代网络浏览器。

对于对计算机的性质和未来感兴趣的女性来说，超文本比计算机科学的其他领域更好参与，当时，女性在学术和专业层面的参与度都在迅速下降。这反映了与前几代人相同的一些趋势。Intermedia 公司的妮科尔·扬克洛维奇提出，虽然"超文本的整个基础是协作"，"协作工作对女性很有吸引力"，但超文本也像之前的编程一样，是一个全新的领域，是一块女性可以在上面拥有一席之地的白板。此外，超文本向来自计算机科学以外的学者开放，他们来自界面设计和社会学等广泛学科。这些人的共同点是倡导以人为本，以用户为导向的方法。对他们来说，软件并不总是最终产品，软件对人的影响才是。

直到我与凯丝·马歇尔（Cathy Marshall）交谈，我才真正明白这一点。

NoteCards

凯丝是一位超文本研究员，她的大部分职业生涯都是在施乐帕克研究中心（Xerox PARC）度过的，这是一家 1970 年由打印机公司成立的智囊团，发明未来的无纸化办公。在我们第一次采访中，她说："我不得不问一下你的采访过程。"

采访超文本研究人员需要在显微镜下进行观察：他们中的许多人从未动摇过他们对人们如何组织思想的专业兴趣。凯丝和我第二次谈话时，我向她描述了我办公室里的索引卡和针线板。她分享了她的方法："如果我写了一些东西，不成功的话，我会把整个东西扔掉，然后重新开始。我认为你不会失去你写过的东西，因为它仍然在你的脑子里。随着时间的推移，你所做的正在改变你的想法，纸上的东西只是偶然的。"她随口说了这番话，但这一见解让我震惊。我意识到，软件就是一个改变你思想的系统。

凯丝在洛杉矶长大，是加州理工学院 1970 年实行男女同校后第一批入学的女性之一。她只有 16 岁，身材矮小，对数学和科学有轻微的厌恶。在她入学的那个夏天，她对《洛奇恐怖秀》、J. D. 塞林杰和花边绣比微分方程更感兴趣。当她向其他人寻求帮助时，她记得有一位教授告诉她，她最好还是做个家庭主妇——她当时想："我的家庭主妇技能甚至比我的数学技能还糟糕。"——另一位教授在她缺课的那一天讲了一个黄色笑话。一个同学告诉了她这个笑话的妙处，但困扰她的不是这个笑话，而是这个教授一直在等着讲这个笑话。她说："我觉得自己格格不入。"

当她从加州理工学院英语专业毕业后，她开始在圣莫尼卡的一家从事雷达和信号处理的公司担任系统分析员。从她的办公室望出去可以看到大海，但她为 Prime 微型计算机编写实用程序代码，在那个年代，这是最枯燥的技术工作。20 世纪 80 年代中期，她去了施乐 PARC 工作。即使在计算机圈子之外，PARC 也以其自由散漫的工作方法而闻名：工程师与人类学家在一个梯田式的校园里工作，这个校园建在俯瞰硅谷的树林山坡上，重要的会议在一个满是灯芯绒豆袋椅的房间里举行，椅子低矮而舒适，没有人会有跳起来去攻击别人的想法。

在感觉自己是个局外人之后，凯丝努力工作，成为施乐 PARC 非正统工作场所文化的一部分。"我最喜欢 PARC 的一点是，它真的是多学科的，"她回忆说："我认为现在很难找到像这样的地方。他们并不害怕雇用有不同背景的人。"这种混合是很有趣的。她有时会和计算机科学家们一起犯傻，把象牙肥皂放在办公室的微波炉里，直到它产生大堆弯弯曲曲的泡沫。她还参加了 PARC 的驻场艺术家计划，该计划将艺术家和技术专家配对，创造出雄心勃勃的新媒体作品。她的搭档——诗人朱迪·马洛伊（Judy Malloy），经常会从侧面穿过 PARC 校园，有马的田野，有刺的铁丝网，只是为了路过凯丝办公室的窗户，挥手跟她打招呼。

凯丝在施乐 PARC 工作的第一个系统叫 NoteCards，它是以各种老派写作技巧为蓝本的。该软件模仿了"你在初中时用记事本和文件箱写论文的方式"。使用超文本链接，用户可以将他们的卡片链接成复杂的集合、序列和思维地图，对他们的思维过程进行建模，使其他人更容易理解他们的结论。NoteCards 不是一个写作工具，也不是像 Microcosm 那样的信息浏览器。我问她，它究竟是什么时，凯丝称它是一个"想法处理器"。

超文本之于文本，就像电影技术之于胶片一样：屏幕上的文字通过按钮和链接成为一种动态的媒介，就像剪切和编辑技巧将动态图像变成电影一样。这种规则可以应用于任何类型的文本，从浏览网络到处理和编写自己选择的冒险小说，超文本都非常有用。NoteCards 是为情报分析而设计的。凯丝认为，在策略推荐前，情报部门的高层可能想研究一下基本论点。"那时我还很天真，"她笑着说。

情报界从未接受过超文本，但 NoteCards 完美地融入了施乐公司 PARC 的多学科，这里有人类学家、语言学家、物理学家和计算机，科学家们在此并肩工作。安装在所有校园工作站上的 NoteCards 成为跨学科思想交流的重要工具，其影响也超越了 PARC。1987 年，苹果公司发布了类似 NoteCards 的应用程序 HyperCard，它与苹果 Macintosh 和苹果 IIGS 计算机捆绑在一起，成为万维网出现之前最受欢迎的超媒体系统。人们用它来建立数据库，编写分支小说，并制作类似 PowerPoint 的演示幻灯片。一些流行的游戏，如畅销的 CD-ROM《神秘岛》（*Myst*），就是用 HyperCard 做的原型。在苹果公司内部，它经常被用来测试界面设计理念，一些出版商甚至用 HyperCard 发行杂志。

1987 年对超文本来说是一个标志性的年份。这一年里，不仅有超文本系统 HyperCard 的问世，而且还有关于它的第一次学术会议的召开，即在北卡罗来纳州教堂山举行的超文本会议。这种类型的学术会议可以让分散的研究人员形成知识社区，这就是在北卡罗来纳州发生的事情。出现的代表人数是预期的两倍，导致一位与会者"遗憾地察觉到，这是最后一次超文本聚会的规模在可控范围内"。这是令人振奋的混合，对于技术会议来说非比寻常，主要原因是超文本在人文学科中的许多可能性：计算机科学家与古典主义者、教授与企业家擦肩而过。温迪·霍尔告诉我："那时候，超文本会议很有意思，很精彩。那里有我所说的文人、诗人和作家。我想这就是它吸引了更多的女性的原因。"

凯丝解释说："计算机科学总是将那些对用户感兴趣的人边缘化。"但他们在超文本研究中找到了共同点，这实际上是对人们如何使用计算机来组织思想和数据的研究。那些参加过 1987 年超文本会议的人回到家后，意识到超文本并不是只有少数狂热者追求的深奥兴趣，而是一场真正的运动——像苹果这样的科技巨头显然已经注意到了这一点。凯丝回忆说："开始的时候，我们的思想孤岛很小。"但是随着社区的融合和凝聚，像凯丝和温迪这样的学者开始把截然不同的系统看作一个整体的一部分。未来的超文本系统将以多种方式相互影响，逐步完善支撑 21 世纪最具变革性的信息技术的理念。

关注用户如何使用软件，是对用户感兴趣的一部分。凯丝的同事在调查一组使用 NoteCards 的施乐 PARC 学者时发现，尽管每个人使用这个系统的方式不同，但大多数人都用它来规划大局，例如组织并勾勒出大纲，或者维护参考资料。建立联系并进行全局审视，有助于作者处理他们的论点和想法，而且由于 NoteCards 允许多种安排并行存在，作者可以在确定之前探索各种可能。凯丝把这种工作称为"知识结构"，这将主导她后来的研究。NoteCards 的下一代叫 Aquanet，一个以发胶命名的系统，因为它能把知识固定在原地；还有 VIKI，是第一个空间超文本系统，允许用户一开始就从空间角度组织想法，为事物如何组合创造图形模式。通过学习哲学和逻辑学，并向施乐 PARC 的人类学家和社会科学家请教，凯丝了解到理解材料和形成观点往往是一个抽象的联想过程，"很难用语言表达出来，无论多么非正式。"她的超文本系统旨在增强动觉思维，即来回观察并尝试过程，类似于"在空间中摆动分子模型或将拼图片移动到不同的方位"。

这些听起来可能非常抽象和奇怪。为什么要花这么多时间在屏幕上排列盒子？即使在物理世界中，我们所做的堆积和集群反映了我们的思维。我想起了杰克在网络信息中心的办公桌上面堆满了珍贵的纸张，也想起了我自己的办公桌，上面堆满了读得卷边的书、记事本和打印稿。它们的相似性，以及它们与手臂的距离，表明它们与我的思维过程有主题上的联系和概念上的接近。在超文本时代一篇有影响力的论文中，惠普公司的研究员艾莉森·基德（Alison Kidd）称这种堆积物为"空间保持模式"，表明它们在"创造、探索和改变结构方面发挥着重要作用，这些结构可以以新奇的方式告知我们"。

凯丝的超文本系统将这些心理模式转移到屏幕上，并将它们整合到更大的写作和论证环境中，预示着我们很快就会发现自己在计算机上以不断扩大的标签、文件和应用程序的工作方式，来适应特定的思维过程。他们还展示了当技术被充分挖掘时，超文本是多么复杂和细微：它不仅支持链接，还支持整个心理地图。系统建模——更重要的是，改变——我们的思想。

正是这种想法促使凯丝在 30 多年后告诉我，纸上的东西是偶然的想法。唯一重要的是留在你脑子里的东西。如果我的文件，散落在我的办公桌上或作为图标聚集在屏幕上，对外部观察者来说显得难以理解，这不是系统的缺陷。它们应该是毫无意义的，因为它们只是一个转化过程中的残余，就像蜕下的皮。真正的技术是用户。

这意味着有我，还有你。

1991 年的超文本会议

这一切都在 1991 年的超文本会议上到达了顶峰。

这一年的学术会议在德克萨斯州的圣安东尼奥举行。北卡罗来纳州确实是超文本社区第一次也是最后一次拥有可控制的规模——在 1987 年首次超文本会议后的 4 年里，它已经爆炸了，来自世界各地的学者、作家、工程师和开发者都聚集在德克萨斯州参加这次会议。温迪·霍尔从英国赶来，展示了 Microcosm 的最新版本。会议现场，酒店的接待区摆满了一排排桌子，聚集了几十个超文本项目的代表，这些项目的名称包括 AnswerBook 和 LinkWorks。温迪·霍尔旁边的桌子上坐着另一位英国计算机科学家蒂姆·伯纳斯·李（Tim Berners-Lee）。他的会议论文被拒绝了，但他还是来到了圣安东尼奥，向与会人员展示一个新系统。

他带了欧洲核子研究中心（CERN）的同事罗伯特·卡约（Robert Caillau）一起参会。他们两人演示了伯纳斯·李建立的分布式超文本系统，这使他们在庞大的瑞士校园内的联网计算机上共享数据变得更容易。对于 1991 年看到这个系统的人来说，它看起来就像 NoteCards 或苹果公司的 HyperCard：通过链接连接的小型图形"页面"。主要的区别是，这些页面并不都在同一台计算机上；伯纳斯·李和卡约希望让 CERN 以外的物理学家也能获得数据，他们在学术互联网的主干上建立了超文本系统，称之为"万维网"。

为了展示万维网，伯纳斯·李和卡约从日内瓦带来了他们的计算机：一台价值一万美元的漆黑 NeXT 立方体，在当时是唯一能够运行伯纳斯·李的图形化万维网浏览器的机器。但是，超文本社区并没有被打动。"他说你需要连接互联网，"凯丝·马歇尔回忆说，"我当时想，'嗯，那很贵'"。温迪·霍尔从她自己的演示中抽身出来，在会议现场尝试连接网络。"我看着它，"她回忆说，并沮丧地笑了，"我在想，'这些链接，它们嵌入文档中，只向一个方向前进，这太简单化了。'"

他们是对的，网络很不便宜。尽管斯坦福大学仅在 3 天前就建立了第一个美国本土的网络服务器，但圣安东尼奥的酒店并没有提供互联网连接，所以伯纳斯·李和卡约被迫演示了一个保存在光盘上的虚拟网络版本。它太简单了。与其他展示的系统相比，万维网的超文本版本已经落后了很多年。万维网上的链接只有一个方向，指向一个目的地，而且它们是有上下文背景的——与它们的原点联系在一起——而不是像温迪的 Microcosm 那样的通用链接。万维网没有采用链接库——当链接被移动或删除时，文档可以自动更新——而是将链接嵌入到文档。"这被认为是与我们当时的工作背道而驰的，"凯丝补充说："意思大概是，我们知道这样做不好。"

由于 1991 年超文本会议的演示被安排在当天所有的讲座和讨论之后，许多代表跳过了这一环节。该领域的记录性期刊《ACM SIGCHI 公报》（*ACM SIGCHI Bulletin*）的一位撰稿人在事后报告中指出，她（温迪·霍尔）"几乎没有精力去查看和理解这些演示，更不用说尝试与它们的演示人员进行理性对话了。"在展示的 21 个演示中，她只检查了 6 个，其中一个是万维网。在她的旅行报告中，这不过是一个脚注。她称其为"类似于超文本的界面"，旨在为"高能物理学界"提供服务。

1991 年超文本会议的记录中没有任何内容表明万维网会以多快的速度主宰全世界人类的生活，甚至改变人类历史的进程。在圣安东尼奥，它只是众多展示系统中的一个，而且还不是最复杂的一个，当然也没有什么用处。在 1991 年超文本会议的技术社交活动中，会议酒店外的庭院中设有一个龙舌兰酒的喷泉，就在万维网在美国首次亮相的那一刻，所有人都在外面喝着玛格丽特酒。

但是，网络在德克萨斯州的冷落中几乎没有受到影响。在 1993 年的超文本会议上，超过一半的展示品都是基于网络的，而在 1994 年的欧洲超文本会议上，伯纳斯·李发表了主题演讲。在那个短暂的窗口期，超文本和网络共存着。凯丝·马歇尔提出，超文本系统可以作为在线收集信息的桌面工作空间，而 HyperCard 直到 2004 年才从货架上撤下来。温迪·霍尔比她的许多同行更成功地度过了向网络过渡的阶段，她更新了 Microcosm，加入了一个网络浏览器，设计了她所钟爱的链接库的版本，可以在分布式网络上共享。

今天，我们倾向于认为超文本是与网络有关的东西，而不是将网络视为超文本原理的技术劣质的表现。超文本因网络而大放异彩，就像电子邮件于互联网一样。但它的成功对超文本社区打击很大。凯丝·马歇尔告诉我："我不知道该如何描述。突然间，你成了局外人，而你之前一直是局内人。"在 1994 年的第一次万维网会议上，温迪·霍尔注意到许多代表认为万维网是第一个超文本系统，当她读到一篇重塑她的通用链接理念的论文时，她惊呆了。到 1997 年，这两个领域已经大相径庭，以至于超文本和万维网会议被安排在同一周进行。

时至今日，万维网还存在着像 Microcosm 这样的系统在几十年前就解决的问题。因为网络链接完全依赖于它们的上下文，维护链接几乎是不可能的。如果网站被移动、删除或隐藏在付费墙后，每一个指向它的链接都变得毫无意义，就像一根从船上被切断的锚线一样悬在空中。任何人花 5 分钟时间浏览网络，对此都不会感到陌生。根据 2013 年的一项研究，一个网页的平均寿命是 9.3 年。随着时间的推移，整个网络都会出现坏死的链接。我们都经常遇到这些链接，叫 404 错误。它们告诉我们，你要找的文件不见了。

在圣安东尼奥演示万维网的超文本研究人员认为，这个问题将是该系统的败笔。毕竟，如果链接都不起作用，那么超文本系统还有什么用？此外，网络并不是建设性的。在所有主要的前网络超文本系统中——Microcosm、NoteCards、

Aquanet、VIKI 和 Intermedia——创建链接与点击链接同样重要。重点是让用户通过材料建立自己的路径，这是一个创造能与他人共享的关联路径的创造性过程。然而，网络是一个被动的媒介，是一条我们不留痕迹地漫步的高速公路。

对学术界来说，万维网可能还不够强大，但一个轻量级的、用户友好的工具往往比一个强大得多的工具更容易应用。虽然在相对封闭的研究和课堂环境中，或者在运行相同操作系统的小型计算机网络中，链接库和建设性的超文本很容易维护，但在全球范围内，它们很快就会变得难以管理。今天，我们接受404 错误作为开展业务的成本，并且由万维网掌管世界。

Multicosm 公司

我第二次和温迪·霍尔交谈时，她在南安普顿大学网络科学学院担任系主任，刚刚结束了她的一天工作。当我通过 Skype 联系她时，她正和最后一批从会议室里出来的学生告别。"克莱尔正在写一本关于我的书，"她笑着对别人说，指了指屏幕上我的脑袋，说："或者说，像我这样的人。"

一开始温迪就能让你感觉到，她是一个非常善于社交的人。她喜欢与人建立联系，也喜欢在人与人之间建立联系。当她说话时，她会在长长的、无意识的语流中说话，从一个看似无关的想法跳到另一个轨道上——这是一个真正的超文本研究者的标志。她喜欢科幻小说，她反复问我是否读过道格拉斯·亚当斯的《银河系漫游指南》或艾萨克·阿西莫夫的《基金会》系列。这些小说包含了她常用的比喻。她说，万维网是对整个世界的实验，就像《银河系漫游指南》中的白老鼠一样，它们跑过迷宫来考验科学家，而试图了解网络就像研究艾萨克·阿西莫夫的"心理史学"，这是一种社会复杂性的数学，可以预测星系的兴衰。

1991 年，温迪在圣安东尼奥喝完玛格丽特酒后，回到南安普顿大学继续开发她的多媒体超文本系统——Microcosm。为了不被淘汰，它需要适应不断变化的时代。这一点令人钦佩，因为对于每一种新的媒体形式，温迪和她的团队都开发了新的 Microcosm "浏览器"。通过这些窗口，用户可以将素材引入他们不断扩大的个人链接库中。有用于视频及光盘的 Microcosm 数字视频浏览器，有用于动画、声音和 3D 模型的浏览器，还有用于竞争性超文本系统的浏览器。然而，在圣安东尼奥的会议结束之后，温迪小心翼翼地增加了一个万维网的浏览器。

Microcosm 网络浏览器是标准网络浏览器的超文本替代品。像 Mosaic 以及后来的 Netscape 和 IE 浏览器都是只读的，而 Microcosm 的用户可以使用他们的网络浏览器，从网络的任何地方选择文本，作为他们自己的超文本线程的起点或目的地，链接到其他网页、多媒体文件以及他们的 Microcosm 链接库。这一切在温迪看来是很自然的事情。超文本社区的许多人对网络的简单粗暴感到不解，但温迪纠正了这一点，将她强大且专有的系统分层放置在相互链接的网页的轮廓之上。她解释说："我通过 Microcosm 浏览器观察网络。当然，蒂姆·伯纳斯·李看到的是完全相反的方向。"

像许多超文本研究者一样，温迪完全有理由认为她的系统可以与网络共存。毕竟，Microcosm 效果更好，它没有坏死链接的问题。而且网络只将网页相互连接，Microcosm 则将文字处理文档、电子表格、视频、图像和 CAD 文件连接起来，就像一个微型互联网，将桌面上的所有东西相互连接。她说："你可以点击链接到达不同的目的地，也可以有一对一、一对多和多对多的链接。你可以把它全部倒过来。由于 Microcosm 的链接存储在数据库中，而不是嵌入文档中，因此该系统可以根据个人用户的浏览习惯，即时生成新的链接。我仍然认为网络是我们要使用的系统之一。"

　　她没有料到的是网络效应。因为网络是建立在互联网之上的，而且是免费的，早期采用者很快让位于更多的主流用户，而且上网的人越多，他们的朋友和家人就对它越感兴趣。由此，网络很快就占据了主导地位。与此同时，Microcosm 团队发布了新的临时替代品。他们把系统的关键概念——它的通用链接和链接库——简化为一个网络浏览器插件，称为分布式链接服务，它使所有浏览器都成为一种 Microcosm Lite，把通用链接原理应用于客户端和服务器之间的交换。实际上，这使得网络用户可以查看网络上的材料，而不管是否有明确的链接。温迪的团队在 1994 年的一篇论文中写道："通过使用 Microcosm 的链接服务增强网络，万维网的用户将摆脱按钮的束缚。"

　　然而，按钮的专制占了上风。第一次浏览网络的人们非常乐意点击按钮，在网络迷宫般的路径中漫游，没有明确的目的地；其中一些人还接触过像温迪和凯丝这样的超文本先驱所创造的超文本。事实上，这种由好奇心驱动的探索是网络早期吸引力的一部分。当人们进入一个坏死链接时，他们会返回，尝试不同的链接。这座迷宫很乱，但它值得逛一逛。

　　如果温迪在南安普顿的团队以不同的方式集中发力，Microcosm 很有可能会成为第一个起飞的图形化网络浏览器。但是，这需要让软件像网络本身一样免费被使用。温迪的团队将目光转向了软件商业化的方向。1994 年，他们成立了 Multicosm 公司：如果一个 Microcosm 是一个通向世界的窗口，那么它们的公司将能生产很多。但是时机不利。"过去人们常说，"她回忆道，然后笑着说，"'我认为你所做的事情很棒，但这个叫网络的东西是免费的，所以我们要先试试。'"

　　幸运的是，温迪从未放弃校园生活。她在南安普顿大学管理一个不断扩大的部门，与不断扩大的网络开发社区保持着联系。在与蒂姆·伯纳斯·李密切合作开发 Microcosm 网络浏览器和分布式链接服务后，她持续存在于早期网络领域。1994 年，她帮忙组织了第一次网络会议，但她仍然不能确定网络是万能的解决方案；1997 年在南安普顿的一次演讲中，她直言不讳地说："网络向我们展示了全球范围内的超文本是可能的，但它也向我们表明，将垃圾放在网上比把任何真的、有持久价值的东西放在网上都容易。"她说得很对。

不过，这个故事有一个结尾。Microcosm 的想法可能在当时还没有在全球范围内实行，但他们的先见之明是不可否认的。温迪的系统根据被链接信息的上下文动态地创建链接的方式，是我们现在所说的元数据的一种形式。温迪提醒我说："在网络出现的 27 年后，我们如今生活在一个数据驱动的世界里。"这些数据如何以及为什么会被链接，正变得越来越重要，特别是当我们教机器为我们解释连接时（为了让人工智能理解网络，需要在我们的文档之上增加一层机器可读的信息，一种被支持者称为"语义网"的元网）。虽然人类可能会凭直觉理解连接，并愿意忽略链接坏死或无处可去的情况，但关于来源、目的地和每个链接的意义，计算机需要更一致的信息。"这就是 Microcosm 的核心，"温迪说。当她在 2000 年开始参与建设语义网的时候，那是"多么令人兴奋，因为我能看到我所有的原创研究想法在网络世界中得到实现。虽然我们仍然无法完成 20 世纪 90 年代在 Microcosm 中可以做到的所有事情，但是我们可以看到我们的链接库是多么的有效。"

然而最终，系统对她来说无关紧要。她所追求的是联系：人类社会和思想的宏伟复杂性，在历史的发展中相互影响。温迪说："我们有很多不同的方法可以实现一个全球化的超文本系统。就目前而言，网络赢了。但这就像是一个涉及整个世界的实验。你读过《银河系漫游指南》吗？"

第 **3** 篇

早期的真正信徒

第 *11* 章　外博罗小姐

互联网存在于文化、代码和基础设施的交汇点。正如技术历史学家珍妮特·阿巴特所写的那样，"通信媒体似乎经常将技术非物质化，向用户展示自己是传递思想而非电子的系统。"这使得用户和生产者之间，以及软件和硬件之间的界限裂隙可以被渗透。正如超文本的故事所表明的，技术本身并不足以改变世界，它必须以一种可获得的方式来实施，并被拥有足够所有权的用户群体所采用，从而发明远超其设计者想象的新应用。简而言之，要成功地进行链接，我们需要有值得链接的东西。

即使网络使之前复杂得多的超文本系统黯然失色，但网络也无法靠一己之力来改变世界。一代聪明的、有创造力的、非学术性的和非技术性的用户必须先建立联系，才能构成如今让我们又爱又恨又依赖的网络。为了将内容填充到容器中，这些用户需要非常熟悉计算机和文化，需要知道如何构建和连接。他们需要了解组织信息的事物如何激发思考。幸运的是，ECHO 上有很多这样的人，其中一个，便是自称"外博罗小姐"（Miss Outer Boro）的人。

20 世纪 70 年代，在玛丽莎·鲍威（Marisa Bowe）十几岁时，她家住在明尼阿波利斯郊区靠近明尼通卡湖附近，夏天他们会在湖里开快艇。一天，她的父亲带了一个木盒子回家，里面有一个方形的屏幕，发出微弱的橙色光芒。父亲把它安装在地下室里。这不是一台个人计算机，几十年后，这种计算机才会在全国郊区的地下室出现。相反，它是一个安安静静的终端，在连接到座机，拨通超级计算机的网络后，它才有了生命。

玛丽莎的父亲是 Control Data Corporation（CDC）公司的公关主管，这是一家老式的大型计算机公司。在 20 世纪 60 年代，他们生产了世界上最快的超级计算机。但在玛丽莎十几岁的时候，她父亲的公司在计算机辅助教育方面下了一个冒险的赌注，赌注是教师有一天可能被运行专业软件的电子学习系统所取代。他们把这称为自动教学操作的程序逻辑，或 PLATO。这款软件搭建在他们的大型机上。

PLATO 的模式是提供分布式的低成本教育。学生可以通过发光的橙色终端（如玛丽莎家地下室的那台）远程访问一些集中托管的教学程序。虽然 PLATO 终端最终会被安装在从伊利诺伊州到开普敦的大学和学校里，但很少有人的家里会有一台。玛丽莎并没有利用它去学习什么课程，虽然 PLATO 提供从算术到希伯来语的所有课程，但她用它来和男孩聊天。

"我对编程没有任何兴趣，"她告诉我，"但我发现有即时聊天功能。所以我开始和我父亲老板的儿子聊天。你可以看到有谁在线——当时人很少。而我一个十几岁的女孩在线，他们其他人都是男孩。在现实生活中我很害羞。"

无论在哪里安装 PLATO 终端，学生们都在聊天，发布关于"科幻小说、妇女权利、足球、国防预算、摇滚乐"的信息。PLATO 有一个原始版本的电子邮件，叫作"个人笔记"，还有作为公告栏的公共"小组笔记"，以及叫作 TERMType 的一对一的聊天区。所有后来在网络社区中常见的套路，PLATO 社区都经历过。

用 PLATO 圈的话来说，玛丽莎是一个兹布拉特（zbrat）：一个使用她父亲的账号在这个新生网络上交际的孩子。她没见过其他女性兹布拉特，但她在网上交了不少朋友。除了与老板的儿子聊天之外，她还与科罗拉多州博尔德和伊利诺伊大学厄巴纳-香槟分校的大学生聊天，那里正在开发 PLATO 软件。

PLATO 用户分享食谱，互相提供感情建议，使用表情符号，玩奇幻角色扮演游戏。对于一个中西部郊区的孩子来说，这一切都是出乎意料的，仿佛一个家用电器突然变成通往另一个空间的窗口。PLATO 改变了玛丽莎的生活轨迹。当大多数同龄人还认为计算机是大学地下室里的整体计算器时，她明白，一旦连接起来，它们就成了社交机器。世界其他地方需要 10 年时间才能赶上，而那时，玛丽莎已经领先一步了。

随着玛丽莎年龄的增长，她无法完全摆脱对屏幕文字的迷恋。1985 年，在"唐纳德和伊万娜·特朗普与并购和垃圾债券的繁荣时期"，她在搬到纽约时，发现了 BBS 文化以及 The WELL 网站。"哦，我的上帝，"她想，"这跟 PLATO 很类似，但这里的人有趣多了！"她渴望重温她的青春期，但 The WELL 网站并不适合她。

在今天的网络上，除了语音语调的差异，地理上的距离并不重要；在拨号时代，一个重要的技术和文化界限将东海岸和西海岸的互联网分开。这些数字山脉给玛丽莎带来了两个难以逾越的障碍：拨号进入 The WELL 是长途电话，要承担一定费用。一旦她拨进，就会碰到死之华乐队的"粉丝"。她在 2011 年的一次采访中承认："我讨厌死之华乐队。"

值得庆幸的是，另一位精通技术的纽约人——斯泰茜·霍恩刚刚遇到了同样的危机。玛丽莎·鲍威放弃了 The WELL 网站，她发现了 ECHO 这个本地的电话，在那里杰里·加西亚的名字是禁语。她说："我登录了 ECHO，4 年后我查了查。"多元化的社区以及它所呈现的不同于传统媒体的方式是诱人的，也是新颖的。她喜欢"你可以和那些不是经营《纽约客》《哈珀》《大西洋月刊》的 12 个哈佛大学的人交流并从他们那里获得意见。"

玛丽莎住在布鲁克林的威廉斯堡，所以她给自己起了个名字叫 Miss Outer Boro（外博罗小姐，MOB）。她以 MOB 为名，不断发帖，以至于她现实生活中的朋友开始担心她。在几乎整整 20 年后的一个炎热的夏天，她在威廉斯堡的公寓里通过 Skype 告诉我，"他们为我感到难过，"她愉快地对我说，"他们觉得这是一件很失败的事情。"他们不知道，外博罗小姐有一群狂热的追随者。玛丽莎在网上谈话的自然本能使她立即成为 ECHO 的宠儿。她在现实生活中很害羞，但在网上却大胆而充满热情。斯泰茜·霍恩写道："她让我把咖啡吐在键盘上的次数比 ECHO 上的其他人都多。"

斯泰茜非常欣赏玛丽莎在 ECHO 上的表现，她恳请她主持文化会议。玛丽莎知道如何在人群里引出有价值的谈话。虽然在网上找到一个好话题就像拔牙一样，但她有这样的特质：耐心和吸引力，并具备快速反应的机智和极速女孩的魅力。斯泰茜写道："她知道自己聪明、强大和美丽，她一部分像蛋挞一样甜美，一部分像女王一样。"她成了会议经理，王牌主持人，也是很多人单方面仰慕的对象。"在很长一段时间里，ECHO 上的一半人都对她爱得死去活来。"在 ECHO，玛丽莎是冷酷的终极仲裁者。作家克莱·舍基（Clay Shirky）称她为"硅巷的亨利·詹姆斯（Henry James）"。从某种意义上说，她是最早的线上"影响者"（"网红"）之一。她非常受欢迎，但她有时觉得参加 ECHO 的见面会活动很不舒服。她回忆说："就像是一个小型的明星见面会。"

尽管她在互联网上是个大人物，她的现实生活并不是那么光鲜。她花了很多时间躲在自己的公寓里，鼻子对着屏幕上无尽的文字，蓝底白字像天空中的云朵一样滚动着。为了支付房租，她从事处理文字的临时工作。她还没有想到，她也许能把这两者结合起来。

硅巷最靓的仔

1994 年，一个新人撕裂了 ECHO。她的真名是贾梅·莉薇（Jaime Levy），她在网上以"科特的大脑"为名发帖。作为一个不折不扣的涅槃乐队的"粉丝"，她看起来很有气质：漂染的金发通常被梳成直立的旋涡，她很少在没有滑板、手卷烟和超大法兰绒衬衫的情况下被拍到。

　　贾梅在圣费尔南多谷长大，是个挂钥匙儿童，自由地游荡在朦胧的大地上。当她的哥哥待在屋子里玩 Commodore 64 计算机时，她更喜欢朋克摇滚。计算机对她没有吸引力；她哥哥总是在键盘上敲打的命令行语言看起来没有一点创意。在旧金山电影学校的第一年，一个男朋友向她展示了如何在 Amiga 上制作动画，Amiga 是 Commodore 64 计算机的下一代。她突然明白：计算机是朋克。她开始在她的实验性电影中加入计算机图形。

　　21 岁时，她觉得自己在旧金山是大材小用了。如今她 50 岁了，对我说："视频艺术圈里充斥着不关心钱的人，我知道我需要扬名立万，我不想成为一个饥饿的艺术家"。她提交了她的毕业论文（一个充满特效的滑板视频），并买了一张去纽约的机票。她认为纽约大学的互动电信计划是为她准备的。她喜欢的一些电影人毕业于纽约大学，这似乎是一个去纽约的不错时机。《厨房的秘密》在放映视频艺术，有趣的音速青年乐团正在城里演出。以她的一贯作风，她没有预约就进入了纽约大学的悌西大楼。

　　此举部分是吹嘘，部分是绝望：她认为即使她努力，也不可能得到一个面试。她在 4 楼徘徊，直到有人把她带到雷德·伯恩斯（Red Burns）的办公室。雷德·伯恩斯满头红发，是这个项目的主席，有人称她为硅巷的教母。贾梅被吓到了，但她在这个城市只有两天时间，所以她告诉伯恩斯她想用计算机讲故事。后来，她开玩笑说，互动电信计划的每个人都在那里"靠花旗银行的奖学金来设计 ATM"。伯恩斯对贾梅这个带着滑板和 Amiga 计算机的孩子很有好感，大概是把贾梅视为这个项目的快速启动者。"我想她看到了吸引年轻人的机会，他们希望以新的方式推动艺术、娱乐、出版等领域的技术发展。"伯恩斯给了贾梅全额奖学金。

贾梅在纽约大学的几年里一直在尝试互动媒体。在她的硕士论文中，她把朋克的"自己动手"的精神和新兴的桌面出版的可能性结合起来，在软盘上制作了一本电子杂志《赛博瑞格》（*Cyber Rag*）（见图 9）。《赛博瑞格》将彩色印刷的标签粘在每张磁盘上，它看起来就像一本朋克摇滚乐迷杂志。在苹果消费型计算机上加载后，贾梅的故事变得栩栩如生。从《乡村之声》《全球评论》《蒙多 2000》和《新闻周刊》（*Newsweek*）上找来的图片，在屏幕上拼贴在一起，就像它们是手工复印的一样。《赛博瑞格》用苹果的 HyperCard 编程、用 MacPaint 绘制图形。除了动画，她还加入了前卫的互动游戏（你在巴拿马追赶曼努埃尔·诺列加的一个游戏）、黑客指导，以及关于嬉皮士、潜入计算机贸易展览和网络空间的沉思。在第一个图形化网络浏览器为大众带来超文本之前，贾梅就在出版她认为会取代印刷杂志的磁盘。毕竟，它们是可以重写的。她在 1993 年对一位记者说："如果你讨厌它，就把文件拿下来，删掉，然后把你自己的文件放上去。"

图 9　贾梅·莉薇的电子杂志

研究生毕业后，贾梅搬回了洛杉矶，并将她的杂志更名为《电子好莱坞》（*Electronic Hollywood*）。当这个城市被 1992 年的"洛杉矶起义"所颠覆时，她有 4 天没能离开她的公寓。她带着摄像机爬上她的大楼屋顶，拍摄了街道，到处都是火光。她说："我们称之为嗅觉电影，因为你可以跑回楼下，打开电视，楼里也会冒出浓烟。"她在《电子好莱坞》中加入了这些图片，同时还附上了一篇关于这段经历的社论。里面写道"我觉得自己是后里根时代清晨的幸存者，"同时还循环播放着叮叮当当的工业乐曲。"我甚至不能走路去买啤酒了。洛杉矶，爱它还是掠夺它！"

在这段时间的采访中，贾梅的南加州风情暗含一种非常真实的力量。直到今天，她还在用深沉的山谷口音说话。在洛杉矶公共电视台附属机构 KCET 制作的一份简介中，她在一个贴满音乐会传单的房间里旋转她的办公椅，随意地将这些电子杂志描述为"某种程度上我的数字涂鸦"。尽管贾梅对 X 一代不感兴趣，她还是处于电子出版的绝对先锋地位。从来没有人制作过像《赛博瑞格》或《电子好莱坞》这样的东西。曾经有过一些交互式 HyperCard 堆栈，可以从 BBS 上加载，还有一些用于 Commodore Amiga 的交互式艺术磁盘。但贾梅的磁盘是用软盘包装的，任何有 Mac 计算机的人都可以使用，并且里面还有超文本链接和交互式动画。它们像网站，却比网络出现得更早。

虽然她白天有一份排版的工作，但她也向独立书店和唱片店发行《电子好莱坞》。在那里，《电子好莱坞》经常售空。这种新奇的东西让她得到了全国媒体的关注，她把这种关注转变为邮购销售。在她的杂志被刊登在《蒙多 2000》上后，她被大量的订单和"粉丝"邮件淹没。虽然她只做了 5 期，但她以 6 美元一张的价格卖出了 6 000 多份——对于制作成本不到 5 美分的磁盘来说，这还算不错。

当贾梅最终搬回纽约时，她成为硅巷第一个真正的名人，新一代 20 多岁的媒体巨头、海报女郎，准备重新启动世界。她是新兴数字文化中第一个真正具有标志性的、适合在杂志上刊登的女性形象。她拍得很好：在 1996 年《绅士》杂志上，她穿着聚乙烯裤子和靴子，脸色阴沉，讲述了"只想保持精力充沛"

的女孩的故事，或者穿着她的邋遢法兰绒和筒袜，手里拿着滑板，出现在《新闻周刊》的"名人堂"中。网络是个大新闻，她是一个引人注目的形象代言人：年轻、前卫、有态度。

"贾梅确实懂得如何展示自己，"玛丽莎·鲍威回忆说。"她会去参加 Mac 大会，用那种小杂志的声音来反对他们。看杂志的孩子们总是说，'我们讨厌这些乐队，我们讨厌那些乐队。'她也在做同样的事情，不过是关于计算机的，而且是在软盘上，放着她自己的音乐，我觉得这真是太棒了。"她是一个彻底的黑客（见图 10）。在她的阁楼上，一个电视屏幕兼做 Mac 显示器，闪烁的红灯通常是为听障人士保留的，在音响的喧闹声中发出来电信号。贾梅没有把计算机当作一件珍贵的物品，而是拖着它的电源线，走遍了洛杉矶和纽约的狭窄街道。第一期《电子好莱坞》的开篇是一句调侃式的问候，几乎概括了她当时的风格："如果你以前从未见过一本电子杂志，"它写道，"那么我希望这能让你眼前一亮。"

图 10 "我不觉得我是个小妞对我有什么伤害。相反，因为我们的数量太少，所以那个疯狂的我得到了所有的关注。"

在新兴的科技反叛文化中，任何人都有《赛博瑞格》和《电子好莱坞》的软盘，甚至一个英国摇滚明星也是其"粉丝"。该明星在自己赛博朋克阶段的高峰期遇到了《电子好莱坞》，当时他正在制作一张名为《赛博朋克》的唱片。他喜欢贾梅的软盘，并决定为他的专辑也制作一张软盘。他们达成了一个协议：只要花 5 000 美元，贾梅就为该明星制作一张他自己的交互式软盘。这张软盘将和她的一样，用他的歌词代替她的咆哮和乐队评论，并将与他的 CD 一起包装在一个折叠的纸板套里。她的第一个商业化作品，也是世界上第一个互动新闻资料袋。

虽然该明星的专辑失败了，但贾梅保持了她精英网民的形象。她找到了一份正式的工作，通勤到怀特普莱恩斯，在 IBM 公司做"愚蠢的界面设计"。她穿着宽松的格子衬衫，经常被误认为是看门人。她还被维亚康姆公司选中，为一个知名摇滚乐队制作交互式新闻资料包的 CD-ROM。但她太年轻，太朋克了，不能完全融入公司，而且她对物理媒体感到越来越厌倦。她想知道，"谁会买这个？谁会关心 CD-ROM？" IBM 公司的一位同事向她展示了 Mosaic，第一个用于浏览万维网的浏览器。她感受到了一种转变：在网站出现之前，她的电子杂志就是网站，以完全一样的方式构建，有超文本导航、声音、视频和文本的"页面"。"一旦浏览器出现，我就想，'我不再做固定格式了。我要学习HTML'"。于是，她辞去了工作。

大约在那个时候，贾梅开始在她的 A 大道阁楼上举办派对。她把它们称为"赛博懒鬼"（CyberSlacker）派对，将"X 一代"称为"有线一代"。"赛博懒鬼"是硅巷的第一个聚会。

聚会可能没有像同期他人办的那么离谱，但却产生了更大的影响：一部分是狂欢，另一部分是黑客马拉松。"赛博懒鬼"点燃了一个独特的纽约科技场景的火种，正如一位历史学家所说，这个场景是由大量的"有原则的懒汉、艺术朋克摇滚乐手和来自'好'家庭的解构主义者"定义的。其中许多人第一次看到网络是在贾梅的阁楼上，在 Mac 二代计算机上，她的黑客朋友菲伯·奥皮蒂克（有时给 ECHO 提供技术支持）设置了 28.8K/bit 的互联网连接。一位前卫吉他手现场表演，另一位 DJ 朋友斯普基播放家庭音乐。贾梅的客人们聚集在 Mac 的小屏幕前。在 1994 年的顶峰时期，世界上只有不到 1 000 个网站，大部分是个人主页。贾梅回忆说："这就是上面的全部内容，比如，'嗨，我叫丽莎，这是我的狗'。"然而，从这些不起眼的开始，正是这些目击者看到了网络让他们以前所做的一切变得无关紧要。

这些人会称自己为"早期的忠实信徒"，把他们上网的年份作为身份的标志。泡沫破灭后不久，《纽约》杂志关于贾梅和她的同龄人的一篇报道准确地描述了时间线。"1995 年很酷。1996 年或 1997 年初是好的。此后的任何事情都再也不是。"

网络给了早期的真信徒们创造性的精神目标，并为他们提供了一个机会，避开媒体巨头。在经济衰退时期的纽约，媒体巨头似乎是创造性就业的唯一关键。"它把我们都变成了信徒，"一位巷子里的人宣称："这不是钱的问题，而是，'嘿，这里有一个纯粹的渠道'"。然后，钱当然来了，并且他们短暂地成为巨人。

《沃德》

贾梅总是告诉玛丽莎·鲍威，她应该进入电子出版领域。"我不知道她指什么，"玛丽莎说。"我的意思是，我喜欢电子产品，也喜欢出版，所以我可能会喜欢它。"除了贾梅的软盘和一些早期的网络实验外，在线出版还是一个未知数。

对玛丽莎来说，这种情况在 1995 年发生改变。当时一家名为艾康（Icon CMT）的软件公司邀请正处于鼎盛时期的贾梅担任新网络杂志《沃德》（*Word*）的创意总监。预算很充足，或者至少比贾梅在《赛博瑞格》时代什么都没有强。主编乔纳森·范米特（Jonathan Van Meter）是一位业内资深人士，曾执掌过 *VIBE*。他有意保留贾梅的特色，这个杂志的团队由她来组建。

她最不希望《沃德》给人时髦的感觉，她只信任一个人可以确保《沃德》很酷，那就是她的朋友玛丽莎·鲍威，又名"外博罗小姐"。她在 ECHO 上目睹了玛丽莎迷人的魅力。当玛丽莎去面试这份工作时，她决定不再"假装自己是某个超级'直接'的杂志人"，她告诉我"我说的'直接'，是指在公司里跟其他人相处得很好。"但她和范米特一拍即合，他聘用她为《沃德》杂志的执行编辑。由于从未在杂志界工作过，她不知道这意味着什么。

事实上，将一本杂志放在网上是一个新的命题，《沃德》将是第一个，说没有商业模式是保守的说法。《沃德》的支持者认为，在线出版将是一种订阅业务：像传统杂志一样，读者会订阅，而且由于没有印刷或发行成本，利润率会很高。他们可以反复销售这些妙不可言的东西，而不会出现库存不足的情况——网络时代的幻觉。艾康公司认为他们会在几个月内赚取数百万美元。

范米特在 1995 年《沃德》发行前不久就退出了。贾梅说这是因为他对网络一无所知。玛丽莎则认为，是因为他习惯于在康泰纳仕出版集团拥有编辑预算，而艾康公司没有与他讨论编辑预算。他的缺席使玛丽莎成为掌舵人，虽然技术上不合格，但她完全胜任这份工作。凭借她在网络文化方面的领先优势，她"知道如何通过观察媒体的本质来接近它"。

玛丽莎后来说，虽然她很欣赏《沃德》杂志的主要竞争者——诸如《沙龙》《斯莱特》《菲德》这样脑洞大开的网络杂志，但她更喜欢公告板系统和个人主页的朴素感觉。玛丽莎认为，业余写作是互联网的面包和黄油。在 1996 年与其他几位网络编辑的圆桌讨论中，她承认自己"迷上了业余写作。它是迷人的，热情、亲密、不可预测的，而且毫无技巧可言。"

她把这种感觉带到了《沃德》杂志，该杂志几乎只刊登普通人的经历。该杂志网站最受欢迎的部分是每周一次的实录，这些实录来自各行各业的人，由玛丽莎的哥哥约翰进行采访，他是数字村的斯塔茨·特克尔。他跨国公路旅行，寻找真实的人物进行采访，并在《沃德》杂志上发表他对路人生活的转录记录。

《沃德》的员工也会分享他们自己的故事。刊头是办公室每个人的作品展示。玛丽莎甚至以原始博客的忏悔语调发表了自己高中时的日记片段。她的第一篇社论是一个简短的生活故事。《沃德》杂志是纪实，不是评论。玛丽莎认为，互联网的重要之处（也是有可能失去的东西），是来自个人的声音。玛丽莎告诉我，"从根本上说，互联网最吸引人和最与众不同的地方是，人是你工作的媒介。"

当玛丽莎打磨真实的故事，追寻最初吸引她作为青少年兹布拉特的人情味时，贾梅·莉薇则专注于更多的文字互动。她在网站推出后不久向记者描述了她的目标："在《沃德》的世界里，我们不只是阅读'看斑点狗在跑'，我们有三维的触感。在接触过程中，斑点狗不仅会狂吠和咬人，你可能还想带一个粪铲。"

就像这个比喻一样，贾梅为《沃德》设计的互动功能既有惊人的独创性，又有尖刻的特点，比如《沃德》的聊天机器人（"网友"弗雷德），你可以输入问题与它交谈。它受过伤，如果你追问它，它会声称最近被一家大型新媒体公司解雇。玛丽莎解释说，"即使是'网友'这个名字它也是在开玩笑。"公司开始把那些"蹩脚的"有用的头像放在他们的网站上，那是微软 Word 程序回形针样子的"大眼夹"（Clippy）的影子。

在 1996 年前后可能会在沃德网（Word.com）上找到的一些东西如下：曼哈顿钟表的图文、纸娃娃、旧货店淘来的画作、互动游戏、剪贴画漫画、毫无意义的互动玩具、令人沮丧的儿童故事、美国各地的空广告牌和路标的照片、扫描的写了电话号码和悲伤故事的鸡尾酒纸巾图片等。《沃德》并不是网络上的第一本杂志，但它是第一本展示在线出版的创造性和可能性的杂志，而且它的模式也很成功。到 1998 年，《沃德》杂志每日的页面浏览量达 95 000 次，每周点击量达 100 万～200 万次，这在当时是巨大的流量。《新闻周刊》宣布《沃德》是其读者最喜爱的在线目的地，《纽约时报》在其最早的一篇关于网络浏览器的文章中把该网站视为一个例子。甚至第一个商业网络浏览器网景（在 20 世纪 90 年代中期基本上每个人都在使用），也给它安排了一个专属位置。网景浏览器 URL（统一资源定位系统）栏下面有一排按钮："什么新鲜事？""什么酷？""目的地""网络搜索""人物"和"软件"。其中，"人物"指向早期的互联网白页，"软件"指向网景自己的升级，"什么酷？"指向了沃德网。

《沃德》杂志社的每个人都有某种审美观：双子峰、杂志、流行文化、奇怪的主页。杂志"在功能上更像是一个摇滚乐队，而不是一个出版实体"，玛丽莎和贾梅是伟大的女主角。玛丽莎说："贾梅和我跟其他人一样有机会，但只有我们两个人成功了。"贾梅痴迷于多媒体，玛丽莎笑着说："她简直会对文字发出嘶嘶声。"玛丽莎知道如何培养作家。她们在这个时代的一张特别火爆的照片可能是乐队封面：在《沃德》杂志社办公室的屋顶上，贾梅穿着战斗靴和运动裤，玛丽莎穿着皮夹克，一台冒烟的计算机在她们脚下，屏幕被砸成碎片。但就像任何一支好的摇滚乐队一样，自我感觉良好的人都很疯狂。

在网络热潮不断升级的情况下，贾梅很难保持清醒的头脑。硅巷在快速变化。几年前还是技术波希米亚派的朋友们都成了百万富翁。就在加入《沃德》之前，贾梅拒绝了瑞瑟菲什网络开发公司 1/3 的股份，这家公司现在正处于

18 亿美元的 IPO（首次公开募股）前夕。"我们知道这些人正变得非常富有，"玛丽莎说。随着机会不断流逝，贾梅开始心痒痒了。

作为一个打破规则的数字杂志人，贾梅长期以来在媒体上营造的公众形象开始让她的同事们感到紧张。"所有的注意力都在我身上，"她承认，"而不是在它本该在的地方。"她强势、专注，总是大声地播放她的音乐，并专注于自己的工作。一年半后，她离开了《沃德》杂志，去寻求自由职业者的机会。尽管当时硅巷的一个八卦专栏将贾梅的离开归结为权力的转移："贾梅·莉薇最后只剩下《沃德》"，但贾梅现在希望她当时能多坚持一段时间。她说："我从来不是一个能和其他人一起坚持到最后的人。"

玛丽莎留了下来，失去死党很痛苦，但她如果离开《沃德》杂志是不可想象的。她说："这里是我曾经实现每个有创造力的梦想的地方。如果放弃，我觉得就像把我的心挖出来一样。"

我们所知的网络之死

在 1996 年的尾巴，贾梅·莉薇举办了她的最后一次"赛博懒鬼"派对。为了这一次的派对，她竭尽全力，将活动地点从她的阁楼升级到翠贝卡的钟楼画廊，并邀请了她的一些杰出的硅巷朋友上台"咆哮"。"这是我们所知的网络之死，"一个前朋克贝斯手尖叫道："它结束了！它在的时候，不是很好吗？谁在那里？1995 年谁在那里？金钱，名声，聚会，所有的一切，应有尽有！真好啊！在座的所有人以及我所有的朋友们，都在用资本做有创意的事情，梦想成为媒体颠覆者，或成为游击队员，并获得报酬！好吧，让我告诉你们，现在只有一个选择。你可以选择做游击队，也可以选择得到报酬。但你不能两者兼得。"

贾梅选择了得到报酬，但她最后还是做了游击队员。

她在《沃德》杂志上留下了自己的印记。这本杂志保留了她的光亮：她的"铲屎官"互动游戏以及她选择的聘用人员。这些人员除了玛丽莎之外，还有淳田义希，他填补了贾梅作为艺术总监的空缺。淳田义希是来到美国的一个日本孩子，他最初想做朋克摇滚。和《沃德》杂志的其他人一样，他从未在出版业工作过，但他在日本时曾为售货亭设计过界面。他对流行图形的敏感性给《沃德》杂志带来了大量的跟风者，也让他获得了许多利润丰厚的工作机会。但他拒绝了这些工作机会。（玛丽莎钦佩地说道："他是一个艺术家。"）淳田义希是第一个将图标作为网站设计的核心元素的人，即使在今天，他的艺术指导仍然有效。

《沃德》杂志社的办公室在中城大中央车站上的格雷巴大厦。与硅巷其他的工作场所相比，它显得默默无闻。"我们基本上是艺术家和波希米亚人，并不想试图成为时髦的人，"玛丽莎回忆说。她本能地不信任同龄人游乐场式的办公室：所有的乒乓球桌、豆袋椅和花哨的会议室都让人感到窒息。当然，《沃德》也是繁荣时期的产物。玛丽莎不记得这个网站是否赚钱，尽管它的销售部门早期广告的价格大约是 12 500 美元，但它在很大程度上仅是其母公司的一个"漂亮的公关玩具"而已。

"对我们的创意团队而言，这就像是一场漫长的骗局，"《沃德》杂志社的一位长期员工娜奥米·克拉克（Naomi Clark）解释说。尽管《沃德》具有真实性和实验性设计，但该网站的存在"就像是那些不那么光彩的销售基础设施和 T1 线路的互联网公司的战利品。"在泡沫的高峰期，在 IPO 前产生一些有益的收益，这才是最重要的。玛丽莎承认，"上市是商业模式"，艾康和其他公司一样，想"获得杀戮，然后离开"。像许多没有明确收入模式的在线出版公司一样，《沃德》从一开始就很不稳定。

到 20 世纪 90 年代末，技术投资者终于意识到，尽管"内容为王"（这是早年在硅巷流传的说法，《沃德》杂志的员工印制了具有讽刺性的 T 恤，上面用大号字体写着"内容提供商"），但网络上越来越多的免费内容会将广告费推向地面，而且没有人会花钱订阅数字杂志。1998 年 3 月，《沃德》被其母公司粗暴地关闭了。一家在线杂志竞争对手 Suck 网（Suck.com）对《沃德》杂志"D. B. 库珀式的消失"进行了思考。《连线》杂志称这是一个时代的结束。但到了 9 月，它又起死回生了。

这就是故事奇怪的地方。成为一家基础设施公司的战利品是一回事，但在 1998 年以 20 亿美元收购《沃德》公司的控股公司却制造"工业级鱼粉"。"这太没道理了，"娜奥米说，然后笑了："他们有个不太明智的想法，认为他们可以开创媒体业务。如果混入某个知名品牌，那么对此将会有帮助。"在泡沫化的朦胧背景下，这种奇怪的搭档就不那么令人吃惊了。他们的新东家萨帕塔公司（Zapata Corporation）是由年轻的乔治·布什于 1953 年在休斯敦创立的一家石油公司，之后被第二任主人改组为食品加工企业。在科技泡沫中，它再次将自己重塑为扎普网（zap.com），一个面向内容海岸的门户网站。萨帕塔公司的首席执行官阿夫拉姆·格雷泽（Avram Glazer）在《纽约时报》上刊登了整版广告——"扎普网（zap）将购买你的网站"并进行了购买 30 个网站的谈判。他们以对《沃德》杂志社的大手笔收购，向硅巷的投资者表明，萨帕塔是一家严肃的互联网公司。

玛丽莎重新雇用了她的员工，所有成员又聚到了一起。甚至连网友弗雷德也回来了。在新的版本中，它也回到了工作岗位上，在公司的大厅里踱步，从事数据输入工作，来访者仍然可以和它聊天。它声称自己很高兴，并说它很快会有一份更好的工作，但它的情绪波动仍然很剧烈。也许弗雷德永远不会真正得到它想要的东西。

在 2000 年前夕，光环最后一次在硅巷盘旋时，《沃德》成功了。

电子好莱坞

1998 年，贾梅·莉薇被邀请回到纽约大学，给学生们做关于电子好莱坞的讲座。"电子好莱坞"是她在离开《沃德》几年后创办的公司名。她告诉我她面对学生时的想法："我当时想，好吧，我们为什么不叫它'如何在一年内花掉 50 万美元，而我所要展示的只是这部愚蠢的漫画'？"她去了校园，一心想要把她的错误告诉大家，"当时我非常郁闷，可能是因为我在戒烟"。

《沃德》之后的几年得到了"不要相信自己的炒作"的客观教训。贾梅认为，当她离开杂志社时，她会找到另一份高薪的创意工作，但情况已经改变了。那时，银行家和投资者已经来到镇上。创意网页设计师已经不复存在，取而代之的是制作商业网站的人，如制作丹碧丝网（Tampax.com）。30 岁的贾梅不再少年老成了。她试图找自由职业者的活儿，然而年薪急剧下降。她向她的父亲借钱做治疗，花了一年时间设计了一系列基于后世界末日版本的旧金山反乌托邦聊天室，用烧毁的科技公司、放射性卷饼和僵尸的图像来装饰它们。在 2000 年的 *Dateline* 简介中，她称这是她的科本危机。然后就出现了那 50 万美元。

她从别人的创业成功中获益匪浅。她在《赛博瑞格》杂志时代的一个电子贸易展上认识的一个朋友把他的公司卖给了微软，所以他一有钱，就给贾梅投资了，让她开了自己的店，她以她后来的软盘杂志命名。电子好莱坞是她所谓的"互联网制作室"，一个为最高出价者制作互动网络项目、视频内容和动画的多媒体机构。这不是一个大公司，但办公室是一个数字基布兹（kibbutz），之前叫协同工作的空间。当客户进来的时候，他们能看到会议室里有 20 多个怪人：每当贾梅需要额外帮助的时候，租桌子编程和设计的朋友就会来帮忙。

对于贾梅和早期的忠实信徒来说，这种假象总是有效的，因为他们所在行业的客观现实无法确定。来自硅谷的芯片推销商，知道如何通过编 HTML 成为大师，而且愿意花高价请人解释网络的企业客户也大有人在。1998 年在韦伯斯特音乐厅举行的"硅巷才艺表演"中，一群早期的忠实信徒通过表演为新兴的网络项目筹集资金，贾梅用一段说唱来反映这种持续的喧嚣：

> 早在新媒体刚刚兴起的时候
>
> 我可以对我的雇主撒谎，因为没有人知道
>
> 我在我的二代 Mac 上制作电子杂志
>
> 我是完全清醒的，不像其他人那样……
>
> 我是硅巷最靓的仔
>
> 我比硅谷的书呆子强
>
> 比尔·盖茨需要建议时就打电话给我
>
> 因为我是贾梅·莉薇，冷若冰霜……
>
> 现在我是一名 CEO，负责管理这个节目
>
> 我说：现在我是一个超级豪门在经营这个节目
>
> 现在我只是在等待那个大的 IPO

不久之后，她在纽约大学发表了颓废的演讲，在不到一年的时间里，她从一个夸夸其谈的 CEO 变成了一个受挫的创业公司创始人。在硅巷，即使是最靓的仔也是要受市场影响的。

话说回来，如何在一年内花掉 50 万美元？先从 50 万美元的风险资本开

始。她雇用了自己的兄弟和自己的前男友，签署了一份为期 5 年的办公场所租约，上面有一条 T1 线路（一种昂贵的高速互联网连接）。她雇用了自己的朋友，把办公室的桌子廉价租给更多的朋友，以换取项目帮助。硅巷的其他创业公司都在为大笔资金的 IPO 或为银行制作网站，她自己却专注于内容。除此之外，她还在外面接了一些商业项目，例如为卡夫、汤米·希尔费格和邦蒂等公司制作互动玩具。但她将自己真实的所有努力都投入到一个 16 集的 Flash 卡通系列项目中，她认为这将使自己走出科技泡沫。因为她曾经举办过一个同名的聚会，所以她把这个卡通片叫作《赛博懒鬼》（*CyberSlacker*）。

《赛博懒鬼》是一部关于东村黑客小姐的半自传体卡通片。在 3 分钟的剧情中，讲述了一个染一头金发名叫贾梅（在网上叫赛博懒鬼）的厌世者在超现实的纽约科技界中游荡的持续冒险。在其中一集里，赛博懒鬼试图找到一份编程工作。首先，她给 IBM 公司（1993 年贾梅曾在那里工作过一年）打了电话，但电话那头胆小的书呆子让她毛骨悚然。接下来，她给 MTV 打电话，一个头发竖着的兄弟接了电话。"欢迎来到 MTV 的在线新媒体部门，你准备好参加派对了吗？"最后，她联系了一家网络开发公司布落菲什［这是对硅巷的热门创业公司瑞瑟菲什（Razorfish）的映射］，"我只是想找一份正常的工作，"她告诉秘书，"在某个没有人在的硅巷的新媒体潮流中发呆的地方。"

贾梅亲自为《赛博懒鬼》录制了画外音，该系列特别提到了 20 世纪 90 年代末的纽约社区，使《赛博懒鬼》成为像我这样的人的罗塞塔石碑（Rosetta Stone）。在布洛菲什公司，它的股票价格直线上升，甚至接待员也在宣扬所有的美元都在寻找去处。办公室里的每个人都穿着与史蒂夫·乔布斯相似的高领毛衣。首席执行官大肆鼓吹互联网上的流行语。他把一罐公司的"秘制酱汁"推到她面前，说："这是布洛菲什开创的面向宽带解决方案的端到端风味增强技术，为互联网增添了趣味。"但赛博懒鬼看到"皇帝是赤裸裸的"。她反驳道：

"它看起来像放在旧掌上计算机上的一罐辣酱。"她砸碎了秘制酱汁，发出了反资本主义的咆哮。

对于早期的信徒来说，硅巷对赚钱的痴迷在精神层面上令人不适。在贾梅的创业热潮中，她学会了不相信任何通过有趣工作而捞一笔的人。1993 年，她拒绝了瑞瑟菲什公司 1/3 的股份；该公司于 1999 年上市，价值 18 亿美元，在全球 15 个办事处雇用了近 2 000 名员工，对工作的要求很低，有时会因为嫌顾客不匹配而"炒"顾客的鱿鱼。他们的口号是"一切可以数字化的东西都将数字化"。

电子好莱坞的发展并不那么顺利。贾梅很快意识到，开销太大，她不应该雇用她的朋友。最终她不得不解雇她的朋友（他从西海岸搬来为她工作）。她的前任打电话给电子好莱坞的投资人，私下告状。她说："其他人不是辞职就是和我作对。我们几乎把所有的钱都挥霍了。"但贾梅坚持认为《赛博懒鬼》动画片将是她摆脱硅巷时尚怪圈的潜在机会。既然花了那么多钱，她还是想做点什么。她确信，她可以把《赛博懒鬼》带到电视上。在硅巷的回音室里，贾梅堵住耳朵，寻找出口。

给数码小子们最小的小提琴

贾梅从来没有得到那个大 IPO，《赛博懒鬼》的卡通片也没有上电视。更不幸的是，贾梅在股票市场崩溃的前夕成立了她的公司。在说唱自己是"硅巷最靓的仔"之后不久，贾梅感觉到了空气的变化。她回忆说："有些事情就要发生了，花了太多的钱却没有商业模式，没有投资回报，已经好几年了。"2001 年 3 月下旬，金融报纸《巴伦周刊》（Barron's）刊登了一篇报道，列举了 200 家互联网公司的资金短缺情况，一个月内，市场每天都会损失 1～300 个点。2001 年 3 月 12 日，纳斯达克指数跌破 2 000 点，距离历史高位 5 048 点仅一年时间。

当月《硅巷报道》(*Sillicon Alley Reporter*)的封面说明了一切：一张被火焰吞噬的兴登堡号黑白照。派对明确地结束了。贾梅说："在两个月内，所有人都被解雇了。"曾为乔希·哈里斯的豪华派对提供资金的直播服务 Pseudo 关闭了，留下 175 名员工不知所措；《纽约时报》援引一位前艺术总监的话说："我们在风险资本家的'猪槽'里吃东西……现在我又爬回了公司的'狗碗'。"瑞瑟菲什是贾梅在《赛博懒鬼》漫画中讽刺过的网页设计公司，它的情况也没有好到哪里去：当公司的股票在退市的边缘徘徊时，瑞瑟菲什解雇了它的创始人。

电子好莱坞的士兵也被清空了，只剩下贾梅和她的办公室经理玛丽亚。她们的主要资产是办公场所，租约还剩 6 个月，贾梅需要拿回 20 000 美元的押金，这样她才有可能在崩溃中幸存下来。她赶走了赛博朋克棚户区居民，把电子好莱坞搬到后面的一个小房间里，出租了大楼的其余部分。"这将是我们未来 6 个月的计划，"他们告诉对方。"只有生存。这个小空间，就是我们所需要的。"但是，没有工作，贾梅已经精疲力竭，而电子好莱坞只剩下一个客户。她和玛丽亚承诺要完成租约，并继续前进。

这些钱从来都不真实，并且现在更不真实了。崩盘使数百万美元的股票变得一文不值；大型网页设计公司瑞瑟菲什公司和艾金塞公司损失了 90%的价值，因为投资者清楚地认识到拥有一个网站并不等同于拥有一个商业模式。每家从事商业活动或为网络制作内容的公司都在为自己的生存而战。

玛丽莎·鲍威看到了崩盘的到来。作为来自中西部的人，她经历了钢铁业的崩溃。对她来说，身处令人窒息的泡沫有些急促，因为她知道它会破裂，这就像置身于历史之中。她最喜欢的两本小说，莫泊桑的《漂亮朋友》和奥诺雷·德·巴尔扎克的《幻灭》，都发生在镀金时代的法国，而自己的经历，感觉就像一次疯狂的运气。"通常情况下，像我这样的人只是在报纸上读到它，"她说，"但通过奇怪的机缘巧合，我认识了那些正在发财的人，就像生活在我喜欢的那些小说中一样。这真是不可思议。"

贾梅·莉薇没有那么容易地接受现实。这场崩塌代表了她忙忙碌碌、高谈阔论和创意性的生活进入了死亡地带。当硅巷倒下的时候，那个曾为她赢得声誉的社区也倒下了。印刷媒体曾经加速了网络少年们的崛起，通过令人窒息的形象将他们推到名人的地位。在他们回落时，没有一个人接住他们。后果是残酷的。豪言壮语、热闹的聚会以及代表繁荣的闪光灯，突然看起来非常多余，而那些带着快钱和对未来承诺的早期忠实信徒，就像骗子。

然后就是沉重一击：9 月 11 日。

人们以为 9 月 11 日是一天。"那是胡说八道，"贾梅说："那是一整年。每一天，走在东村的公寓外面，都有家庭在张贴启事，如'你见过我妈妈吗？'，每天都有讣告，人们戴着防毒面具走来走去。"改变现实的这次攻击不仅使贾梅的问题看起来无关紧要，还使它们看起来很琐碎，甚至很无情。她说："包括消防员在内，3 000 人丧生，整个城市被烟雾笼罩。"再也没有比这更大的现实考验了。

正如一位历史学家所说，这座城市伟大纪念碑的倒塌，"在其最宏伟的幻想破灭之后，具有神话史诗般的特点。"它粉碎了纽约的灵魂，破坏了那些挺身而出帮助弱者的人。它损坏了近 3 000 万平方英尺（278 万多平方米）的办公空间，并损失了 13.8 万个工作岗位，使该市的经济陷入困境。到 2003 年，纽约的失业率达到惊人的 9.3％。对很多人来说，这是明确的道路终点。34 岁时，贾梅告别了电子好莱坞，搬回了洛杉矶。她在银湖区买了一套公寓和一辆车，重新开始。崩溃笼罩着她，当她再次开始求职时，她在简历中略去了她作为网络公司 CEO 的经历。她告诉面试官，她曾在公司担任前端设计师。

繁荣的柔和回声

最终，当鱼粉加工公司萨帕塔关闭《沃德》时，没有人有时间保存任何东西。贾梅之前在大楼里偷了一个备份，但她"出了岔子，把它落在了地铁上"。玛丽莎采取了一种发人深省的办法。她说："我开始把它想成是像那些制作沙画的人，他们花了不少时间来制作完美的东西，然后风把它吹走了。"

一个网站不应该奢望能永久存在。如果不加以注意，所有的碎片最终都会蒸发。在万维网上，由于网站的单向超文本设计导致链接会失效，图像会消失，没有坚持理想的 URL 几乎没有生存的机会。这就是为什么今天你去沃德网（Word.com），会发现一本字典而不是一本杂志。这块土地太宝贵了，不适合存放纪念品。

早期的网络出版物被更多的杂志所取代，接着是个人博客，最后是通过向广告商出售社区来混合杂志和社区的社交媒体平台。随着它们的消失，随之而来的是新媒体的胜利，也就是早在 20 世纪 90 年代硅巷的商人称之为"内容"的东西。正如《沃德》的竞争对手——网络出版商 Suck 网（Suck.com）的编辑们在思考 2001 年另一本网络杂志的消失时写道："我们认为，经过这些努力，最终会留下一些东西……任何东西，在我们刚刚开始理解其微不足道的海洋中回荡，而不仅仅是喀拉喀托火山的记忆。"

这场崩塌不仅仅摧毁了一个行业，还摧毁了一代有创意的人。他们在做自己喜欢的事情时找到了梦幻般的工作。在这个过程中，他们定义了网络的文化指标和互动可能性。金钱幸存了下来，但是，它所促成的文化艺术品却很难留下，尤其是在没有地图的情况下。

你可能想知道为什么会有人关心喀拉喀托火山的记忆。《沃德》下线的时间远比它在网上的时间长。贾梅·莉薇的软盘就放在她的家庭办公室里，尽管她正在努力修复它们，并希望有一天能在博物馆里展示它们。ECHO，一个在大社交时代不合时宜的东西，已经成为互联网世界里最小的本地酒吧。这些地方是由眼光独到的忠实信徒建立的，是由一开始就在那里的女性们建立的（她们没有为自己的劳动赚一分钱），与狂热投机中赚取和失去的财富一样重要，它把网络从学术交换会议转变为我们这个世界的经济和文化的心脏。

我们应该关心早期的在线社区和出版物，就像我们应该关心它们的档案一样，因为它们是媒介揭示自身的地方。人们记住了冷眼旁观的金融赌注，因为它们对经济产生了恶劣的影响。但是，又有钟声响起了，而且还在响着，日渐微弱，那是那些能看到网络潜力的人的贡献。毕竟，互联网的唯一工作是将数据包从一个地方运送到另一个地方，而不是一个又一个的特权。我们唯一的工作是制作最好的数据包，让它们对得起这项技术。

玛丽莎·鲍威和她的朋友贾梅·莉薇一起做了很好的数据包，在网络上发挥了它的作用，互动性、本土化、人性化并且有趣。斯泰茜·霍恩最高兴的事情莫过于让她的服务器充满声音。她帮助人们上网，尤其是女性。她和 ECHO 主持人学会了如何管理人群，确保每个人的声音都能被听见，她们在网上努力解决隐私和责任等问题，而这些问题至今还没有完全被解决。她们都没有变得富有，而且所建立的大部分东西都在网络的腐蚀中被抹去了，比如被网络丢弃的《沃德》杂志，或是像 ECHO 一样，被束缚在除了它们的数字档案员，任何人都无法访问的媒体上，比如贾梅的软盘杂志上。

这使得她们的成就难以被人们记住，就像几十年前，在战区地下室里由女性手动修补的程序，或者就像如果在更大的范围内实施本可以成为像网络一样重要的超文本系统，难以被记住。这些都存在于时间、关系和点击的流动配置中。这些都与世界上丑陋的东西有关：炸弹的轨迹、对财富的疯狂追求。但她们的努力都是人工制品，就像网络是一个动态的人工制品，一个在繁荣的柔和回声中一次又一次地写入自己无休止的对话。

第 **12** 章 女性网

随着最早的主页和网络杂志的出现，互联网泡沫开始膨胀，直到网络完全成为主流。在这 8 年中，一项最初为粒子物理学家提供的网络超文本系统的技术成为世界上的八卦网页、多媒体艺术画廊和图书馆，掀起了文化活动的狂热风潮。互联网不再是计算机科学家、学者、大学生和图书管理员的领域。这是一种流行的媒体，与电视一样具有变革性，而且更加亲密，将不同的陌生人联系起来。

但是，当第一代艺术家、程序员、作家和以自我为中心的人从全球通信网络中获得意义时，意外的事情发生了：网络成为一种商业媒介。一旦网络企业弄清了商业模式和如何安全地处理信用卡，点击率就变成了美元，进而形成了一些强大的公司，这些公司后来成为分销、媒体，甚至太空旅行领域的巨头。

商业化改变了每个人的网络。它对正在建立的网站种类以及网站内容的性质产生了不可磨灭的影响：少了诸如"我叫丽莎，这是我的狗"这样的网站，多了像"宠物网"这样的网站。ECHO 通过对其服务收费来保持用户对社区的关注，这是少数社交平台和内容网站（如今是社交应用程序）在网络上赚钱的方式之一（通过将他们的用户变成产品，将用户统计信息和有针对性的广告空间卖给广告商）。像《沃德》这样的泡沫网站，在新资金的支持下得以维持，在没有长期商业计划的情况下不得不关闭。而其他更热衷于将传统媒体广告模式应用于网络的网站，在一段时间内蓬勃发展。

很少有比女性网（women.com）更典型的故事了。这是一个跨越 10 年的故事，横跨东西两岸和互联网最具戏剧性的转型期，是一个"草根女性主义"社区的故事，是第一个明确为女性提供服务的在线网站。它成长为泡沫时代最引人注目的成功媒体公司之一。在这个过程中，它变成了一个符号：首先是一个股票代码，其次是一个警示故事，最后是网络灵魂的化身。

女性信息资源交流网

这要从西海岸说起，南希·莱因（Nancy Rhine），这位曾经的公社成员离开了她的嬉皮士根据地，在 The WELL 网站上安家。到 20 世纪 90 年代初，她对 BBS "男性俱乐部"的失望与日俱增，于是她在 The WELL 网的女性专用会议上聊天，开始谈论"想要建立一个在线社区，专注于女性特别感兴趣的东西，如女性健康，或 FDA（美国食品药品监督管理局）对女性拥有的企业提供的贷款，或任何东西。因为我们对什么都感兴趣。"

在那次会议上，她遇到了埃伦·帕克（Ellen Pack），一个既有商业学位又有积蓄的纽约移民。埃伦随一家创业公司搬到帕洛阿尔托，并在硅谷定居。南希住在马林，是湾区技术社会世界的对立面，但她们找到了共同点，即女性理应在互联网上占有一席之地。

当时，网上有以女性为中心的空间，但比较受限，比如 ECHO 邀请制的 WIT 会议室和 The WELL 网站上类似的会议室，南希和埃伦就是在这个会议室里认识的。女性用户在互联网中只占很小的比例。埃伦和南希只是在等待合适的机会上线，然后拨出合适的号码。她们一起勾勒出它的轮廓，然后埃伦买下了服务器。她们的网络（Women's WIRE，女性信息资源交流网）于 1993 年 10 月向 500 名创始成员推出，成为第一个明确针对女性的商业在线服务。

她们尽可能地把这个网站设计得有人情味。女性信息资源交流网运行在相对用户友好的名为 First Class 的 BBS 软件上，有一个图形化的点击界面和简单的英语输入命令。新用户是通过直邮招募的：女性信息资源交流网的小册子上印有文艺复兴时期的少女形象，鼓励女性注册，"立即获取信息和资源，发现新的英雄，讲述你的故事，发泄你的不满，获得建议，简而言之……建立联系。"如果要注册，她们会收到寄来的启动套件，里面有一张软盘和一些关于如何设置调制解调器的说明信息。如果对目录名称、波特率和磁盘信息量不理解，她们可以随时打电话给女性信息资源交流网的客户支持，自然都是女性客服。

南希和埃伦的努力立即得到了媒体的关注。埃伦记得，"启动的那天，我们在《水星报》（《圣何塞水星报》，硅谷的日报）上得到了一篇头版文章，大致意思类似于'女性建立网站以防止网络攻击'"。实际上标题更令人难以置信：女性们想建立一个排除野蛮人和网络杀手的在线世界。埃伦被这个吓坏了。她说："我记得我被这件事给整崩溃了，"她说："我当时想，'哦，老天爷，他们完全误解了我们建立这个网站的初衷。'"南希和埃伦并没有把女性网络视为一个为脆弱的网络新手提供安全的空间。它不是用来阻挡网络破坏者的堡垒。它甚至不反对男性：男性最终会占到女性信息资源交流网用户的 10%。相反，"它是一个更积极的地方，"埃伦说："我们不是要一个需要受保护的岛屿，而是我们可以用这个做很多事情。"

女性信息资源交流网的用户很快就意识到直接访问女性社区的力量。该网站提供家暴应对资源、国会女议员的联系信息、教育财政援助、专业组织以及女性所有的企业列表，还有美国第一夫人的演讲稿。在公共论坛上，用户相互交流建议，不是专家和杂志的"操作方法"，而是如今我们在网上各地的支持论坛上看到的更个人化的"我的方法……"。1994 年，当健康计划草案被披露主要护理人员不包括妇产科医生时，女性信息资源交流网的两位女性用户敲响了警钟，并组织了一次"电话袭击白宫"的活动。3 天后，她们张贴了胜利通告。在社交媒体点击主义的大约 20 年前，女性信息资源交流网的用户动员了一个在线社区，采取现实行动来促进变革。

女性信息资源交流网在旧金山南部的工人阶级街道上有一个办公室，位于马林和帕洛阿尔托之间，铺着地毯，在二楼，工作人员都是女性。南希在公共空间举办面对面的用户聚会。有媒体到访时，在南旧金山的黄褐色山丘上，有躁动的风把她们的头发和高高的草吹向大海，埃伦和南希摆出紧紧拥抱彼此的拍照姿势。

尽管她们有共同的目标，南希和埃伦却截然不同。南希比埃伦大 20 岁，在在线和离线社区建设方面都有很深的根基，她来自一个嬉皮士自力更生和第二波女性主义意识提升文化的世界。作为这些价值观的反映，最初的女性信息资源交流网系统索引囊括了关于女性研究项目等信息，还有波士顿女性健康图书集和全国女性组织等团体的直接链接。在她看来，女性信息资源交流网是一个激进的女性主义社区服务空间。她构想了一个由各种声音组成的网络，由一群"促进多样性"的创始订阅者组成……"在人力、智力方面或通过她们的亲身参与，做出各自的贡献。"

"我喜欢社区有用信息分享这一块，"埃伦回忆说，"但我并不是一个为了社区而社区的人。"她是新一代的创业型女性主义者，她的目光投向了董事会。作为一个用户，她对直接信息更感兴趣。她想从新闻组和数据库中获得答案，而不是通过更不精确的轶事分享渠道。因此，女性信息资源交流网有两个不同的点，既是信息资源，又是交流平台。这两个重点之间的平衡是不稳定的。网站的公关人员娜奥米·皮尔斯记得，关于媒体的性质一直存在分歧。"我们有过这样一场激烈的辩论，那就是互联网是跟信息相关，还是和社区相关？而我盯着这场争论，要一个，或两个都要？在一个非此即彼的争论中，得到的答案是都要。"

只要每月支付 15 美元的订阅费和每小时的连接费，女性信息资源交流网的订阅者就可以同时访问每日头条新闻和新闻组。用户也可以访问电子邮件、专题讨论"她的故事"、金融、技术、育儿和教育等女性感兴趣的话题栏目。欢迎新手加入女性信息资源交流网持续在线对话的通用论坛——Hangout，成为该服务的流量磁铁。南希说："我曾经觉得在家抚养孩子的女性会变得非常孤立。聚会在哪里？集市在哪里？我们都出去玩的城镇广场在哪里？"在关注谈话时，她为自己的直觉感到庆幸：正如她所期望和希望的那样，聚会已经搬到了屏幕上。

许多早期的数字化人士相信，在线对话会减少人与人之间的差异。毕竟，很少有技术能像互联网那样将文字与肉体彻底割裂。也许计算机会议室将创造一个"心灵文明"，一位支持者甚至宣称，在这个地方，种族、性别、能力和阶级最终将变得无关紧要。现实却截然不同。正如斯泰茜·霍恩在经营 ECHO 的几年中所了解的那样，人们把一切都带到了网络空间：他们的社会条件、他们来之不易的真理，以及他们所有的包袱。

作为女性主导网络空间的罕见例子，女性信息资源交流网就是一个证明。The WELL 是一个免费的知识分子场所，是一个奖励愿意拥有自己的话语权并坚持自己立场的谈话者的狂野部落，而拨打女性信息资源交流网则感觉像是访问另一个国度。由于其相反的用户统计数据（90% 为女性，10% 为男性），在这里谈话的基调是尊重和支持。南希说，The WELL "充满大男子主义姿态"，但她服务的女性"是如此的有礼貌，对别人都很好，有时我们不得不挑事，使谈话更激烈。"

在火箭上工作

南希·莱因和埃伦·帕克第一次看到网络时，她们正在南旧金山的办公室里经营着女性信息资源交流网。那是 1994 年，在这一年，第一个网络浏览器 Mosaic 让位给了后来者网景浏览器，它很快就成为两岸早期忠实信徒们的标准。像 AOL、CompuServe、Prodigy 和 Delphi 一样，所有的订阅服务都与超文本网络隔绝，女性信息资源交流网处于一个十字路口：现有的服务有希望能够维持下去，或者可以为网络重新设计一切。

这并不是今天看起来那么明显的选择。网络显然是重要的，但它也是有风险的。转向网络意味着要放弃她们已经拥有的成千上万的付费用户。而在拨号时代，女性信息资源交流网不受任何人的约束，除了其用户。南希向我解释说，在网络出现之前，同时经营一个成功的企业和一个成功的社区是有可能的。事实上，两者相辅相成。她告诉我："最初的模式是保证人们在网上停留的时长。选择社区，因为这能让人们参与进来。"值得注意的是，现代的社交媒体巨头已经开始接受这种观点，尽管规模更大；当脸书在 2010 年推出私人小组时，它是为了利用在特定兴趣的在线社区中形成更深层次的联系，这些社区已经成为该平台用户参与的动力。正如《纽约》杂志在 2017 年所说，"脸书很好，因为它创造了社区；社区也很好，因为它使脸书成为可能。"

然而，在早期的女性信息资源交流网的时代，埃伦不太看好在线社区的内在价值，尽管它可能是可持续的，但它并不能赚钱。她带着一位学 MBA 毕业的来到硅谷，把女性信息资源交流网看作一个与其他公司一样的创业公司。她热衷于建立一个比南旧金山铺有地毯的无电梯的二楼空间更大的公司。1994 年，也就是网络爆发的那一年，埃伦开始在硅谷中寻找风险资本，为网络化奠定基础。她告诉我："我一直想把它做大。"

在她外出推销时，她被介绍给了拥有 30 年行业经验的马琳·麦克丹尼尔（Marleen McDaniel），她是硅谷食物链顶端为数不多的女性之一。马琳是技术行业的泽利格（Zelig）：她在 20 世纪 60 年代作为一名计算机女孩、系统分析师和程序员开始工作，并在 20 世纪 70 年代与施乐 PARC 的豆袋椅人群打过交道。她曾与道格拉斯·恩格尔巴特（杰克的斯坦福大学导师）合作过一段时间，试图将他的系统商业化，但没有成功。在 20 世纪 80 年代的蓬勃发展时期，她以第 40 号员工的身份加入了升阳公司，并一路高歌猛进，"就像在火箭上工作一样，"她说。遇到埃伦时，她已经成功参与了几家备受瞩目的创业公司的启动，并在硅谷中享有盛誉。埃伦给她寄了一份商业计划书和一束鲜花。

当时，女性信息资源交流网的订阅用户还不足以支撑网站的日常运营，而埃伦已经把她一生的积蓄都投入于此。她和南希与风险投资公司的会面并不顺利，因为大多数潜在的投资者都是男性，他们认为女性网络的概念只不过是一种好奇心而已。"当然，有些人看懂了，"埃伦回忆说，但对于其他人，"有人会说，'我要让我的妻子看看这个'。他们并没有真正把它当作一个市场或一个机会来认真对待。他们认为我们是一个边缘团体。"然而，随着马琳的加入，女性信息资源交流网有机会被认真对待，使她们的情况得到改善。

"为这家公司筹集资金并不容易，"马琳说。在她看来，这并不是一个性别问题：女性信息资源交流网的商业计划并不具有前瞻性，而 First Class BBS 也即将退出。但是，这个品牌有先驱的地位，而且将网络作为商业媒介的想法仍然非常新颖，所以马琳担任了顾问。她与埃伦和南希一起出去推广，她的信誉产生了意想不到的效果。马琳说："当我最终得到一家较小但高质量的风险投资公司的承诺时，他们提出的前提条件是希望我担任首席执行官。那是第一个危机。"

马琳是一个不折不扣的早期网络技术采用者，这是跨越几代计算机开发生涯的结果。她知道，作为一个内容站点和服务提供商，女性信息资源交流网不可能与美国在线这样的巨头竞争，后者向全国潜在新用户邮寄数百万安装盘的资源。在 20 世纪 90 年代初第一次接触到网络后，她知道这是埃伦和南希的唯一选择，尽管有风险。她说："那是一个决定性的时刻。如果你认为开公司很容易，那是不可能的。这就像是从悬崖上往下跳，不知道下面是否有水。"只有一件事是确定的，那就是女性信息资源交流网不再是一个社区服务机构，它是一家媒体公司。

不久之后，女性信息资源交流网宣布，它将放弃其独立的拨号服务，专注于为微软、CompuServe 网和万维网创建电子杂志。马琳促成的第一笔大买卖是一项多年的安排，通过敦促用户转向 CompuServe 的每月 9.95 美元的计划，将女性信息资源交流网社区从她们的平台上剥离。她在全系统的电子邮件公告中写道：这是建立一个庞大、多样化且文化丰富的女性在线社区的机会。（"他们买下了我们的订阅用户，"她现在告诉我。）随着这些变化波及最初的女性信息资源交流网社区，南希离开了公司，带走了大量的用户。"他们说这是 CompuServe 网和女性信息资源交流网之间的合作关系，"一位被强制迁移的论坛版主说，"但我很清楚，我注册的女性信息资源交流网已经不复存在了。这是一种从社区模式向信息提供者模式的转变。"1995 年万圣节，旧的女性信息资源交流网的调制解调器线路下线了。

南希保持沉默，并不感到高兴。她跟早期网络技术采用者一样，相信互联网本质上是一种社区技术，对她而言，用户在成为消费者之前就是普通用户。南希的老派、和平等愿景对马琳来说毫无意义。马琳说："她想管理公司，但不希望公司有首席执行官和金字塔式的结构……她希望有一种类似于圆桌骑士式的方式。"

马琳在 1995 年与 MSN、彭博社和雅虎等公司建立了分销合作关系，她和埃伦在当年 8 月推出了女性信息资源交流网页版。该公司的中央在线服务成为一个内容目的地——与其说是女性交流圈，不如说是杂志。在这里，女性可以完成很多事情，从检查她们的股票到查看她们的星座。正如埃伦在网站推出后不久对一位记者所说的，由女性信息资源交流网工作人员和自由职业者撰写的文章与路透社新闻通讯社的报道放在一起，论坛主题面很广，"从芭比娃娃到波斯尼亚和墨塞哥维那"。就其所有的意图和目的而言，女性信息资源交流网成了一本杂志。南希说："新模式转向了吸引眼球和打广告，重点真的变成了让人们浏览。不管他们在此停留多久，也不管他们是否参与，都无所谓。它只是像杂志一样卖流量。"

到达目的地

随着第一次风险资本的注入，女性信息资源交流网从南旧金山搬到了圣马特奥的一个更好的办公室。埃伦被任命为产品开发副总裁，她在旧金山和纽约之间来回飞行，与媒体合作伙伴会面，并雇用编辑团队，在网络上运营新的类似杂志的女性信息资源交流网。她聘请了《职业女性》（*Working Woman*）杂志的前编辑劳里·克雷奇马尔（Laurie Kretchmar）担任主编，并从探索频道挖来了精明的销售经理吉娜·加鲁博（Gina Garrubbo）。吉娜第一次在网上读到女性信息资源交流网的文章时，就改变了看法。她回忆说："我感叹道'哦，我的老天，真不敢相信！'，他们认为女性很聪明并且多金，正在做自己的投资，为她们的时尚做决定，不希望被告知该穿什么和不该穿什么。这文章中没有傲慢，我觉得我从未听到过这种声音。"

并非所有人都能如此迅速地看到在网上为女性建立品牌的潜力。吉娜给我讲了一个 1996 年投资会议的故事。"马琳、埃伦、我和我们的首席财务官走进波士顿的一家银行，"她说："我们都穿着黑色夹克和黑色休闲裤，带着笔记本计算机。我们走进这个 20 世纪 80 年代的会议室。桌子周围坐着 7 个银行家：西装、白衬衫和领带。我们告诉他们，女性目前不是网上用户的大多数，但将会成为大多数，她们会在网上买东西和研究东西。他们看着我们，好像我们疯了似的。有一个人就像在说，'我的妻子甚至不喜欢计算机'。他们在想，这些人是疯子。而我们看着他们，心想，这些人压根就不懂。"会议结束后，我们走到街上，大笑起来。这是我们唯一能做的。

银行家们错了，女性们知道这一点。随着 20 世纪 90 年代的发展，网络开始反映现实世界的性别人口统计数据。在纯文本的 BBS 俱乐部、MUD 和新闻组这些一直由业余爱好者、技术人员、早期网络技术采用者和十几岁的男孩主导的地方，网络为女性打开了闸门。到 1998 年，有 3 960 万女性上网。而在 2000 年，女性上网的人数首次超过男性上网的人数。这一转变代表了所有年龄段女性用户的大量涌入。为此，一家著名的市场研究公司宣布，"这是女性的万维网。"乘着这股浪潮，女性信息资源交流网将其名称改为"女性网"（women.com）。

"当我们跳下悬崖时，"马琳说："我们必须发明一种商业模式。"这个商业模式就是广告。女性网凭借在市场上的领先地位率先进入市场。作为网络上独特的女性目的地之一，它坦率、精通技术的声音为杂货店般的女性杂志（当时和现在一样，充斥着时尚饮食）提供了一个令人耳目一新的替代方案。同期还有阿莉扎·谢尔曼的 X 一代网络空间指南赛博女孩网，由育儿社区演变的女性网络的美国女性网（iVillage）。女性网代表了一种新的女性媒体：真诚、互连和聪明，还可以在上面买卖东西。

由于女性控制着 80% 以上的消费，广告商密切关注所谓的女性万维网的发展。女性网很快就利用了这一点。吉娜的团队卖出了网络上的第一个广告，该网站的一部分由李维斯公司承销。这就是我们现在所说的李维斯板块。"到达目的地",介绍了炫酷的职业女性,如网站管理员和私家侦探,就像《沃德》杂志中深受大家喜爱的"工作"部分探讨了美国工作场所的极端情况。在那些早期的日子里,大品牌都渴望在网上做广告,但没有定价、尺寸和条款的标准,也没有人知道页面浏览量如何转化为广告影响,但流量是可以衡量的,而且流量是个好东西。虽然最初的女性信息资源交流网的拨号服务只有 1 500 名付费用户,但到 1996 年,女性网每月有 750 万次点击量。埃伦回忆说:"我们在地图上出现了,我们所拥有的女性关注度,无人能及。"

与沃德网一样,女性网早期的流量增长来自成为网景浏览器 URL 栏下"什么酷"指向的目的地之一,但其易于记忆的 URL 也发挥了作用。在谷歌出现之前,浏览网页从在地址栏中直接输入一个 URL 开始。在那里,你会跟随雅虎等目录网站的超链接,或者探索由网站管理员亲自策划的专用"链接页面"。这使得像女性网这样的 URL 特别有价值:人们有可能在地址栏中输入这个网址,只是想看看它通向哪里。

1997 年,女性网扩展为一个大网络,拥有一个相互连接的姐妹网站群,里面包括女性信息资源交流网、货币方式、小鹳鸟、健康预防理念、碧翠丝网络推荐以及绘儿乐家庭同乐。其中三个是由赞助商赞助的,他们花钱与女性网合作,并从其流量中分得一杯羹。继李维斯板块之后,女性网向富达投资、本田、丰田、AT&T、可口可乐、宝洁和美国运通出售了更多的广告空间。一家行业研究公司的数据显示,女性网被列为网络上最赚钱的网站之一。1996 年,李维斯的广告曾以 1 万美元的价格售出。两年后,横幅广告和赞助内容的售价通常是 10 万美元的数倍。到 1998 年底,每条广告的价格超过 100 万美元。女性网的销售副总裁吉娜·加鲁博说:"我们的收入从最初的零美元变成了几千万美元。"

这些都离女性信息资源交流网很远。如果最初的业务有精神上的祖父母，他们可能住在资源 1 号：女性信息资源交流网既有社区记忆的有机地域性，又有社会服务推荐目录的社会意识。女性信息资源交流网上的内容"强调时事新闻和事务，并鼓励政治活动"，而女性网则是另一类。这种演变揭示了早期为女性争取在线空间的努力如何迅速变成了建立向女性出售产品的企业，然后变成了整个女性网络的商品化。没过多久，由风险投资注资的女性网，积极寻求广告资金以维持生计，与杂货店的女性杂志没有什么区别，而它的创立正是为了替代杂货店的杂志。从纸浆跳到像素，女性网并不比《时尚》（Cosmo）更有营养。事实上，它就是《时尚》。

赛车场上的两辆汽车

当马琳和埃伦推出女性网时，她们是唯一的选手。但是，女性网络很快就变得拥挤起来：1998 年，电视主管杰拉尔丁·莱伯恩宣布成立一个网络有线电视频道叫"氧气媒体"（Oxysen Media），其员工是从独立网络杂志中聘请来的聪明的"X 代"员工。"ChickClick"最初是一个小型的女子杂志网络，后来成为一个由 58 个年轻女性网站组成的附属网络，其名称包括"Technodyke"（技术公爵）和"Disgruntled Housewife"（绝望主妇）。但只有一个竞争者让他们夜不能寐——女性互联网（iVillage）。

iVillage 的首席执行官坎迪丝·卡彭特（Candice Carpenter）是一位身着力量型西装的强硬人物。"她的有趣一言难尽，"马琳对我说，带着钦佩和其他意味。卡彭特将她的企业从一个由多管闲事的父母组成的 AOL 社区发展为一个由 17 个女性网站组成的网络联盟，由数轮巨额风险投资、企业联盟、大笔广告费用和早期的电子商务投资支撑。

卡彭特知道，社区会吸引访问者不断回到 iVillage，而且会提高网站的页面浏览量，这对一个没有其他明显资产的企业来说是一个关键指标。iVillage 擅长利用论坛鼓励重复流量：加入 iVillage 的怀孕支持小组，你最终会发现自己在亚马逊上浏览婴儿书籍，或在 iVillage 的姐妹电子商务网站上挑选连体衣，如 iBaby。卡彭特在时间生活视频、美国家庭购物网和 AOL 工作过，她还谈到了 iVillage 社区的"货币化"——将网络的社交动态转化为一项值得大量风险资本投入的商业行为。

到 1999 年，iVillage 和女性网在广告费和媒体矩阵（早期网络版的尼尔森排名）排名前 50 名这两个方面展开激烈争夺，"就像赛车场上的两辆汽车"马琳解释说。吉娜·加鲁博说："我们在各方面全面竞争。"在努力超越对方的过程中，iVillage 和女性网越来越接近中间位置。iVillage 最初是一个社区网站，发表文章以吸引对内容感兴趣的人；女性网看到 iVillage 的论坛很受欢迎，就增加了自己的内容。女性网的长期主编劳里·克雷奇马尔说得更简单："一个类别中往往有两个头部，比如汉堡王和麦当劳，百事可乐和可口可乐。就个人而言，我更喜欢可口可乐。"

1998 年，马琳将女性网的大量股份卖给了赫斯特通讯公司，以换取全面的品牌合作。女性网络公司成为赫斯特旗下女性杂志品牌的主持人，包括：好主妇、城市与乡村、美丽佳人、红书、大都会。这给了女性网一个合法的光环，但也使其内容与网络本应颠覆的大众市场媒体没有区别。到了 20 世纪末，由于与赫斯特合并以及网络作为商业媒体的爆炸式增长，女性网已经成为主流，将越来越多的空间用于其脆弱的杂志合作伙伴。

同样的事情也发生在网络世界的女性网站上。从 iVillage 到氧气媒体（Oxygen），女性主义退居二线，政治评论让位于时尚饮食、星座和兼容性计算器。网络不再是《人物》杂志的缓兵之计；星座吸引了更多的流量。"那些认为网络会更像《女士》而不是《小姐》（相信所有女性都渴望更多的理智主义）的人，可能被骗了"一位评论家在沙龙中指出。

早期识别和发展女性网络的努力产生了相反的预期效果。正如加拿大学者和理论家莱斯丝·丽根·谢德所指出的那样，女性网和 iVillage 等网站越是积极地迎合女性读者，就越是将她们归类，直到社区只剩下消费者人口统计和广告点击量。这在今天仍然是一个问题，因为网络媒体正在努力平衡广告商、订阅者和读者之间相互冲突的需求。然而，在网络早期的热烈气氛中，情况似乎特别严峻：女性上网是为了获得权力和建立社区，而在短短几年内，她们就被推销牛仔裤、婴儿服装和乳液包围。

2000 年，《纽约时报》一篇尖锐的社论敲响了警钟：女性网络媒体在商业上的成功是一种"恶性文化分离主义"的征兆，是一种老套、阴险的"女性文化"，从少女电影到真人秀节目再到时尚杂志，到处蔓延，目的只是为了欺骗女性消费者，让她们打开钱袋。《泰晤士报》的芙朗辛·普罗斯写道："这是终极的欺骗，是由营销研究驱动的骗局，是对女性实施的骇人听闻的诱骗——女性被承诺建立关系，却被推销给社区。实际上她购买的是更多的孤立和与世隔绝。"

烂公司

网络泡沫最有趣的产物之一是一个名为"烂公司"的网站，该网站将硅谷的崩溃转化为一场奇幻的体育游戏。每天，它都会发布新的行业"烂摊子"，并根据严重程度对其进行评级：裁员、令人不安的新闻稿和空荡荡的办公室。严重程度达到 100 分，该公司就会被退回到"烂公司名人堂"，并有可能在现实生活中破产。他们可以对每一个渐进式的失控进行投注。紧张的技术工作人员将该网站作为一个晴雨表，有些人甚至自己玩这个游戏。千禧年之后，在网络公司上赚钱的唯一方法是赌他们灭亡的具体细节。

2000 年 12 月，烂公司发布了一个新的通知。

女性网，我最喜欢的关于女孩儿喜欢什么的网站，解雇了 85 位漂亮的女士。
严重程度：45

女性网在 20 世纪 90 年代末一路高歌猛进，销售价值数百万美元的广告并绘制出前所未有的流量数字。即使文化观察家们在感叹这些网站沦落为扑朔迷离的点击广告时，对女性网站的投机性经济兴趣也达到了历史最高点。像那个时代的许多大型互联网企业一样，女性网和 iVillage 都感受到了压力，希望通过适时的 IPO 将这种兴趣带到银行。

iVillage 先发制人，于 1999 年向证券交易委员会提交了 S-1 文件。人们的期望很高。坎迪丝·卡彭特是一个王牌推销员，她以无与伦比的能力将一个"亏损严重、实物资产少、专利技术少、开支庞大、员工'烧钱率'高，新兴竞争对手强大"的公司描述为值得实质性投资的公司。在 iVillage 首次公开募股的前夕，在道琼斯工业平均指数创下历史新高之后，她已经带领公司完成了多轮融资，最终获得了 3 150 万美元的夹层融资。

iVillage 将发行价定为每股 25 美元，开市后，竞价从 95.88 美元开始。卡彭特、她的商业伙伴南希·埃文斯和他们的投资者在几秒内成为千万富翁。回到 iVillage 办公室，员工们高兴得神魂颠倒，卡彭特告诉记者，她在"把他们从天花板上拽下来。"她自己的股份价值 8 000 万美元。这是硅巷历史上最成功的 IPO 之一。

女性网对此密切关注。马琳说："我对 iVillage 先上市感到不安。"她和埃伦一直在密切关注他们的对手，想看看一个由女性经营的网络企业在华尔街不分青红皂白的十字路口会有怎样的表现。iVillage 的成功在某些方面是一个好兆头：它表明市场认真对待女性媒体，并愿意投入大量资金。但马琳并不确定闪电是否会击中两次。"这影响了我，"她承认："我说，'哦，我的天，我们最好走出去'。"女性网公司仅在两个月后就提交了她们自己的 S-1 文件。"你知道什么时候是正确的，因为投资银行会突然来拜访，"马琳解释说："那是正确的时间。这可能是我们唯一可以利用的窗口。"那年 10 月，马琳和埃伦在时代广场的屏幕上观看了她们新股票代码 WOMN 跳动的行情。

女性网的 IPO 远没有 iVillage 那么轰动，但它是完全合理的：该公司最初每股 10 美元的发行价在交易的第一天几乎翻了一番，并在月底攀升至 23 美元。在随后的高调广告活动的支持下，女性网甚至在媒体矩阵前 50 名排行榜中超过了 iVillage，这促使 iVillage 在《华尔街日报》上发表整版回应，暗示女性网是通过与赫斯特合并才获得的地位。标题写道："聚合网站和打造领先品牌之间是有区别的。"但是，尽管有来自其主要竞争对手的这种对立，行业分析师预测，女性网将在未来几年内成为一个重要的互联网参与者。

仅仅一年多之后，一切都崩溃了。

当我问及女性网的命运时，马琳明显地呼了一口气。"我不喜欢聊这个话题，"她承认说："我一生中从来没有去过一家收入在一个季度内真实下降的公司。我不是一个人，但作为一家上市公司，我必须报告这一点。我们的股票开始下滑，我可以看到墙上的字迹。"她向她的董事会提出了一个想法：为了不被炒作，女性网需要进行合并。"一旦你被市场伤害，你就会成为活死人之一。"她说："我迅速行动了。"

2001 年 2 月 5 日，女性网发布了一个出人意料的公告：该网络最大的竞争对手 iVillage 将以复杂的股票交易方式收购女性网，价值 4 700 万美元。当合并还未完成时，iVillage 就收到了纳斯达克的通知，说他们公司的股票已经摇摇欲坠，处于退市的边缘，而且几乎在合并完成后的第一时间，这个新成立的公司就解雇了一半的员工。《华尔街日报》得出了一个毫不含糊的结论："互联网无法维持几个主要依赖广告的网站，以迎合女性感兴趣的小众市场。"

事情可能没有那么糟糕。毕竟，今天有很多广告支持的女性网站和应用程序在网上蓬勃发展，提供浮夸的内容、精辟的评论，以及介于两者之间的一切。这些网站与早期网络中的女性网站的区别在于，后者将自己想象成门户：一站式商店，女性可以在这里获得她们需要的所有互联网信息。这在一开始可能是有效的，当时女性在网上仍是少数，但随着网络的发展，用户也在增长。一段时间后，女性门户网站开始看起来像是对媒体的误用。一个对金融感兴趣的女性可以直接进入彭博社时，为什么她还需要浏览女性网的金融网页？如果《Vogue》有网站，谁还需要 iVillage 的时尚秘诀？这并不是说市场不能支持一个以上的女性网站。而是女性一旦上了网，就可以做出判断了。

第13章 女游戏玩家

计算机自然没有性别之分。但是，社会对计算机是为谁服务的集体理解——谁使用它们、制造它们或购买它们——在一代又一代人之间转移。在19世纪，计算机是指女性，而在20世纪50年代，计算机是女性的游戏，直到编程被专业化和男性化。阿帕网建立在从军事和学术中心辐射出来的技术骨干基础上，是男性主导的，因为设计该基础结构的人来自有利于男性的环境。早期的超文本是由计算机科学边缘的女性设计的，但要普及她们的想法需要一个男人——直到最后，在网络的早期，个人计算机的使用让女性重新进入这个领域，一代女性文化工作者和企业家再次产生了影响。在这些时间里，技术反映着投入了什么以及由谁投入。

正如研究人员简·马戈利斯所指出的，"在生命的早期，计算机被认为是男性的领地。这种说法在很大程度上是一种文化和社会的产物，它把对计算机的兴趣和成功与男人联系在一起，"导致女性对计算机逐渐灰心，马戈利斯生动地称之为"许多外部影响的苦果"。这种"不鼓励"渗透到技术文化的各个层面：在学校的计算机实验室里，在家庭计算机可能被放置在一个小男孩的房间里而不是放在他姐姐的房间里，在一个崇尚男性极客的大众市场媒体中，甚至在计算机操作系统中。社会学家谢丽·特克尔指出，谈到崩溃和执行时，这些系统堪称粗暴，在运行了一段时间后，它问我们是否愿意中止一个有问题的程序。

在20世纪90年代中后期，当万维网的女性在快速发展的信息生态系统中激烈地争夺一席之地时，另一个争夺女性计算机用户的战场出现了。不是在网上，也不是在学术界，尽管它会对两者产生不可磨灭的影响。这是一场重塑计算机给女孩们留下第一印象的斗争，并通过一项能证明权力和主张的活动将她们的热情重新引到屏幕上，那就是玩计算机游戏。

战斗认识论者

布伦达·劳雷尔（Brenda Laurel）讲述了两个关于计算机的故事。

在第一个故事中，她年仅 12 岁。那是 1962 年俄亥俄州的万圣节。她的妈妈用一个塞满黄色棉花粒的网眼状材料做了她的服装。布伦达几乎看不到眼孔，但她相信她会在当地超市举行的服装比赛中获得一等奖。然而，当她到那里时，另一个孩子已经赢了。布伦达的母亲，"一个有点争强好胜的女性，觉得全世界都在针对她"，向负责人抱怨。负责人是一家五金店的经理。作为安慰，负责人从货架上拿了一个奖品给布伦达——一个印有"ENIAC"字样的小塑料盒。"这是一台计算机"他说。

ENIAC 有一叠卡片，每张都印有一个问题。他从这堆卡片的最上面拿了一张，上面的问题是：地球和月球之间的距离是多少？把卡片放在机器里，然后转动旁边的曲柄，答案从另一端吐了出来（它被印在背面）。布伦达不明白这个原理，她也不知道真正的 ENIAC 会在一群女程序员的努力下输出答案。但她对机器与宇宙关系的想法感到惊奇。她回忆说："我有一种顿悟，有那么一瞬间，我似乎灵魂出窍，离开了教科书和打字机的时代，进入了一个辉煌的时代，计算机将为我们回答真正困难的问题。"

在第二个故事中，她年长了一些。20 世纪 70 年代中期，她正在俄亥俄州立大学攻读戏剧博士学位，对于一个想获得服装比赛冠军的人来说，这个追求是合适的。她最亲密的朋友之一叫乔·米勒（Joe Miller），在附近的研究实验室有一份工作。一天晚上，他在下班后带她去实验室，给她看计算机。正如她所描述的那样，它在绘画"来自火星的图画"。就像她对童年玩具 ENIAC 的想象一样，这是一台能与星星对话的机器。她几乎跪倒在地，说："不管这是什么，我也要试试。"

对布伦达来说，幸运的是，乔开了一家小型软件公司，是在苹果和微软垄断行业之前存在的。他的公司为 CyberVision 系统编写程序（这种系统是一种原始的家用计算机系统，只在蒙哥马利沃德出售，现在已经被人遗忘），它可以插在普通的电视机上（现有的电视遥控器可以兼做鼠标），程序来自标准的立体声盒式磁带或"网络套装"，在不同的频道上运行音频和数据。作为一台个人计算机，CyberVision 在当时是非常领先的。它提供了包括家庭财务软件、彩色游戏、教育工具和儿童动画童话在内的一整套程序，所有这些都在 2KB 内存上以块状像素呈现。

儿童动画童话程序是布伦达首先接触的软件艺术。布伦达曾在剧院里演过童话故事，她在俄亥俄州立大学校园的橡树间不时上演的罗宾汉游荡的故事深受儿童和成人的欢迎。尽管布伦达缺乏编程知识，乔还是邀请她来为他工作，设计 CyberVision 的像素故事。这成了她的训练。"在不知道这很难的情况下"，她沉浸在计算机的世界里，做了"从平面设计到编程的所有事情"。在那些日子里，代码是用铅笔和纸手工绘制的，然后再人工转换为 CyberVision 的 CDP1802 微处理器所理解的汇编语言，这是 20 世纪 70 年代许多业余爱好者和消费级微型计算机中使用的集成芯片。

最初的 CyberVision 展示在 1978 年蒙哥马利—沃德百货公司春季目录的显要位置，第一年就卖出了一万台，这对于一家来自俄亥俄州哥伦布市的计算机公司来说，并不算糟糕。但当时个人计算机的市场很小，竞争也很激烈：西尔斯公司有雅达利系统，无线电音响公司正在推广自己的坦迪计算机，而街机游戏的黄金时代也在路上。当 CyberVision 在 1979 年倒闭时，布伦达仍然没有完成她的论文。但不要紧，她此时已是一名游戏设计师。当她搬到加利福尼亚为雅达利工作时，她第一次看到了大海。

我们坐在她的花园里，边喝冰茶边聊天；Tejava 绿茶和石榴汁是她家的饮品。她抽着香烟，不自然地坐着（她刚做完背部手术正在逐渐恢复，这是她第二次做手术），一头卷曲的银发中点缀着洋红色和海蓝宝石色。在我们交谈的时候，两只壮硕的猫在花园里跑来跑去，这里其实是一片丛林，距离旧金山仅两小时的车程。当阳光穿过野餐长椅时，落在了被扔在她身后一堆仍在锯末里的鲍鱼壳上。布伦达和她的丈夫是鲍鱼爱好者，他们在北加州海岸自由潜水，用撬棍从岩壁上撬出乳白色的贝壳。她告诉我，其中的技巧在于不动声色地抓住它们。即使双壳类动物只能感觉到变化的潮流，它们也会合上壳。布伦达花了 4 年时间才捞到第一只鲍鱼。有一天，在下潜过程中，她想起来自己生来就是左撇子，于是她把撬棍从右手换到了左手，然后粗暴地撬开了那只吸盘。这些事情不是布伦达如何工作的隐喻，但这意味着，一个具有隐蔽性和有力量的女人，一个隐藏的撬棍和一个充满彩虹的花园。若鲍鱼碰上了，就得死翘翘。

在加利福尼亚，布伦达为 Atari 400 和 800 计算机的软件制定了策略。由于雅达利公司最初是因街机成名的，该公司希望新的个人计算机能够运行其最具代表性的游戏。布伦达花了很多时间和精力将雅达利游戏移植到计算机上，这让她抓狂，因为在她看来，这些游戏在价格只有其 1/10 的控制台上运行得更好。当她的团队开发出《吃豆人》时，她去找计算机部门的总裁，说："你知道吗？我再也不能忍受了。让我演示给你看。"她拿出白板，列出了她认为雅达利公司在家用计算机方面应该做的所有事情：个人财务、教育、文字处理器。"然后那个人说，'你的工资翻倍，以后你直接向我汇报工作。'"

这就是布伦达的飞跃。当她认为该部门的公司监管者在针对她的工作时，她去了街对面的雅达利公司的研究实验室。实验室由一位叫艾伦·凯（Alan Kay）的计算机科学家领导，因其在面向对象编程方面的开创性工作和设计计算机桌面的重叠窗口而闻名。凯将布伦达收归麾下，为她留在雅达利公司争取了几年时间。在凯的实验室里，她基于亚里士多德的《诗学》（*Poetics*）设计了一个人工智能系统，为计算机游戏生成引人注目的新场景。在那之后，她跳槽到动视公司，在那里她制作了《狂人大厦》等游戏；然后在苹果公司，她把她的一些朋友带到了人机界面组进行对话。在这一过程中，她最终完成了她的论文。在她的论文里，她认为计算机程序就像戏剧一样——它们都有剧本，而且都没有以同样的方式表演，也没有以完全相同的方式表演过两次。

布伦达的房子在一条单车道的路上，穿过一片太平洋乔鹊木树林，有几英里（1 英里 = 1.609 344 千米）远。车道上有一个用粉笔画的迷宫。她的客厅里有一个经典的《星际迷航》纪念品架子。在她办公室的门上，写着 BRENDA LAUREL, PH.D., COMBAT EPEMOLOGIST（布伦达·劳雷尔，博士，战斗认识论者），在楼梯下的一个矮柜里，放着一篮子的布料，里面有长长的五月节花柱丝带线轴和塑料花，它们的绿色丝茎摇摇晃晃。必须把这些东西都推到一边，才能拿到后面的塑料盆，里面塞满了不同种类的纪念品。她答应我，让我们翻阅档案。

盒子里的东西都是紫色的。有玩具人偶，放在翻盖塑料盒中；有成套的交易卡，有装在紫色天鹅绒袋中的乳白色珠子，还有装在紫色盒子中的 CD-ROM，名字是《罗基特的诡异决定》和《罗基特的冒险制造者》，是她在自己的计算机游戏公司紫月公司担任负责人时制作的几部作品。当她把松散的丝带和薄纱塞回柜子时，我读了印在磁盘背面的公司宣言：深厚的友谊/对自然的热爱/要相信自己很酷/梦想的勇气/这就是女孩的全部。而这也是女孩们在发现紫月的冒险中所分享的。这就是为什么紫月只为女孩而设。

紫月公司

1992 年，布伦达在英特沃研究中心（Interval Research）找到一份工作，这是一个由微软联合创始人保罗·艾伦（Paul Allen）资助的帕洛阿尔托智囊团。英特沃研究中心只做研究（R），很少做开发（D）：研究人员徘徊在杂草丛中，研究当时还未普及的技术，如远程呈现和互动视频。布伦达也刚从杂草中走出来。她创建了一家虚拟现实公司（即网真研究公司），但在一年内就倒闭了。她经常称自己是"碰撞测试假人俱乐部"的成员，是那些在经济上还不可行的情况下试图制造东西的"冒失梦想家"。这是一次"不舒服但有意思的狂欢"，她说。尽管后果对他们来说可能是痛苦的，但碰撞测试假人总是能看到更多的东西。

布伦达在尝试开发虚拟现实（VR）时注意到一件事：男人和女人似乎有不同的体验。她告诉我，"当我就 VR 对男性展开访问时，他们通常会说，这是一种灵魂出窍的感觉。"但当她与女性交谈时，"她们通常会说这是在把她们的感觉带入一个不同的环境。"这是一个细微的差别，但足以让布兰达深入思考性别和技术，以及技术设计中的微小不平衡对谁使用它们、谁从中受益以及谁获利有更大的实际影响。在英特沃研究中心，她进一步缩小了自己的关注范围，选择研究在个人计算机驱动的世界中刚刚成年的一代儿童——像她自己的女儿一样大的孩子们。在英特沃研究中心的头 4 年里，布伦达提出了一个具有重大意义的问题：为什么小女孩不玩计算机游戏？

游戏为许多孩子提供了他们第一次接触计算机的机会。但就在布伦达开始在英特沃研究中心工作时，在四年级到六年级的学生中，计算机的重度使用者绝大多数是男孩。当时的研究人员发现，女孩倾向于将计算机视为完成任务的一种方式，如文字处理，而男孩则更有可能"先玩游戏再编程，并将计算机视为一种好玩的娱乐玩具"，这种行为会使他们先滋生熟悉感，然后掌握它。这种将计算机作为男性追求的社会化趋势是在软件工程长期、缓慢的男性化过程中出现的，在整个 20 世纪 80 年代和 20 世纪 90 年代计算机和计算机游戏的营销中，它在流行文化中继续延续，如《战争游戏》《书呆子的复仇》《怪异科学》等电影。在这些电影中，顽皮的男孩为他们的梦中情人编程。

在采访了全美国近 1 000 名儿童和 500 名成人后，布伦达认为问题不在于使用，甚至也不在于媒体对计算机的描述。这并不符合事实：有很多女孩在学校或家里有计算机，但她们仍然不使用计算机，而且没有研究证实女孩在某种程度上天生对计算机游戏不熟练或不感兴趣。对布伦达来说，这可以归结为一个软件问题：小女孩不玩计算机游戏，因为计算机游戏都是为男孩准备的。

布伦达和她的团队在 1992～1996 年采访的女孩们对她们所玩的游戏直言不讳：她们讨厌一次又一次地死亡，暴力使她们感到紧张。她们也不喜欢游戏中强调掌控的方式，比如打败一个终极大老板，或者在快速移动的地形中穿行而不被杀死。布伦达解释说："对一个女孩来说，掌控不是好的社交方法。她们想要的是一种体验式的方式。"布伦达采访的女孩们不愿意一次又一次地尝试突破一个个关卡，而是更愿意四处游荡，探索虚拟世界，学习其中的人物和地点之间的关系。在布伦达开始研究并于几年后发表《屏幕上的生活》（*Life on the Screen*）后，社会学家谢丽·特克尔指出，男性通常将计算机视为一种挑战，一种需要掌控和支配的东西，然而女性将计算机视为工具，一种需要合作的对象。她解释说，这种"软掌控"需要一种亲近感，一种与计算机的联系，这种联系更像是音乐家与她的乐器之间的关系：亲密、对话和相关。

就像音乐家们和谐相处一样，布兰达发现她的研究对象们在一起玩耍，不管她们玩的游戏是否是为多个玩家设计的。她的结论是，女孩是天生的合作者，她们对游戏的社会体验往往与游戏本身的目标一样重要。她的研究对象喜欢猜谜、探索，并且当故事线强大到可以吸引她们与机器进行沉浸式对话时，她们更愿意与对方分享她们的经验。我在 1993 年击败 CD-ROM 游戏《神秘岛》之后，我记得我和我最好的朋友在地毯上跳了起来。

研究（R）带动开发（D）。1996 年，英特沃研究中心将布伦达的研究小组分拆成独立的公司——紫月公司，专门为年轻女孩生产游戏。按理说，如果男孩在学校的计算机实验室里霸占机器玩女孩不喜欢的游戏，那么以后在工作场所女孩就会处于不利地位，因为在这个世界上，计算机知识不仅是有益的，而且是必要的。制作女孩喜欢的游戏似乎是一个解决方案。正如一位女性游戏设计师所说，"如果今天我们不鼓励女孩享受技术带来的乐趣，我们就不能指望明天女性在技术领域出类拔萃。"这也是一个明智的商业举措：女孩代表了一个巨大的未开发市场，而且普遍的看法是，任何人只要制作了真正吸引她们的计算机游戏，游戏产业的利润就能翻番。

这种想法很可能是受到当年《芭比时装设计师》（*Barbie Fashion Designer*）意外成功的影响，这是美泰公司的一款 CD-ROM 游戏，允许玩家为虚拟的芭比娃娃装扮。作为第一个最畅销的"女孩游戏"，它在 1996 年卖出了 60 万套，远远超过了《毁灭战士》和《雷神》等第一人称射击游戏，令所有游戏行业的从业者都感到惊讶。

《芭比时装设计师》点亮了女孩游戏的市场，它在女孩的现实世界和计算机游戏之间架起了一座桥梁；芭比娃娃的数字服装可以被打印、切割和黏合，以适应真正的芭比娃娃。然而，在游戏机制方面，它几乎没有突破性的进展。给角色穿衣服的想法并不新鲜："男孩"游戏也以定制化的形式提供了装扮，而这通常是在冒险开始之前。这体现了该行业在紫月之前是如何对待女孩游戏的。设计师们通常会对既定的游戏机制进行重新设计，使之成为更简单的版本。《芭比时装设计师》的前身——1991 年超级任天堂的芭比游戏，也做了同样的事情：用香水瓶取代硬币，用沙滩排球取代怪物。这是一个穿着裙子的男孩游戏，布伦达不屑地称之为"粉色乐高积木般的计算机游戏"。

紫月采取了一种不同的方法。布伦达的公司没有软化"男孩"游戏的边缘，而是加倍重视复杂的人物和故事的构建。"我的意思是，大多数男孩游戏中的角色有点蹩脚，"她解释说："你甚至无法为他们编一个有趣的故事。"紫月公司制作了两个系列的故事游戏，讲述了一个八年级的女孩罗基特·莫瓦多和她在低语松林学校的朋友圈。罗基特的游戏没有关卡或重复的试验，没有时钟或排行榜，甚至没有输赢。布伦达把它们比作情感排练场。在《罗基特的新学校》中，罗基特会面临任何青少年或青春期女孩都熟悉的情况：她必须交朋友，适应棘手的社交场合，并决定她是什么样的人。她会邀请书呆子梅维斯参加她的聚会吗？她会读另一个女孩的日记吗？她是否会试图融入受欢迎的孩子圈——一个被称为"那些人"的小团体——或者当她看到有人被欺负时，她是否会说出自己的想法？

这些问题在分叉点上得到了答案。在她上学的第一天走进教室时，罗基特必须决定她将成为谁；这个选择是在她的脑海中做出的。在那里，三个不同版本的罗基特分享了各自的内心独白。每个人都代表故事中的一条道路。惊恐的罗基特在游戏中与能干的罗基特形成不同的故事线，她最终与一个"大姐大"为一个令人垂涎的后排座位争吵。这是一个社交发展的超文本《选择你的冒险路线》，一个可以重复的上学第一天。一位狂热的紫月游戏玩家，在她成长的岁月里玩过罗基特游戏，记得游戏如何影响了她的发展。"我记得有时候，我不会快速回应别人，而是会思考我的话，以及我做的每个选择可能产生的影响，"她解释说："它们真正帮助我学会了如何社交，如何与人相处。"

这些社交课程不仅仅能在低语松林学校中学到。紫月的网站是一个早期的社交网络，它将罗基特游戏的世界延伸到了网上，使女孩玩家对她们喜欢的角色能够了解更多，并结识现实生活中的同伴。英特沃的创始人在第一次展示原型时，只问了一句："你能为男孩也做这个吗？"紫月网站成为一个女孩的世界，也就是我们现在所说的"粉丝"群。女孩们向低语松林学校的校报提交文章，围绕她们熟悉的情节编造自己的故事，在罗基特论坛上闲逛，并交换与游戏世界有关的虚拟产品。而且，与更大的网络世界不同，紫月网站是安全的，因为女孩们需要通过她们的父母注册账户，并且网站有一个内置的紧急按钮。"很简单，"布伦达兴致勃勃地解释说："只要有混账事情发生，按下恐慌按钮，你会得到一个屏幕截图，所有的东西都会传给我们，我们会知道那个混蛋是谁，然后给他们的父母打电话，给他们一个警告。"紫月网站的影响力不亚于它的游戏——1997 年，它的点击率和停留时间都超过了迪士尼网站，它已经成为许多年轻女孩网络世界的基石。

紫月出版了罗基特初中冒险游戏的配套系列《秘密通道》。罗基特的游戏强调社交技能，而《秘密通道》系列游戏则是"友谊冒险"，与中学的高风险环境不同，它是舒缓和私密的。例如，《森林中的秘密通道》从一座树屋开始。根据用户的喜好，窗外是一座印象派的山峰，潺潺流淌的小溪周围铺满鲜花，或者是一片赭色的远景，点缀着野马。在房间里有一个"友谊之箱"，里面装满了需要帮助的女孩的信息。如果你用爱心点在一个女孩身上，她就会说出她的秘密。米科担心其他女孩不会喜欢她，因为她太聪明了；达娜对她的球队失去州足球冠军感到非常沮丧；惠特尼与她的继母有矛盾。《森林中的秘密通道》的目标是帮助每个女孩沿着自己的"通道"前进，在低语的树枝和发光的夕阳中穿梭。一路上，猜谜题会给玩家带来宝石的奖励，这些宝石代表了女孩克服问题可能需要的不同力量。它们成为一份礼物——一条护身符项链，代表着自力更生的承诺。

《森林中的秘密通道》以及后来的《海上秘密通道》满足了与《罗基特的新学校》不同的情感需求，它们是安静而缓慢的冥想游戏。用一位评论家的话说，它们教女孩"如何找到情感支撑，如何观察和回应他人未表达的需求"。这些游戏是单独玩的。虽然罗基特游戏的情感导航让女孩们有机会尝试社交行为而不至于让自己难堪，但配套的系列游戏帮助她们理解女孩的同理心、善良和团结的核心价值，使她们在未来的变化中保持稳定。《秘密通道》系列游戏中害羞的小孩变成了《罗基特的新学校》中自信的青少年，但她们没有用正确的方法。有更轻松的道路，但紫月游戏反映了现实生活。孩子们可以把罗基特扮演成小甜心，但有时一个错误的决定会把罗基特带到一个好地方，比如音乐室，学校里最可爱的男孩鲁宾在钢琴上为她弹奏小夜曲。这就是让布兰达陷入困境的原因。

紫月公司发行了 6 款罗基特游戏。前两款游戏在发行当年就进入最畅销游戏的前 100 名，击败了像《约翰马顿美式足球》这样的行业巨头。就像女性网络一样，它们代表了计算机使用的性别动态的巨大变化。当紫月公司成立时，所谓的女孩游戏已经随处可见。美泰公司借着《芭比时装设计师》的成功，又推出了几款芭比互动游戏：设计和打印派对请柬的海洋探险游戏，以及《芭比魔法发型师》；世嘉公司则以《宇宙虚拟改造》与之竞争，而利尔宁公司制作了美国女孩系列。游戏设计师特蕾莎·邓肯通过梦幻般的另类摇滚故事游戏《零、零》和《自作聪明的裤子》获得了成功。制作了《她的冒险》的美国激光游戏公司制作了另一个高中的冒险游戏《麦肯齐和同伴》（类似一个带有真人剪辑场景的罗基特游戏和受欢迎的南希·德鲁游戏系列）。投身于女孩游戏的工作室越多，商店里的货架就越大。对孩子们来说，这就是一个完整的世界；与我交谈过的紫月游戏玩家，在这股热潮处于上升期时还在上小学。她告诉我，作为一个孩子，她以为计算机过道上一直都有女孩的游戏。

女孩游戏运动与整个 20 世纪 90 年代以女性为主导的企业的兴起相吻合。像紫月一样，几个主要的女孩游戏工作室都是由女性创建的，而且员工大部分都是女性，这与全国范围内的创业女性主义趋势一致。这使它在当时成为一个热门话题。大众媒体觉得这很吸引人："晚间报道"播出了一个关于女孩游戏的特别节目，《时代》杂志在介绍紫月公司的时候，开玩笑说女孩需要一个"属于她们自己的空间"。它在游戏行业和学术界引起了更多的讨论，关于这个主题的几本学术文集已经出版。这种热情在很大程度上是基于一种假设，即女孩游戏会创造一个"'良性循环'——女孩玩计算机游戏会引发女性编写游戏软件，从而让更多女孩获得好的游戏体验，甚至吸引更多的女性游戏玩家。"但是到了2000 年，随着最知名的工作室的消亡（紫月公司就是其中之一），女孩游戏运动实际上就结束了。

在《芭比时装设计师》之后，没有一个女孩的游戏工作室能够成功地制作出一鸣惊人的作品。行业观察家们最终认为这款游戏的成功是侥幸的，并把其销售归功于美泰公司的品牌知名度——当时的美国女孩平均每人拥有 9 个芭比娃娃。但许多批评者认为，女孩游戏背后的基本思维是有缺陷的，通过把女孩强行塞进粉紫色的鱼缸里，这种为女孩设计的游戏实际上是削弱了她们。批评者认为，与其按性别把孩子们分开，为什么不做所有孩子都能享受的游戏？第一批真正成功的计算机游戏，如《乒乓》《俄罗斯方块》，没有明确的性别界限；直到1980 年雅达利公司在《吃豆人》上打了一个粉红色的蝴蝶结，创造了《吃豆人小姐》，这个问题才被提出。

布伦达的研究使她相信，只有男孩喜欢射击游戏和冒险游戏，但许多女孩，无论在当时还是现在，都喜欢用机枪扫射外星人和歼灭大坏蛋。正如一位自称是"游戏女郎"的人在 20 世纪 90 年代末写的那样，"紫月和其他'女孩游戏'公司必须明白的是，尽管像《芭比时装设计师》这样的游戏有市场，但喜欢做'男孩事情'的女孩也有很多。"

紫月发现自己被卷入了一场关于游戏对儿童生活影响的文化对话中，它的"女孩至上"的做法被解读为本质主义。在一篇有影响力的社论中，一位女性主义评论家对关于紫月的研究提出质疑，认为以"流行和时尚"为重点的罗基特游戏，只是"强化了她们声称要消除的那些刻板印象。"虽然布伦达·劳雷尔设计的《低语松林中学》反映了她所采访的女孩面对的社会现实，但紫月公司的批评者却指责该公司对女孩的看法过于狭隘，并加重了女性主义者排斥的隶属模式。难道女孩们不应该得到比她们已经了解的卡通版世界更好的现实版世界？当我问布兰达这个问题时，她更务实了。她正在进行流行文化层面的干预，而这需要某种广泛的影响力。她说："当某人不认识他们所扮演的角色时，你不可能得到他们的支持。"

1999 年，英特沃研究中心拔掉了紫月的插头。该公司并没有得到一个好的结局。布伦达说："保罗·艾伦让我们进入第 7 章，我们不得不说服他放弃，重新进入第 11 章，这样我们就能以低廉的价格把这东西卖给美泰公司，让每个人的工资都有保障。这实在是很可怕。"布伦达被迫关闭了来自世界各地的女孩们在此建立了深厚友谊的紫月网站，并在一天之内解雇了她的大部分员工，其中 80% 是女性，与大多数硅谷工作场所相反。在当年圣何塞的一个游戏开发者大会上，她将紫月的失败归咎于一个重视短期收益而非长期发展的技术市场，以及迷恋无形网络业务而非销售实体、仓储商品的企业。据《纽约时报》报道，布伦达对众人说："我会和你们谈一些利于用户和自身成长的研究和设计的方法。但由于紫月没有成功进行大规模的 IPO 或让每个人都变得富有的奢侈收购，所以你们得出我所倡导的方法不一定有效的结论是可以理解的。"她后来出版了一本名为《乌托邦企业家》的书。

芭比买下了罗基特：1999 年，当美泰收购紫月时，它还拿下了制作《卡门圣地亚哥》游戏的利尔宁公司，以及以娃娃和游戏闻名的普莱曾特公司。"美泰公司试图保护他们的芭比娃娃专营权，"布伦达说："他们收购了其他的女孩游戏，并用木桩刺穿了它们的心脏。"但到了 20 世纪 90 年代末，视频游戏中辨识度最高的女性形象不是罗基特，甚至也不是芭比娃娃，而是体型丰满的《古墓丽影》中的劳拉·克劳馥，她的超性感身材和紧身衣为她赢得了众多的男性"粉丝"。

紫月公司倒闭后，布伦达在她家举行了悼念活动。公司的前雇员和朋友们围着罗基特雕像，它被安放在布伦达古董餐桌上一个微型塑料储物柜里，两侧是"黑色的蜡烛、紫色的鸢尾花束和一瓶几乎见底的爱尔兰威士忌"。布伦达给自己倒了一杯，给这个她押注游戏未来的红头发小女孩念了一段悼词。"我们总是试图治愈某些东西，"她说："糟糕的童年、不当的交易、糟糕的自尊心。当我们创造她时，我们试图治愈一些东西。"布伦达有 3 个女儿，很明显她的初心也与个人有关。紫月公司推出第一款游戏时，她们还是十几岁的孩子，而当公司被关闭时，她们只大了几岁。就像穿越童年最后阶段的任何通道一样，时间不够长。为了安慰她们的母亲，女孩们把罗基特雕像串在一段粉红色的纱线上，像天使一样把她挂在二楼的楼道里。

在我离开她家之前，布伦达跑进她的办公室，从角落里的祭坛上摘下一个东西：一颗乳蓝色的珠子，形状像一个月亮。这是最初"秘密通道"的宝石之一，6 个一包，装在紫色天鹅绒小袋里，由紫月公司出售，供女孩们收集和交换。她得意扬扬地把它递给我。背面刻着一个词：成熟。这大概是我完成"力量之链"所需的特质，它将帮助我度过人生的下一个阶段。对于一个塑料玩具来说，告诉别人要长大似乎是不适宜的。但我看着布伦达，看着她身边的祭坛，我意识到：它不是在告诉我要长大，它是在试图教我如何成长。

这颗宝石和我一起，沿着长长的小路穿过丛林，回家。

尾声　下一代女性浪潮[⊖]

在这么多代女性的技术成就被时间、冷漠和网络本身不断变化的协议所埋没之后，网络女性主义者渴望在现在的技术领域大声宣告自己的地位。网络文化思想家和艺术家将互联网理解为一个前所未有的自由思想和表达平台，就像主机中的休眠病毒。前缀"赛博"（Cyber）召唤了它。当时无处不在——当然，还有赛博文化、赛博美食、赛博朋克和赛博懒鬼，等等——"赛博"唤起了对数字空间和电子网络的无处可去、无形世界的集体幻觉。网络女性主义者对没有地理、没有预定惯例的网络空间的想法非常着迷，并相信一种新的女性主义可能会在那里起航，在光纤和比特的海洋中漂浮，不受束缚。

对 20 世纪 90 年代初上网的许多女性来说，网络女性主义看起来就像下一波巨大的女性主义浪潮：如果上一代人是全球思考但在当地行动，在彼此各自的范围内举行会议以提高她们的意识，那么，互联网可以打破这种差异，在图像和代码来完成纠察队和监督的工作下，创造全球一体化。

事实上，第一波进入网络的女性明白，访问是一个平等问题，她们学会了将第二波女性的组织和运动经验转化为新的媒介。她们早期在网络上的一些努力包括为社会工作者提供信息资源交流网站、论坛和为反对家庭暴力举行的 GIF 动画烛光晚会。

这其中的艺术家们制作了革命性的 CD-ROM，创造了基于网络的多媒体艺术作品，并建立了虚拟世界。她们以多种形式在网络中游弋，寻求快乐和知识。她们写下了催人泪下的文章，组成了联盟、邮件列表和讨论小组。

⊖ 本小节对英文原书略做删减和编辑。本书所述内容仅代表作者个人观点。——编者注

正如社会科学家雷娜特·克莱因在 1999 年写的那样，这些人私下里担心，被誉为"新千年的虚拟技术天堂"的东西，最终可能会变得像"20 世纪末现实生活中的许多东西一样讨厌女人"。为了切断这种可能性，他们希望迅速行动起来，建立一个丰富多彩、自信和生动的网上形象，在女性和技术文化之间建立一个永久的联系，这是她们与生俱来的权利。

但是，作为女性，如今在网上也有同样的焦虑，这些焦虑一直伴随着女性。对被沉默、被排斥和被欺负的恐惧在数字领域仍然像在现实中一样明显。我们密集的连接技术网络，以及我们在其中被监视的越来越多的设备，已经导致了新形式的暴力："人肉搜索"、网络跟踪、诱导等。而许多早期网络文化思想家所倡导的匿名性，作为超越性别和差异的方法，使暴力厌恶女性的语言遍布网络：在视频网站的评论中，在论坛上，在掘客网和四页频道上，以及在有公共意见的女性的收件箱和@回复中。早期在网上让女性陶醉的无形新事物已经变形；它已经成为游戏评论家凯瑟琳·克罗斯所称的"现实与非现实的默比乌斯带"——其中互联网文化"在方便的时候变得真实，在不方便的时候变得不真实；真实到可以伤害人，不真实到可以证明这样做是对的。"

作为一场运动，网络女性主义者随着网络泡沫的破灭而消失了。"我们做了我们当时必须做的事情，"巴勒特解释说。"我们的工作是推翻守门人，以获得对父权制和资本主义制度的统治和控制有巨大影响的强大新技术。"随着网络的商业化，很明显，互联网不会将任何人从性别歧视中解放出来，或者从阶级、种族、能力和年龄的划分中解放出来。

这并不是说网络女性主义者或任何她们的前辈，已经失败。而是随着数字生活和现实生活接近完全重叠，数字世界继承了现实世界的问题。用笔在默比乌斯带上描画，它就会把你带回你开始的地方。在这个连续的表面上，越来越难以区分。现在的计算机更小了，我们带着它们一起睡觉；它们在我们睡觉时测量我们的呼吸，在我们浏览世界时会倾听和追踪我们。社交网络通过向我们出售我们已经想要的东西来建立王国，我们的意见在泡沫中形成，在算法反馈的连续循环中形成。无论好坏，我们在肉体和精神上已经融入网络。

但这也可能是一件好事。因为当我们把我们的社会越来越紧密地映射到屏幕上时，我们创造了一个越来越强大的工具来改变它。社交媒体已经改变了我们旅行、饮食和发起变革的方式：在设计我们最亲密的技术时所做出的每一个决定都会影响我们的生活、我们的城市、我们的社会，以及我们对正确和真实的集体体验。当我们创造技术时，我们不仅仅是在反映世界，我们实际上创造了它。而且我们可以重塑它，只要我们理解这个责任的可怕性质。

差异越大，屏幕上的结果就越有趣和越人性化，没有正确的工程师，没有必须达到的特殊思想才能做出有价值的贡献，没有正确的教育，没有正确的职业道路。有时甚至没有一个计划。互联网是由人组成的，因为它是为人而生的，它按照我们的指示做事。

我们可以改造这个世界。

第一步是看清楚，看看谁在我们技术史上最关键的时刻真正出现过，而不是想当然地相信关于车库和财富、大男子主义"书呆子"和兄弟程序员的普遍神话。第二步是向我们的前辈学习所有胜利和生存的策略，我希望这本书能发掘出一些。如艾达·洛夫莱斯对繁文缛节的拒绝，格蕾丝·霍珀具有前瞻性的顽强精神，以及资源 1 号的女性们给予彼此的支持，还有杰克在网络的混乱中清晰的视野，贾梅·莉薇对朋克摇滚的勇往直前等，互联网是大家的地盘（当然包括女性），它"狂野"、怪异和令人费解，一向如此。

最后一步是最难的：我们开始行动吧。

致　　谢

写书是一种终极的生活方式；我知道没有比这更好的方式来结识英雄。我深深感谢那些为我打开日程表、硬盘和记忆的人们。虽然不是每个人都参与了本书的最终版本，但你们都对我的思想产生了不可估量的影响：帕特·威尔科克斯（Pat Wilcox）、帕梅拉·哈尔特·英格里希（Pamela Hardt-English）、谢丽·雷森（Sherry Reson）、琼·莱夫科维茨（Joan Lefkowitz）、米娅·肖恩（Mya Shone）、克丽丝·梅茜（Chris Macie）、李·费尔森斯坦（Lee Felsenstein）、伊丽莎白·"杰克"·费恩勒（Elizabeth "Jake" Feinler）、玛丽·斯塔尔（Mary Stahl）、拉迪亚·珀尔曼（Radia Perlman）、阿莉扎·谢尔曼（Aliza Sherman）、埃伦·帕克（Ellen Pack）、南希·莱因（Nancy Rhine）、娜奥米·皮尔斯（Naomi Pearce）、斯泰茜·霍恩（Stacy Horn）、玛丽莎·鲍威（Marisa Bowe）、贾梅·莉薇（Jaime Levy）、霍华德·米特尔马克（Howard Mittelmark）、达姆·温迪·霍尔（Dame Wendy Hall）、安妮特·瓦格纳（Annette Wagner）、凯丝·马歇尔（Cathy Marshall）、朱迪·马洛伊（Judy Malloy）、凯伦·凯特琳（Karen Catlin）、妮科尔·扬克洛维奇（Nicole Yankelovich）、吉娜·加鲁博（Gina Garrubbo）、劳里·克雷奇马尔（Laurie Kretchmar）、马琳·麦克丹尼尔（Marleen McDaniel）、娜奥米·克拉克（Naomi Clark）、布伦达·劳雷尔（Brenda Laurel）、阿德里安·杰尼克（Adriene Jenik）、艾米·布鲁克曼（Amy Bruckman）、安托瓦妮特·拉法奇（Antoinette La-Farge）、辛西娅·杜瓦尔（Cynthia DuVal）、海伦·瓦利·贾米森（Helen Varley Jamieson）、朱迪·安德森[Judy (yduJ) Anderson]、朱莉·伯克（Juli Burk）、丽莎·布伦尼斯（Lisa Brenneis）、琳恩·芬奇（Lynn Finch）、帕维尔·柯蒂斯（Pavel Curtis）、吉姆·布姆加德内（Jim Bumgardner）和易卜（Yib）。我是一个心怀感激的见证者，但这仅仅是一个开始。关于科技界女性的精彩故事比我能放进本书里的要多得多，我衷心希望在未来的岁月里读到更多、更精彩的相关书籍。

我还要感谢在写作过程中帮助过我的人：旧金山现代艺术博物馆的罗伯特·凯特（Robert Kett）和玛蒂娜·海德沃格（Martina Haidvogl）帮我查阅了博物馆永久收藏的《沃德》（*Word*）杂志光盘档案；互联网名人堂的温德·科弗（Wende Cover）帮我联系到早期的互联网先驱；计算机历史博物馆的悉尼·古尔布隆森·奥尔森（Sydney Gulbronson Olson）帮我处理了关于"社区记忆"（Community Memory）的查询任务；还有互联网档案馆的人，没有他们的回溯机器（Wayback Machine），就不可能写出关于网络时代的章节。我不是一名训练有素的历史学家，但我对本书中引用的计算机史学者所做的工作深表感激和赞赏，尤其是在前几章中。他们所做的工作改变了世界，并在很多情况下纠正了严重的排斥现象。当这些文件让我应接不暇时，我求助于我所认识的最优秀的作家。布赖恩·莫森特（Brian Merchant）分享了软件策略以及对前几章和草稿的重要见解；科琳娜·劳克林（Corrina Laughlin）总是很巧妙地用电子邮件发送大量研究线索、PDF 文件和反馈意见。小凯瑟琳·博雷尔（Kathryn Borel Jr.）是我宝贵的倾听者，阿迪·瓦根克内希特（Addie Wagenknecht）是网络终极黑客，她对本书进行了详尽的技术审读。

如果没有我那心思缜密、雄心勃勃的文学经纪人莎拉·莱维特（Sarah Levitt），这本书可能还只是文件夹里标注着"总有一天"的三页纸文件。她看到了更大的空间，并把我带到了那里。感谢我的编辑斯蒂芬妮·弗雷里奇（Stephanie Frerich），感谢她对讲述女性故事的热忱，她帮我将这本书从杂草中拔出，并支持我。感谢奥利维亚·佩鲁索（Olivia Peluso）和 Portfolio 出版社的每一位编辑，他们在这个过程中悉心指导我；感谢我的文字编辑朱莉安·巴巴托（Juliann Barbato）和制作编辑瑞安·博伊尔（Ryan Boyle），他们花时间帮我解决最棘手的问题。感谢我的父母科林·埃文斯（Colin Evans）和罗西娜·埃文斯（Rosine Evans），感谢他们为我提供了戴尔电脑，感谢他们给予我无尽的、毫不动摇的支持；还要感谢约娜·贝希托尔特（Jona Bechtolt），是她带我活出自我；感谢你无畏地与我一起走进最黑暗的洞穴。你们就是光。

注　释

第 1 章

3　上面写着："招聘计算机"："A Computer Wanted," *New York Times*, 1892 年 5 月 2 日.

4　最初的家庭手工业：James Gleick, *The Information: A History, A Theory, A Flood* (New York: Vintage Books, 2012), 84.

4　那个时代的人类计算办公室中的工作称为"脑力劳动"：Charles Babbage, *On the Economy of Machinery and Manufactures* (London: Charles Knight, Pall Mall East, 1832), 153.

5　数学家们提出"女子年"来推测她们的马力：David Alan Grier, *When Computers Were Human* (Princeton, NJ: Princeton University Press, 2005), 276.

5　任何布匹的图案：Sadie Plant, *Zeroes + Ones: Digital Women and the New Technoculture* (London: Fourth Estate, 1998), 66.

6　"半个破坏者"：George Gordon Byron, *Lord Byron: Selected Letters and Journals,* ed. Leslie A. Marchand (Cambridge, MA: Harvard University Press,1982), 58.

6　巴贝奇宣称："众所周知,"：*Babbage proclaimed: Charles Babbage, Passages from the Life of a Philosopher* (New Brunswick, NJ: Rutgers University Press, 1994), 116-117.

7　编写了一个"库"来保存数字：同上, 117.

7　"非常昂贵的玩具"：Gleick, *The Information*, 101-105.

7　"疯狂的、坏的而且危险的人"：Betty Alexander Toole, *Ada, the Enchantress of Numbers: Prophet of the Computer Age* (Mill Valley, CA: Strawberry Press, 1992), 6.

8　"哦，我可怜的孩子！"：同上, 21.

8　"我不相信我的父亲是"：同上, 156-157.

9　"把握基本原理的优点和真正难点的天赋"：B. V. Bowden, "A Brief History of Computation", in *Faster Than Thought: A Symposium on Digital Computing Machines*, ed. B. V. Bowden (London: Pitman and Sons, 1953), 22.

9　是一只"老猴子"：Toole, *Ada, the Enchantress*, 33.

9 "当其他参观者"：Sophia Elizabeth De Morgan, *Memoir of Augustus De Morgan* (London: Longmans, 1882), 89.

10 "我希望你能记住我"：Toole, *Ada, the Enchantress*, 83.

10 "对隐藏事物的直觉感知"：同上, 101.

13 "你是我珍贵又敬佩的翻译"：同上, 172.

13 "分析机编织代数模型"：同上, 182.

14 "我的大脑绝非常人"：同上, 147.

14 "他是一个不寻常的好孩子"：同上, 155.

14 "即使是伯爵夫人，也不应该算数"：Plant, *Zeroes + Ones*, 32.

15 一位传记作者认为：Benjamin Wooley, *The Bride of Science: Romance, Reason, and Byron's Daughter* (New York: McGraw-Hill, 1999), 340-341.

15 "我确实害怕那样可怕的斗争"：Toole, *Ada, the Enchantress*, 290.

15 "她的思想是如此现代"：B. V. Bowden, *preface to Faster Than Thought*, xi.

16 天文学家爱德华·查尔斯·皮克林：尽管有一些相反的证据，但本书中的传说是在雇用一群男性助手检查恒星光谱的照相底片让皮克林非常失望后，他雇用了弗莱明。他怒气冲冲地走出办公室，发誓即使是他的苏格兰女仆也能做得更好。他比他所知道的更正确。

16 "哈佛大学的计算机大多是女性"：Grier, *When Computers Were Human*, 83.

16 历史上被称为"皮克林后宫"：Gabriele Kass-Simon, *Women of Science: Righting the Record* (Bloomington: Indiana University Press, 1993), 100.

17 "慈父的天才女儿"：Grier, *When Computers Were Human*, 81.

17 将一个单位的"千女子力"等价于大约 1 000 小时的计算劳动：同上, 276.

17 保留了自己的"女职员"资源库：Beverly E. Golemba, *Human Computers: The Women in Aeronautical Research* (unpublished manuscript, 1994), 43, https://crgis.ndc.nasa.gov/crgis/images/c/c7/Golemba.pdf.

17 其中一位数学家凯瑟琳·约翰逊：Sarah McLennan and Mary Gainer, "When the Computer Wore a Skirt: Langley's Computers, 1935-1970," *NASA News & Notes* 29, no. 1 (2012), https://crgis.ndc.nasa.gov/crgis/images/c/c3/Nltr29-1.pdf.

17 "在计算机穿着裙子的时代"：Jim Hodges, "She Was a Computer When Computers Wore Skirts," 2008, www.nasa.gov/centers/langley/news/researchernews/rn_kjohnson.html.

第 2 章

19　当格蕾丝开始她在耶鲁大学的研究生学习时：她是第 11 位获得数学博士学位的女性。

19　她对知识信手拈来的程度使她在校园里成为传奇：Kathleen Broome Williams, *Grace Hopper: Admiral of the Cyber Sea* (Annapolis, MD: Naval Institute Press, 2004), 12.

20　这是一个美好的假期：Williams, *Grace Hopper*, 16.

20　先学生一步学会：Grace Murray Hopper, Uta Merzbach 的采访，1968 年 7 月，口述计算机历史集（Computer Oral History Collection），史密森尼学会—美国国家历史博物馆档案中心，16, http://amhistory.si.edu/archives/AC0196.pdf.

20　这是"无与伦比的一年"：同上，28.

21　"我开始觉得坐在那里很孤独"：同上，25.

21　"我们经常最后都是一起挪步"：同上。

21　"我很享受"：同上，26.

23　"你去哪里了？"：同上，29.

23　哈佛大学的每个人都称它为"马克 1 号"（Mark Ⅰ）计算机：Kurt W. Beyer, *Grace Hopper and the Invention of the Information Age* (Cambridge, MA: MIT Press, 2009), 37.

23　"那是一台计算引擎"：Hopper, Merzbach 的采访，1968 年, 29.

24　磁带上孔的位置：格蕾丝已经习惯了 8 位编码，以至于她有时会无意中用八进制来平衡她的支票簿。

24　"有个白头发的老教师要来"：Hopper, Merzbach 的采访，1968 年, 29.

24　"他给了我一个星期"：同上。

25　多年以后，当格蕾丝成为计算机编程新领域中的知名人物时：Beyer, *Grace Hopper*, 314.

25　她说"这太棒了"：Hopper, Merzbach 的采访，1968 年,31.

25　"痛骂"犯错的人：艾肯的名声非常响亮，甚至在 1962 年 4 月出版的《ACM 通讯》杂志（这是他所帮助开创领域的行业期刊）上，一篇关于他退休的赞美文章也这样描述他："意志坚强、独立和一心一意，是坚持学术诚信、表现和成就的最高标准"，也是"一个无情的任务负责人"。

25　"他有他特定的方式"：Grace Murray Hopper, Beth Luebbert 和 Henry Tropp 的采访，1972 年 7 月，口述计算机历史集（Computer Oral History Collection），史密森尼学会—美国国家历史博物馆档案中心，29, http://amhistory.si.edu/archives/AC0196.pdf.

26　而且，无论如何，正如格蕾丝告诉霍华德·艾肯的那样：同上，47.

26　"从她的口袋里掏出镜子"：Howard Aiken, Henry Tropp 和 I. B. Cohen 的采访，1973 年 2 月，

口述计算机历史集（Computer Oral History Collection），史密森尼学会—美国国家历史博物馆档案中心，44, http://amhistory.si.edu/archives/AC0196.pdf.

26　"格蕾丝是个相当不错的人"：同上。

26　"Bug"是工程界的俚语：Fred R. Shapiro, "Etymology of the Computer Bug: History and Folklore," *American Speech* 62, no. 4 (1987): 376-378.

27　"有一个小精灵"：Hopper, Luebbert 和 Tropp 的采访，1972 年, 27.

27　在飞蛾事件之后：Grace Murray Hopper, Uta Merzbach 的采访，1969 年 1 月，口述计算机历史集（Computer Oral History Collection），史密森尼学会—美国国家历史博物馆档案中心，13, http://amhistory.si.edu/archives/AC0196.pdf.

27　"99%的时间"：同上, 10.

28　早在战前：Williams, *Grace Hopper*, 13.

29　"它们巨大的反差"：Hopper, Merzbach 的采访，1968 年, 4.

30　女绘图员、女装配工、女秘书和女技术员：Thomas Haigh, Mark Priestly and Crispin Rope, *ENIAC in Action: Making and Remaking the Modern Computer* (Cambridge, MA: MIT Press, 2016), 298.

30　"基本上就是愤怒的小鸟"：Mark Priestley and Thomas Haigh, *Working on ENIAC: The Lost Labors of the Information Age*,http://opentranscripts.org/transcript/working-on-eniac-lost-labors-information-age.

32　在他们艰苦卓绝的计算中：John Mauchly, Uta Merzbach 的采访,1973 年 6 月,口述计算机历史集（Computer Oral History Collection），史密森尼学会—美国国家历史博物馆档案中心, 22, http://amhistory.si.edu/archives/AC0196.pdf.

32　多萝西有能力：Jean Jennings Bartik, *Pioneer Programmer: Jean Jennings Bartik and the Computer That Changed the World* (Kirksville, MO: Truman State University Press, 2013), 9.

32　"比科学更手工化"：Nathan Ensmenger, *The Computer Boys Take Over: Computers, Programmers, and the Politics of Technical Expertise* (Cambridge, MA: MIT Press, 2010), 15.

33　"我们很疑惑，于是问"：Bartik, *Pioneer Programmer*, 13.

33　在摩尔电气工程学院那个时代：Haigh et al., *ENIAC in Action*, 96-97.

34　"像个自动装置"：John Mauchly, Henry Tropp 的采访，1973 年 1 月，口述计算机历史集（Computer Oral History Collection），史密森尼学会—美国国家历史博物馆档案中心, 70, http://amhistory.si.edu/archives/AC0196.pdf.

34　"这是个传奇"：同上。

34 "我不想教书"：Kay McNulty, quoted in W. Barkley Fritz, "The Women of ENIAC," *IEEE Annals of the History of Computing* 18, no. 3 (Fall 1996): 16.

35 它有 40 块面板：H. H. Goldstine and Adele Goldstine, "The Electronic Numerical Integrator and Computer (ENIAC)," *IEEE Annals of the History of Computing* 18, no. 1 (Spring 1996), 10.

35 "IBM 小维修员"：Jean J. Bartik 和 Frances E. "Betty" Snyder Holberton, Henry Tropp 的采访，1973 年 4 月，口述计算机历史集（Computer Oral History Collection），史密森尼学会—美国国家历史博物馆档案中心，19, http://amhistory.si.edu/archives/AC0196.pdf.

36 她们找到了一个有同情心的人：同上，21.

36 "有点草率"：Mauchly, Tropp 的采访，1973 年，66.

36 "你如何写一个程序？"：Bartik 和 Holberton, Tropp 的采访，1973 年，29.

37 "偶尔，我们六个程序员"：Fritz, "The Women of ENIAC," 1996 年，1096.

37 "介于建筑师和建筑工程师之间"：*The Computers: The Remarkable Story of the ENIAC Programmers*，由 Kathy Kleiman 导演（2016, Vimeo），VOD.

37 "编程真是不好干的"：Bartik, *Pioneer Programmer*, 84.

38 "贝蒂和我度过了一段美好的时光"：同上，84-85.

38 两位贝蒂夜以继日地奋战：同上，92.

39 贝蒂·简·詹宁斯在她的余生中一直保持着对杏子白兰地的喜爱：同上，95.

39 做更多的逻辑推理：同上，85.

40 比高速子弹还要快：同上，25.

40 两位贝蒂和凯瑟琳·麦克纳尔蒂挤到制表机前：Jean Jennings Bartik, "Oral History of Jean Bartik: Interviewed by Gardner Hendrie," 2008 年 7 月 1 日，计算机历史博物馆（Computer History Museum），31, www.computerhistory.org/collections/oralhistories.

40 "要做大量的工作"：Bartik 和 Holberton, Tropp 的采访，1973 年 4 月，55.

40 "据说 ENIAC 解决了一个困难的问题"：T. R. Kennedy, "Electronic Computer Flashes Answers, May Speed Engineering," *New York Times*, 1946 年 2 月 15 日.

40 "几个星期的工作"不会由一个男性完成：Jennifer S. Light, "When Computers Were Women," *Technology and Culture 40* (1999): 474.

41 "新闻发布会和后续报道"：同上.

41 "感觉就像历史在那一天被创造"：Bartik, *Pioneer Programmer*, 85.

41 "大胆的谎言"：Bartik, Gardner Hendrie 的采访，2008 年 7 月，31.

41 "我不上镜"：Janet Abbate, *Recoding Gender: Women's Changing Participation in Computing* (Cambridge, MA: MIT Press, 2012), 37.

41 当军队将战争部拍摄的 ENIAC 的宣传照片用于征兵广告时：Light, "When Computers Were Women," 475.

42 没有性别的"专家小组"：同上, 473.

42 "如果 ENIAC 的管理者知道"：Bartik, *Pioneer Programmer*, 21.

42 "次专业，一种文秘工作"：Jennifer S. Light, "Programming,", in *Gender and Technology: A Reader*, ed. Nina Lerman, Ruth Oldenziel, and ArwenP. Mohun (Baltimore, MD: The Johns Hopkins University Press, 2003), 295.

第 3 章

43 他很快就再婚了：Williams, *Grace Hopper*, 17.

44 "我的时间到了"：Hopper, Merzbach 的采访, 1969 年, 15.

45 如果计算机不能运行：同上。

45 计算机有着巨大的潜在市场：Abbate, *Recoding Gender*, 42.

46 她写道："我很喜欢这里"：Bartik, *Pioneer Programmer*, 140.

46 伊丽莎白·贝蒂·斯奈德说："事实是，我们都非常相信我们所做的事情"：Frances E. "Betty" Holberton，James Ross 的采访, 1983 年 4 月，明尼阿波利斯市明尼苏达大学信息处理中心查尔斯·巴贝奇研究所（Charles Babbage Institute）, 10, www.cbi.umn.edu/oh.

46 "一个非常令人愉快的人"：Hopper, Merzbach 的采访, 1969 年, 3.

46 "我们都接受这样的普雷斯"：Bartik, *Pioneer Programmer*, 138-140.

47 在 EMCC 工作一年后：同上, 123.

47 "秘书在我们壮大之前就成为程序员了"：Captain Grace Hopper, "Oral History of Captain Grace Hopper: Interviewed by Angeline Pantages," 1980 年 12 月，计算机历史博物馆, 27, www.computerhistory.org/collections/oralhistories.

47 只有 EMCC 有机器可供编程：Beyer, *Grace Hopper*, 171.

47 "自然而然地加入了 UNIVAC"：Hopper, Merzbach 的采访, 1969 年, 10.

48 "程序员和工程师不能发现问题"：Holberton, Ross 的采访, 1983 年, 6-7.

48 "如果有人能做格蕾丝做不到的事情"：Bartik, *Pioneer Programmer*, 123.

48 "现在我需要考虑二维的程序"：Hopper, Merzbach 的采访, 1969 年, 3.

49 "当时，创始人很快告诉我们"：Grace Murray Hopper, "Keynote Address," , in *History of Programming Languages*, ed. Richard L. Wexelblat (New York: Academic Press, 1981), 9.

50 "雷明顿兰德公司买下 UNIVAC"：UNIVAC Conference, OH 200 (口述历史，1990 年 5 月 17 日－18 日，Washington, DC, 明尼阿波利斯市明尼苏达大学查尔斯·巴贝奇研究所，http://purl.umn.edu/104288).

50 "我的意思是，他们好像从来没有想过有人会认真听你所说的话"：*UNIVAC Conference*, 1990 年.

50 "认为费城的这些白痴疯了"：同上。

51 "那是一场灾难"：Holberton, Ross 的采访，1983 年，14.

51 这段口述历史的摘录：*UNIVAC Conference*, 1990 年.

51 "他们对 UNIVAC 没有任何感觉"：Holberton, Ross 的采访，1983 年，14.

52 "我们无法理解"：Beyer, *Grace Hopper*, 217-218.

52 "这听起来足以与薪水相匹配"：Hopper, Merzbach 的采访，1968 年，8.

第 4 章

53 并非来自现成的行当：Jean Sammet, *Programming Languages: History and Fundamentals* (Englewood Cliffs, NJ: Prentice-Hall, 1969), 44-53.

53 "守卫着对普通人来说过于复杂的技能和奥秘"：John Backus, "Programming in America in the 1950s: Some Personal Impressions," , in *A History of Computing in the Twentieth Century*, eds. N. Metropolis, J. Howlett, and Gian-Carlo Rota (New York: Academic Press, 1980), 127.

55 最基本的程序指定了：Abbate, *Recoding Gender*, 76.

55 "看 DNA 分子"：Douglas Hofstadter, *Gödel, Escher, Bach: An Eternal Golden Braid* (New York: Basic Books, 1979), 290.

55 表面上，像 UNIVAC 这样的计算机：与 20 世纪 50 年代的许多人一样，格蕾丝使用"UNIVAC"来表示"计算机"。

56 "发明程序的新鲜感"：Grace Hopper, "The Education of a Computer," ACM '52, Proceedings of the 1952 ACM National Meeting, Pittsburgh, 243-249.

56 "牢固的数学基础"：同上。

56 投放印刷广告：Abbate, *Recoding Gender*, 86.

57 "它非常笨"：Hopper, 与 Pantages 的访谈，1980 年，7.

57 格蕾丝认为新的编译器和伪代码的激增：巴别塔是隐喻，被格蕾丝·霍珀使用，并一直沿用。甚至琼·E. 萨米特的经典著作——是该领域第一部重要的分析著作——《编程语言：历史与基础》的封面就是一座蜿蜒的塔楼，塔楼上刻有 100 种不同语言的名称。

57 "通用商业语言的时代"：R. W. Bemer, "A View of the History of COBOL," in *Honeywell Computer Journal* 5, no. 3 (1971): 131.

58 每个主要的计算机制造商：在 1959 年，这些制造商有 IBM、Honeywell、RCA、General Electric、Burroughs、National Cash Register、Philco、Sylvania、International Computers 和 Tabulators，以及由 Remington Rand 和 Sperry Gyroscope 合并而来的 Sperry Rand。

58 短期委员会将研究现有的编译器：Ensmenger, *The Computer Boys*, 94.

59 "这种语言将是'它'"：Betty Holberton, "COBOL Session: Transcript of Discussant's Remarks," in *History of Programming Languages*, 262.

59 除了贝蒂和玛丽·霍斯外：当琼·E. 萨米特还是一个年轻的程序员时，她在一家名为 Sperry Gyroscope 的国防承包公司工作。1955 年，Sperry 收购了 Remington Rand，成立了 Sperry Rand。萨米特经常乘夜班火车去费城，在 UNIVAC 计算机发货前运行程序，在格蕾丝的编程部门担任 beta 测试员。在她的整个职业生涯中，她一直是格蕾丝的"粉丝"。Steve Lohr, *Go To: The Story of the Math Majors, Bridge Players, Engineers, Chess Wizards, Maverick Scientists, and Iconoclasts—the Programmers Who Created the Software Revolution* (New York: Basic Books, 2008), 47.

59 由于程序员喜欢缩写：Ensmenger, *The Computer Boys*, 96.

59 大多数程序员明确地鄙视它：同上, 100-101.

60 COBOL"削弱了思想"：公平地说，迪科斯彻是一位对编程语言严苛的裁判员。关于 FORTRAN，他写道："我们越早忘记 FORTRAN 曾经存在过，越好，因为作为思想的载体，FORTRAN 不再是精确的"；而在他看来，PL/I"可能是一种不治之症"。Edsger W. Dijkstra, *Selected Writings on Computing: A Personal Perspective* (New York: Springer-Verlag, 1982), 130.

60 COBOL: //Koh'Bol/, N: *The New Hacker's Dictionary*, 3rd ed., comp. Eric S. Raymond (Cambridge, MA: MIT Press, 1996), 115.

60 把这写成了"势利的反应"：Sammet, "COBOL Session," 266.

60 "从行政管理以及技术的角度来看，她和其他人一样，尽力推广这些概念"：同上, 4.

61 诺拉·莫泽与三位女性……提供帮助：Denise Gürer, "Pioneering Women in Computer Science," *Communications of the ACM* 38(1): 45-54, https://courses.cs.washington.edu/courses/csep590/06au/

readings/p175-gurer.pdf.

61 一台仅由代码构成的机器：Abbate, *Recoding Gender*, 84.

62 "既有设计解决方案的专业知识，又有使专家和新手对编程更容易上手的激励"：Abbate, *Recoding Gender*, 81.

第 5 章

63 报道说，"计算机女孩"：Lois Mandel, "The Computer Girls," *Cosmopolitan*, 1967, 52-56.

63 "你必须提前计划并安排好一切"：同上。

63 "'我们当然喜欢有女孩在身边，'"：Nathan Ensmenger, "Making Programming Masculine,", in *Gender Codes: Why Women Are Leaving Computing*, ed. Thomas Misa (Hoboken, NJ: Wiley, 2010).

64 据估计，女性程序员在整个 20 世纪 60 年代的劳动力中占 30%～50%：同上。

64 其中不乏戏剧性的：Abbate, *Recoding Gender*, 92.

64 "如果咒语中的一个字符或一个停顿没有严格遵照正确的形式，魔法就不会发生作用"：Frederick Brooks, *The Mythical Man-Month: Essays on Software Engineering* (Boston: Addison-Wesley, 1975), 8.

64 个性冲突：Ensmenger, *The Computer Boys*, 147.

65 这种薪酬歧视：Abbate, *Recoding Gender*, 90.

65 将正式教育作为从事编程工作的先决条件引入：Ensmenger, *The Computer Boys*, 239.

65 "始于女性的工作"：Ensmenger, "Making Programming Masculine."

65 "带来了……潜意识"：Abbate, *Recoding Gender*, 103.

66 "正如她在 1968 年告诉一位历史学家的那样"：Hopper, 与 Merzbach 的访谈, 1968 年, 17.

66 "典型的女性沟通技能"：Abbate, *Recoding Gender*, 109.

67 到 20 世纪 90 年代，当我终于能上网时：Plant, *Zeroes + Ones*, 33.

67 "当计算机是由晶体管和阀门组成的庞大系统"：同上, 37.

第 6 章

71 第一个被安排做向导的：后来几代的奴隶向导会把这些鱼卖给游客，以筹集足够的钱来赎回自己的自由。

71 "一碗倒在地上的意大利面条"：Roger W. Brucker, "Mapping of Mammoth Cave: How Cartography Fueled Discoveries, with Emphasis on Max Kaemper's 1908 Map" [猛犸洞穴研究研

讨会(Mammoth Cave Research Symposia),Paper 4, 2008 年 10 月 9 日, http://digitalcommons.wku.edu/mc_reserch_symp/9th_Research_Symposium_2008/Day_one/4.]

72 无名通道：同上。

73 "像巧克力糖霜一样"：Richard D. Lyons, "A Link Is Found Between Two Major Cave Systems," *New York Times*, 1972 年 12 月 2 日, www.nytimes.com/1972/12/02/archives/a-link-is-found-between-two-major-cave-systems-link-found-between-2.html?_r =0.

73 "卡车车厢里"：Patricia P. Crowther, Cleveland F. Pinnix, Richard B. Zopf, Thomas A. Brucker, P. Gary Eller, Stephen G. Wells 和 John P. Wilcox, *The Grand Kentucky Junction: A Memoir* (St. Louis, MO: Cave Books, 1984), 96.

73 "这是一种不可思议的感觉"：Roger W. Brucker 和 Richard A. Watson, *The Longest Cave* (Carbondale: Southern Illinois University Press, 1976), 213.

74 经营了一家"地图工厂"：同上, 171.

74 "在大卷纸带上的绘图命令"：Dennis G. Jerz, "Somewhere Nearby Is Colossal Cave: Examining Will Crowther's Original 'Adventure' in Code and in Kentucky," *Digital Humanities Quarterly* (2007), www.digitalhumanities.org/dhq/vol/1/2/000009/000009.html.

74 1969 年，BBN 公司与美国政府签约：James Gillies 和 Robert Caillau, *How the Web Was Born: The Story of the World Wide Web* (Oxford: Oxford University Press, 2000), 15.

75 一个终生登山者：Brucker 和 Watson, *The Longest Cave*, 171.

75 "没有他陪在我身边，我感觉很冷"：Crowther 等, *The Grand Kentucky Junction*, 10.

75 他们彻夜未眠：同上, 19-20.

75 "现在我可以睡觉了"：同上, 20.

75 "这条路线永远不会出现"：Brucker 和 Watson, *The Longest Cave*, xvii.

76 没有调查绝不探索：Brucker, "Mapping of Mammoth Cave."

76 "合理地、系统地寻找已知的通道"：Joseph P. Freeman, *Cave Research Foundation Personnel Manual*, 2nd ed. (Cave City, KY：Cave Research Foundation, 1975).

76 "以各种方式从帕特的身边被拉开"：Julian Dibbell, "A Marketable Wonder: Spelunking the American Imagination," *Topic Magazine* 2, www.webdelsol.com/Topic/articles/02/dibbell.html.

76 "软件是描述战胜现实的最终胜利"：Richard Powers, *Plowing the Dark* (New York: Picador, 2001), 307.

77 "有一位在 1975 年夏天与克劳瑟夫妇一起探险的洞穴探险者"：Jerz, "Somewhere Nearby Is

Colossal Cave."

78 "肝肠寸断"：Tracy Kidder, *The Soul of a New Machine* (New York: BackBay Books, 1981), 88.

78 当她看到《冒险》游戏时：www.legacy.com/obituaries/dispatch/obituary.aspx?n=john-preston-wilcox&pid=145049233.

78 "与真实的洞穴完全不同"：Jerz, "Somewhere Nearby Is Colossal Cave."

78 "基本上与肯塔基州的巨石洞相同"：Walt Bilofsky, "Adventures in Computing,"in *Profiles: The Magazine for Kaypro Users* 2, no. 1 (1984): 25, https://archive.org/stream/ PROFILES_Volume_ 2_ Number_1_1984-07_Kaypro_Corp_US/PROFILES_Volume_2_Number_1_1984-07_Kaypro_Corp_ US_djvu.txt.

79 "你在《冒险》世界中探索的深渊"：Steven Levy, *Hackers: Heroes of the Computer Revolution, 25th Anniversary Edition* (Sebastopol, CA: O'Reilly Media, 2010), 113.

80 她们被告知可以使用这个密码：Jerz, "Somewhere Nearby Is Colossal Cave."

80 "类似于以印刷传播为特征的阅读民主化"：Mary Ann Buckles, "Interactive Fiction: The Computer Storygame 'Adventure'"（加利福尼亚大学圣迭戈分校博士论文，1985 年）.

80 "一种神话般的语境"：Espen J. Aarseth, *Cybertext: Perspectives on Ergodic Literature* (Baltimore, MD: Johns Hopkins University Press, 1997), 108.

81 到 1984 年，在美国攻读计算机科学学位的女性人数开始跳水：Thomas J.Misa, "Gender Codes: Defining the Problem," in *Gender Codes: Why Women Are Leaving Computing*, ed. Thomas J. Misa (Hoboken: Wiley-IEEE Computer Society Press, 2010), 3.

81 "如果她擅长做饭"："Bytes for Bites: The Kitchen Computer,"，计算机历史博物馆，www.computerhistory.org/revolution/minicomputers/11/362.

81 "更多的权威、权力和智慧"：Jesse Adams Stein, "Domesticity, Gender,and the 1977 Apple II Personal Computer," *Design and Culture* 3,no.2 (2011): 193-216.

第 7 章

84 "城市中的普韦布洛"：Charles Raisch, "Pueblo in the City: Computer Freaks, Architects and Visionaries Turn a Vacant San Francisco Candy Factory into a Technological Commune," *Mother Jones*, 1976 年 5 月，2017 年 2 月 5 日访问.

85 工业电源线"大面条"：Lee Felsenstein, 作者专访, 2017 年 3 月 7 日.

85 "都在罢工"：Pamela Hardt-English, 作者专访, 2017 年 2 月 6 日.

85 "这是他们中的许多人第一次"：Optic Nerve, "Project One," 1972 年, 太平洋电影资料馆 (Pacific Film Archive) 电影和视频收藏, https://archive.org/details/cbpf_000052.

85 "我们的愿景是让人们能够使用技术"：Hardt-English, 作者专访, 2017 年 2 月 6 日.

86 "搬来和我一起住"：同上。

87 "现代最伟大的骗局之一"：Stewart Brand, "SPACEWAR: Fanatic Life and Symbolic Death Among the Computer Bums," *Rolling Stone*, 1972 年 12 月 7 日.

87 "只要她皱着眉"：Felsenstein, 作者专访, 2017 年 3 月 7 日.

87 "帕姆是我认识的独一无二的人"：Jane R. Speiser, *Roadmap of the Promised Land* (Turin: Edizioni Angolo Manzoni, 2006), 45.

87 "如果人们需要什么任何东西"：Hardt-English, 作者专访, 2017 年 2 月 6 日.

88 "一半或更多的计算机科学都是大脑"：Stewart Brand, *II Cybernetic Frontiers* (New York: Random House, 1974), 49-50.

88 "了不起的人们带着飞行器"：同上, 50.

89 "制度化秩序"的图腾：Lee Felsenstein, "Community Memory: The First Public-Access Social Media System," in *Social Media Archaeology and Poetics*, ed. Judy Malloy (Cambridge, MA: MIT Press, 2016), 91.

90 "我们打开了网络空间的大门"：同上, 89.

90 作为"活生生的隐喻"：Levy, Hackers, 128.

91 "当我在 1 号工程时"：Hardt-English, 作者专访, 2017 年 2 月 20 日.

91 "帕姆发现自己在不知不觉中扮演了'蜂后'的角色"：Felsenstein, 给作者的电子邮件, 2017 年 4 月 9 日.

91 "近似于大楼里的管理机构"：Sherry Reson, 作者专访, 2017 年 2 月 20 日.

92 "嬉皮士和老太太"：Chris Macie, 作者专访, 2017 年 2 月 20 日.

92 "我们希望社会工作者能够做得更好"：Reson, 作者专访, 2017 年 2 月 20 日.

93 "他们想出了一种以真正影响人们生活的方式来使用技术的方法"：Joan Lefkowitz, 作者专访, 2017 年 3 月 6 日.

93 "女性们不做编程"：同上。

94 "你在对抗主导行为"：Reson, 作者专访, 2017 年 2 月 20 日.

第 8 章

95 "一个需要远程使用计算机的科学家"：Janet Abbate, *Inventing the Internet* (Cambridge, MA:

MIT Press, 1999), 1.

96 "看起来有点像没整理过的床"：Elizabeth "Jake" Feinler, "Oral History of Elizabeth (Jake) Feinler: Interviewed by Marc Weber," 2009 年 9 月 10 日, 计算机历史博物馆, 4, www. computerhistory.org/collections/oralhistories.

97 在普渡大学做研究生时：Elizabeth Jocelyn Feinler, "Interview by Janet Abbate," 美国电气与电子工程师协会历史中心（IEEE History Center）, 2002 年 7 月 8 日, http://ethw.org/Oral-History: Elizabeth_%22Jake%22_Feinler.

97 意识到她对信息本身比对化学更感兴趣后：同上。

97 "所有演示之母"：它也在一台 SDS-940 上运行过——根据一些人的说法，这台机器就是最终进入资源 1 号的同款机器。

97 "他会下楼来，问'你在做什么？'"：Elizabeth "Jake" Feinler, 作者专访, 2017 年 9 月 1 日.

98 连接在中途坏掉了：Leonard Kleinrock, "An Early History of the Internet [History of Communications]," *IEEE Communications Magazine* 48, no. 8(2010 年 8 月).

98 "我说，'什么是《资源手册》？'"：Feinler, 作者专访, 2017 年 9 月 1 日.

98 "我要做的事情非常明显"：同上。

98 "孩子们玩着机器"：同上。

98 尽管有这些挑战，杰克办公室制作的《资源手册》：Garth O. Bruen, *WHOIS Running the Internet: Protocol, Policy, and Privacy* (Hoboken, NJ: Wiley, 2016), 27.

100 在 BBN 公司工作的埃伦·韦斯特海默：Elizabeth Feinler, "Host Tables, TopLevel Domain Names, and the Origin of Dot Com," in *IEEE Annals of the History of Computing* 33, no. 3 (2011 年 3 月), http://ieeexplore.ieee.org/stamp/stamp.jsp?arnumber=5986499.

100 "没有多少女性是程序员"：Feinler, 作者专访, 2017 年 9 月 1 日.

100 "有人过来对我大喊"：同上。

100 "让高层接触恩格尔巴特的复杂系统非常难"：Elizabeth "Jake" Feinler, Marc Weber 的采访, 14.

101 "如果你不知道还能去什么地方"：同上。

101 "那是无穷无尽的"：Feinler, 作者专访, 2017 年 9 月 1 日.

101 "她的下属曾经雇了一个清洁工来处理"：同上。（原文是：We had a woman come in and clean）。

101 从某个时刻起，她开始从通信中删除自己的名字：同上。

101 "几乎是从一开始"：同上。

102 "我们只是试着搭建一些东西": 同上。

102 "那里有一张沙发": Feinler, Weber 的采访, 9.

103 "我一直想结婚": Feinler, 作者专访, 2017 年 9 月 1 日.

103 "互联网比一群'猴子'还要有趣": Internet Society, "Elizabeth Feinler—INTERNET HALL OF FAME PIONEER," 4:40, 拍摄于 2012 年 4 月 23 日, 2012 年 5 月 8 日发表于 YouTube.

103 "她想举办一场螃蟹盛宴": Mary K. Stahl, 作者专访, 2017 年 9 月 7 日.

103 "这里就像我的家一样": Feinler, 作者专访, 2017 年 9 月 1 日.

104 "一个黑客会和一个诺贝尔奖获得者交谈": Feinler, Weber 的采访, 19.

104 "WHOIS 可能是我们最大的服务器之一": 同上, 26.

104 WHOIS 的作用就是保持互联网的民主: Bruen, *WHOIS Running the Internet*, 7.

105 "一份精疲力竭的工作": Stahl, 作者专访, 2017 年 9 月 7 日.

105 "烦琐和低效": Feinler, "Host Tables."

105 杰克建议根据计算机的存放地点将它们划分为通用类别: 同上。

106 "我当时的感觉不太好": Stahl, 作者专访, 2017 年 9 月 7 日.

107 "互联网的主要目的是在互联网上推送信息": Feinler, 作者专访, 2017 年 9 月 1 日.

107 "构建处理流量的最佳协议套件": 同上。

107 "天啊，那个人看起来格格不入": Rebecca J. Rosen, "Radia Perlman: Don't Call Me the Mother of the Internet," *The Atlantic*, 2014 年 3 月 3 日, www.theatlantic.com/technology/archive/2014/03/radia-perlman-dont-call-me-the-mother-of-the-internet/284146.

108 "她正忙着'实现厕所自由的活动'": Feinler, Marc Weber 的采访, 28.

108 "级别越高，女性就越少": Radia Perlman, 作者专访, 2017 年 6 月 22 日.

109 "我从来没有拆卸过任何东西": 同上。

109 "当然，这样的人非常有价值": 同上。

109 "他说，'你对目前的职业满意吗？'": 同上。

109 "我总是得世界上最严重的感冒": 同上。

110 "通过发布备忘录": 同上。

110 "跳出特定实现的复杂性": 同上。

110 "我尽量把东西设计成像我这样的人愿意使用的样子": 同上。

110 "发明一个魔盒": Imagining the Internet, "Internet Hall of Fame 2014: Radia Perlman," 16:48, 拍摄于 2014 年 4 月 7 日, 2014 年 4 月 15 日发表于 YouTube.

110   "他认为这是一个难题"：Perlman，作者专访，2017 年 6 月 22 日.

110   "我意识到，哇哦！这太简单了，"：同上。

111   "如果没有我，你在互联网上吹吹风，它就会挂掉"：Imagining the Internet, "Internet Hall of Fame 2014: Radia Perlman," 16:48, 拍摄于 2014 年 4 月 7 日，2014 年 4 月 15 日发表于 YouTube.

111   "'当然'，然后她在电话里给我复述了这句话"：Perlman，作者专访，2017 年 6 月 22 日.

111   由此，拉迪亚将她的生成树算法改编为诗歌：Radia Perlman, *Interconnections: Bridges, Routers, Switches, and Internetworking Protocols* (Boston: Addison-Wesley, 2000), 58.

112   "如果我的工作做得好"：Perlman，作者专访，2017 年 6 月 22 日.

第 9 章

113   "为了了解原始的洛杉矶，我学会了开车"：Reyner Banham, *The Architecture of Four Ecologies* (Berkeley: University of California Press, 2009), 5.

113   "就像开着坦克兜风一样"：Abbate, *Inventing the Internet*, 2.

114   下一代公告板：这种便利不是偶然的。1978 年，编写 BBS 原始软件的两人之所以这么做，是因为他们的芝加哥微型计算机俱乐部想分享信息和新闻简报，即使是在中西部的暴风雪中。

114   被科罗拉多州和犹他州的原始所触动：Madeline Gonzales Allen, "Community Networking, an Evolution," in *Social Media Archaeology and Poetics*, 291.

115   在一部分为五部分的关于 BBS 的纪录片中：Jason Scott, BBS: The Documentary, https://archive.org/details/BBS.The.Documentary.

115   "范·海伦规则"：同上。

115   "第一次意识到电话线的另一边有很多人"："First Memories: Aliza Sherman," Women's Internet History Project, 最后修改日期：2015 年 3 月 26 日，http://womensinternethistory.org/2015/03/first-memories-aliza-sherman.

116   "软件做的所有事情就是管理符号"：Stewart Brand, *Whole Earth Software Catalog* (New York: Quantum Press/Doubleday, 1984), 4.

116   "想做一个实验"：Nancy Rhine，作者专访，2017 年 2 月 8 日.

116   "就像有人真的开了一扇门"：Naomi Pearce，作者专访，2017 年 2 月 16 日.

117   或者，正如 WELL 人类所说：Cliff Figalo, "The WELL: A Regionally Based On-Line

Community on the Internet,", in *Public Access to the Internet*, eds. Brian Kahin 和 James Keller (Cambridge, MA: MIT Press, 1995), 55.

117 "The WELL 代表了全球电子联结": Rhine, 作者专访, 2017 年 2 月 8 日.

117 记者、前嬉皮士和业余计算机程序员: *Encyclopedia of New Media*, ed. Steve Jones (Thousand Oaks, CA: Sage Reference Publications, 2003), 481.

118 "我无法向别人发送光束以表达支持": Horn, *Cyberville*, 72.

119 "我并不是一个有远见的人": Stacy Horn, 作者专访, 2016 年 5 月 26 日.

119 "那些人公然取笑我": 同上.

119 "做一些他们认为很疯狂的事": 同上.

120 对着电话大喊 "走开, 我们搞砸了!": Horn, *Cyberville*, 44.

120 "类似松脆饼干": Horn, 作者专访, 2016 年 5 月 26 日.

120 "荒废的、空旷的、被时间遗忘的曼哈顿地区": Horn, *Cyberville*, 44.

120 "正谈论信息高速公路": Horn, 作者专访, 2016 年 5 月 26 日.

120 "人们开始感觉, 这是一件很重要的事情": 同上.

121 "当人们涌到线上": Casey Kait and Stephen Weiss, *Digital Hustlers: Living Large and Falling Hard in Silicon Alley* (New York: HarperCollins, 2001), 56.

121 "有那么一群人, 他们在聚会上永远无法控制自己": Marisa Bowe, 作者专访, 2016 年 7 月 26 日.

121 "城郊朋克摇滚女孩": Horn, *Cyberville*, 147.

121 "有时新人没有意识到": Marisa Bowe, "Net Living: The East Coast Hang Out," *Wired*, 1993 年 3 月 1 日.

122 "我'恨'自己是个该死的瘾君子": Horn, *Cyberville*, 76.

122 "我的成功部分归功于": Stacy Horn, "Echo," in *Social Media Archaeology and Poetics*, 246.

123 "我们有这样的会议": Horn, 作者专访, 2016 年 5 月 26 日.

123 "她是个高手": 同上.

124 "我是斯泰茜·霍恩": Aliza Sherman, 作者专访, 2016 年 6 月 2 日.

124 斯泰茜写道: "在那些日子里,": Horn, *Cyberville*, 92.

124 "当我和我的合唱团朋友在一起时, 我说话的方式不同": Horn, 作者专访, 2016 年 5 月 26 日.

125 "穿皮夹克的 WIT": Horn, *Cyberville*, 246.

126 "那时候真是太奇怪了"："First Memories: Aliza Sherman."

126 "网络空间让我们更容易听到人们的声音"：Horn, *Cyberville*, 102.

127 "她写道：'完了，'"：Stacy Horn, 给作者的电子邮件, 2016 年 2 月 26 日.

128 "这里以前有洗衣店、熟食店"：Horn, 作者专访, 2016 年 5 月 26 日.

128 "感觉有些奇怪"：同上。

128 83%的 ECHO 用户：Echo NYC About Page, 1998 年 12 月, https://web.archive.org/web/19990508065020/http://www.echonyc.com/about.

129 "硅巷的基石"：Jason Cherkovas, "New York's New Media Ground Zero," in *Silicon Alley: The Rise and Fall of a New Media District*, ed. Michael Indergaard (New York: Routledge, 2004), 32.

129 一群 ECHO 的会员每月都会聚在一起：Howard Mittelmark, 作者专访, 2016 年 7 月 21 日.

129 "最强大的虚拟社区并不是严格意义上的虚拟社区"：Horn, *Cyberville*, 113.

129 "斯泰茜比其他大公司更能专制"：Mittelmark, 作者专访, 2016 年 7 月 21 日.

130 "他认为他是真正的颠覆者"：Bowe, 作者专访, 2016 年 7 月 26 日.

130 "当你所处的世界是由言论构成的时候"：同上。

130 "ECHO 之所以是 ECHO，是因为主持人的存在"：Horn, *Cyberville*, 39.

130 从其最活跃的用户中挑选出付费"发起人"：Howard Rheingold, *The Virtual Community: Homesteading on the Electronic Frontier* (Cambridge, MA: MIT Press, 2000), 235.

130 "主持人的主要职责"：Rheingold, *The Virtual Community*, 26.

131 "互联网头版"：Adrian Chen, "The Laborers Who Keep Dick Pics and Beheadings Out of Your Facebook Feed," *Wired*, 2014 年 10 月 23 日.

131 "网络肯定行动"：Horn, *Cyberville*, 96.

131 "我听到了女人们谈论"：Mittelmark, 作者专访, 2016 年 7 月 21 日.

132 "最热门的话题"：Horn, *Cyberville*, 53.

132 "在 22 世纪及以后的世纪"：Horn, 作者专访, 2016 年 5 月 26 日.

第 10 章

136 篇幅浩大、自述性强的小说：Jay David Bolter, *Writing Space: The Computer, Hypertext, and the History of Writing* (Hillsdale, NJ: Lawrence Erlbaum Associates,1991), 24.

136 "这张时间之网"：Jorge Luis Borges, *Ficciones* (New York: Grove Press, 1962), 100.

137 "每头牛、每只羊"：Dame Wendy Hall, 作者专访, 2017 年 1 月 18 日.

137 "就像最后的审判一样"：Richard FitzNeal (Richard Fitz Nigel), *Dialogus de Scaccario,the Course of the Exchequer*，*Constitutio Domus Regis,the King's Household*, ed. 由 Charles Johnson 编译 (Oxford: Oxford University Press, 1983), 64.

137 "BBC（英国广播公司）"：Hall, 作者专访, 2017 年 1 月 18 日.

138 机器肢体可以代替："1986: A Child's View of the Future," *Domesday Reloaded*, BBC, www.bbc.co.uk/history/domesday/dblock/GB-424000-534000/page/16.

138 "这些想法令人惊叹"：Hall, 作者专访, 2017 年 1 月 18 日.

138 "害羞和腼腆的学生"：Web Science Trust, "Professor Wendy Hall: Making Links," 50:28, 拍摄于 1997 年 7 月 14 日, 2017 年 3 月 12 日发表于 YouTube.

138 "我在我的数学世界里自得其乐"：Wendy Hall, Jim Al-Khalili 的访谈, 2013 年 10 月 8 日, *The Life Scientific*, BBC Radio 4.

139 "我开始看到了未来"：Hall, 作者专访, 2017 年 1 月 18 日.

139 "一位教授曾当众告诉我"：同上。

139 "他们有大把时间与朋友闲逛"："1986: Punks in Romsey," *Domesday Reloaded*, BBC, www.bbc.co.uk/history/domesday/dblock/GB-432000-120000/page/4.

140 图书馆继承了大约 5 万张照片：Web Science Trust, "Professor Wendy Hall: Making Links," 50:28, 拍摄于 1997 年 7 月 14 日, 2017 年 3 月 12 日发表于 YouTube.

140 "档案员来找我"：Hall, 作者专访, 2017 年 1 月 18 日.

142 "链接本身是一个有价值的知识库"：W. Hall and D. Simmons, "An Open Model for Hypermedia and Its Application to Geographical Information Systems," Proceedings of Eurographics '92, Cambridge, UK.

143 "超文本的整个基础是协作"：Nicole Yankelovich, 作者专访, 2017 年 1 月 9 日.

143 "如果我写了一些东西，不成功的话"：Cathy Marshall, 作者专访, 2017 年 1 月 11 日.

144 在她入学的那个夏天：Cathy Marshall, "The Freshman: Confessions of a CalTech Beaver,", in *No Middle Initial*, 2011 年 2 月 25 日.

144 "我的家庭主妇技能"：Cathy Marshall, 作者专访，2016 年 12 月 19 日.

144 灯芯绒豆袋椅：计算机历史博物馆展出了一个 20 世纪 70 年代赭色的灯芯绒数字型的沙发，旁边还有软件工程师阿黛尔·戈德伯格（Adele Goldberg）的视频，讲述怀孕时坐在豆袋椅上有多么困难。"一旦你坐上去，"她解释道，"你就无法跳起来。"也就是说，在施乐 PARC

的女性并不多。但是在那里的那些人做了不同寻常的事情。www.computerhistory.org/revolution/input-output/ 14/348/2300。

144 "我最喜欢 PARC 的一点是"：Marshall, 作者专访, 2016 年 12 月 19 日.

144 她的搭档——诗人朱迪·马洛伊：Cathy Marshall 和 Judy Malloy, "Closure Was Never a Goal of This Piece," in *Wired Women: Gender and New Realities in Cyberspace*, ed. Lynn Cherny and Elizabeth Reba Weise (Seattle: Seal Press, 1996), 64-65.

145 "你在初中时用记事本和文件箱写论文的方式"：Marshall, 作者专访, 2017 年 1 月 11 日.

145 超文本之于文本：Rob Swigart, "A Writer's Desktop,", in *The Art of Human Computer Interface Design,* eds. Brenda Laurel (Boston: Addison-Wesley, 1990),140.

145 NoteCards 成为跨学科思想交流的重要工具：Randall H. Trigg 和 Peggy M. Irish, "Hypertext Habitats: Experiences of Writers in NoteCards," HYPERTEXT '87, Proceedings of the ACM Conference on Hypertext, 89-108.

145 1987 年，苹果公司发布了类似 NoteCards 的应用程序 HyperCard：苹果对数字记事卡的构想与施乐 PARC 正在开发的构想惊人地相似,但它可能也是环境使然——借用一个熟悉的办公室隐喻是"可能普遍存在的构想之一",凯丝公平地说.

146 "遗憾地察觉到，这是最后一次超文本聚会的规模在可控范围内"：Esther Dyson, *Release 1.0*, 1987 年 11 月 25 日.

146 "超文本会议很有意思"：Hall, 作者专访, 2017 年 1 月 18 日.

146 "计算机科学总是将那些对用户感兴趣的人边缘化"：Marshall, 作者专访, 2017 年 1 月 11 日.

146 "我们的思想孤岛很小"：同上。

146 NoteCards 允许多种安排并行存在：Trigg 和 Irish, "Hypertext Habitats," 89-108.

147 "很难用语言表达出来"：Catherine C. Marshall, Frank M. Shipman III, James H. Coombs, "VIKI: Spatial Hypertext Supporting Emergent Structure," ECHT '94, Proceedings of the 1994 ACM European Conference on Hypermedia technology, 13-23.

147 "空间保持模式"：Alison Kidd, "The Marks Are on the Knowledge Worker," CHI '94, Proceedings of the SIGCHI Conference on Human Factors in Computing Systems, 186-191.

148 会议现场，酒店的接待区摆满了一排排桌子："List of Demonstrators: Hypertext '91," 万维网联盟（World Wide Web Consortium）, www.w3.org/Conferences/HT91/Denoers.html.

148 一台价值一万美元的漆黑 NeXT 立方体：有趣的是，一位在欧洲核子研究中心（CERN）工

作一年的女生妮古拉・佩洛（Nicola Pellow）写了一款简洁、基于文本的网络浏览器，它可以在任何一台计算机上运行——线路模式浏览器——它实用，不太华丽。伯纳斯・李更愿意将 NeXT 带到全球各地，以展示图形化网站的概念。

148 "他说你需要连接互联网"：Marshall, 作者专访, 2016 年 12 月 19 日.

148 "我看着它"：Hall, 作者专访, 2017 年 1 月 18 日.

149 "这被认为是与我们当时的工作背道而驰的"：Marshall, 作者专访, 2016 年 12 月 19 日.

149 "类似于超文本的界面"：Lynda Hardman, "Hypertext ' 91 Trip Report," in *ACM SIGCHI Bulletin* 24, no. 3（1992 年 7 月 1 日）.

150 凯丝・马歇尔提出：Frank M. Shipman III, Catherine C. Marshall 和 Mark LeMere, "Beyond Location: Hypertext Workspaces and Non-Linear Views,", 载于 *Proceedings of ACM Hypertext '99*, Darmstadt, Germany, 121-130.

150 "我不知道该如何描述"：Wendy Hall, "Back to the Future with Hypertext: A Tale of Two or Three Conferences,", in *Proceedings of ACM 18th Conference on Hypertext and Hypermedia 2007*, Manchester, UK, 179-180.

150 根据 2013 年的一项研究：Jason Hennessey 和 Steven Xijin, "A cross disciplinary study of link decay and the effectiveness of mitigation techniques," *BMC Bioinformatics201314* (Suppl. 14): S5. http://bmcbioinformatics.biomedcentral.com/articles/10.1186/1471-2105-14-S14-S5.

151 "克莱尔正在写一本关于我的书"：Dame Wendy Hall, 作者专访, 2017 年 3 月 1 日.

152 "我通过 Microcosm 浏览器观察网络"：同上.

152 "它没有坏死链接的问题"：Les Carr, Wendy Hall, Hugh Davis 和 Rupert Hollom, "The Microcosm Link Service and Its Application to the World Wide Web," in *Proceedings of the First World-Wide Web Conference,* 1994, Geneva.

152 "点击链接到达不同的目的地"：Hall, 作者专访, 2017 年 3 月 1 日.

153 "通过使用 Microcosm 的链接服务增强网络"：Carr 等, "The Microcosm Link Service."

153 "过去人们常说"：Hall, 作者专访, 2017 年 3 月 1 日.

154 "网络向我们展示了"：Web Science Trust, "Professor Wendy Hall: Making Links."

154 "在网络出现的 27 年后"：Hall, 作者专访, 2017 年 2 月 28 日.

154 "这就是 Microcosm 的核心"：同上.

第 11 章

157 "通信媒体似乎经常将技术非物质化"：Abbate, *Inventing the Internet*, 5.

158 "我对编程没有任何兴趣"：Bowe, 作者专访, 2016 年 7 月 26 日.

158 "科幻小说、妇女权利、足球、国防预算、摇滚乐"："Between PLATO and the Social Media Revolution," 1983 年 5 月 10 日, http://just.thinkofit.com/between-plato-and-the-social-media-revolution.

159 "唐纳德和伊万娜·特朗普"：Marisa Bowe, "When I Grow Up," Vice.com, 2004 年 11 月 30 日, www.vice.com/read/when-I-v11n3.

159 "这跟 PLATO 很类似"：Bowe, 作者专访, 2016 年 7 月 26 日.

159 "我讨厌死之华乐队"：Digital Archaeology, "www.word.com, circa 1995," 5:18, 2011 年 6 月发表于 YouTube.

159 "我登录了 ECHO"：Bowe, 作者专访, 2016 年 7 月 26 日.

159 "你可以和那些不是经营《纽约客》《哈珀》《大西洋月刊》的 12 个哈佛大学的人交流并从他们那里获得意见"：同上.

160 "他们为我感到难过"：同上.

160 "她让我把咖啡吐在键盘上的次数比 ECHO 上的其他人都多"：Horn, *Cyberville*, 21.

160 "她知道自己聪明"：同上, 78.

160 "硅巷的亨利·詹姆斯"：Kait 和 Weiss, *Digital Hustlers*, 78.

160 "就像是一个小型的明星见面会"：Bowe, 作者专访, 2016 年 7 月 26 日.

161 "视频艺术圈里充斥着不关心钱的人"：Jaime Levy, 作者专访, 2016 年 8 月 6 日.

161 "靠花旗银行的奖学金来设计 ATM"：Jaime Levy, "Web Content Producer," in *Gig: Americans Talk About Their Jobs*, eds. John Bowe, Marisa Bowe, 和 Sabin Streeter (New York: Three Rivers Press, 2000), 364.

161 "我想她看到了吸引年轻人的机会"：Levy, 作者专访, 2016 年 8 月 6 日.

162 "如果你讨厌它，就把文件拿下来，删掉，然后把你自己的文件放上去"：Jaime Levy, "Jaime Levy and Electronic Publishing from Life and Times KCET in 1993," 5:33, 2015 年 6 月发表于 YouTube .

163 "我们称之为嗅觉电影"：同上.

163 "某种程度上我的数字涂鸦"：同上.

163 但贾梅的磁盘是用软盘包装的：Jaime Levy, *UX Strategy: How to Devise Innovative Digital*

Products That People Want (Sebastopol, CA: O'Reilly Media, 2015), 119-122.

163   以 6 美元一张的价格卖出了 6 000 多份：Jaime Levy, "*Dateline NBC*— '*Can You Be a Millionaire? featuring Jaime Levy (2000),*'" 10:19, 2016 年 9 月发表于 YouTube.

164   "贾梅确实懂得如何展示自己"：Kait and Weiss, *Digital Hustlers*, 79.

164   她是一个彻底的黑客："Designer Dossier: Jaime Levy, Cyberslacker," Computer Player, 1994 年 6 月, www.ehollywood.net/presskit/computerplayer/body.htm.

164   "如果你以前从未见过一本电子杂志"：Levy, "Jaime Levy and Electronic Publishing from Life and Times KCET in 1993."

165   "愚蠢的界面设计"："Designer Dossier: Jaime Levy, Cyberslacker."

165   经常被误认为是看门人："IBM'S Cyberslacker," New York, 1994 年 6 月 13 日, http://jaimelevy.com/press/newyork2.htm.

165   "谁会买这个？"：Levy, 作者专访, 2016 年 8 月 6 日.

165   "一旦浏览器出现"：同上。

165   她辞去了工作：Andrew Smith, *Totally Wired: The Wild Rise and Crazy Fall of the First Dotcom Dream* (New York: Simon & Schuster, 2012).

165   "有原则的懒汉、艺术朋克摇滚乐手和来自'好'家庭的解构主义者"：Michael Indergaard, *Silicon Alley: The Rise and Fall of a New Media District* (New York: Routledge, 2004), 1.

166   "这就是上面的全部内容"：Levy, 作者专访, 2016 年 8 月 6 日.

166   "1995 年很酷"：Vanessa Grigoriadis, "Silicon Alley 10003," New York, 2000 年 3 月 6 日, http://nymag.com/nymetro/news/media/Internet/2285.

166   "它把我们都变成了信徒"：Kait and Weiss, *Digital Hustlers*, 47.

166   "我不知道她指什么"：Bowe, 作者专访, 2016 年 7 月 26 日.

167   "假装自己是某个超级'直接'的杂志人"：同上。

167   艾康公司认为他们会在几个月内赚取数百万美元：Kait and Weiss, *Digital Hustlers*, 78.

167   "知道如何通过观察媒体的本质来接近它"：Bowe, 作者专访, 2016 年 7 月 26 日.

168   "迷上了业余写作"：Marisa Bowe, in "Wiring the Fourth Estate: Part One of the FEED Dialog on Web Journalism," 1996, https://web.archive.org/web/19970225063402/http://www.feedmag.com/96.06dialog/96.06dialog1.html.

168   她的第一篇社论是一个简短的生活故事：Marisa Bowe, "Letter from the Editor," Word.com, 1995 年秋季, http://web.archive.org/web/19990912085004/http://www.word.com/info/letter/index.

html.

168　"互联网最吸引人和最与众不同的地方"：Bowe，作者专访，2016 年 7 月 26 日.

168　"在《沃德》的世界里"："The Thirty Most Powerful Twentysomethings in America: Jaime Levy," *Swing* 期刊，1996 年 1 月，http://jaimelevy.com/press/swing.htm.

168　"即使是'网友'这个名字"：Bowe，作者专访，2016 年 7 月 26 日.

169　《沃德》杂志每日的页面浏览量达 95 000 次：Steve Silberman，"Word Down: The End of an Era," *Wired*，1998 年 3 月 11 日，https://web.archive.org/web/20080425015225/http://www.wired.com/culture/lifestyle/news/1998/03/10829.

169　《新闻周刊》宣布《沃德》是其读者最喜爱的在线目的地："So What's a Web Browser, Anyway？" *New York Times*，1995 年 8 月 14 日，http://jaimelevy.com/press/newyorktimes.htm.

169　"在功能上更像是一个摇滚乐队"：Kait 和 Weiss，*Digital Hustlers*，79.

169　"她简直会对文字发出嘶嘶声"：Marisa Bowe，作者专访，2016 年 8 月 29 日.

170　"我们知道这些人正变得非常富有"：Bowe，作者专访，2016 年 8 月 29 日.

170　"所有的注意力都在我身上"：Levy，作者专访，2016 年 8 月 6 日.

170　"贾梅·莉薇最后只剩下《沃德》"：Jason Calcanis，"Cybersurfer's Silicon Alley," *PAPER*，1996 年 3 月，122.

170　"我从来不是一个能和其他人一起坚持到最后的人"：同上.

170　"如果放弃"：Bowe，作者专访，2016 年 8 月 29 日.

170　"这是我们所知的网络之死"：Indergaard，*Silicon Alley*，1.

171　是来到美国的一个日本孩子：Bowe，作者专访，2016 年 7 月 26 日.

171　"他是一个艺术家"：同上.

171　"我们基本上是艺术家和波希米亚人"：同上.

171　早期广告的价格大约是 12 500 美元：Kaplan，"Word Up?!"

171　"对我们的创意团队而言"：Naomi Clark，作者专访，2017 年 3 月 25 日.

171　"上市是商业模式"：Bowe，作者专访，2016 年 7 月 26 日.

172　"D. B. 库珀式的消失"："Hit & Run 05.31.01".

172　《连线》杂志称这是一个时代的结束：Silberman，"Word Down."

172　"这太没道理了"：Clark，作者专访，2017 年 3 月 25 日.

172　他们的新东家萨帕塔公司（Zapata Corporation）是由年轻的乔治·布什于 1953 年在休斯敦创立的一家石油公司：Lisa Napoli，"From Oil to Fish to the Internet: Zapata Tries Another

Incarnation," *New York Times*, 1998 年 5 月 18 日.

172 在《纽约时报》上刊登了整版广告：Kaitlin Quistgaard, "On the Edge and Under the Wing," *Wired*, 1998 年 9 月 1 日, https://web.archive.org/web/20101107173917/http://www.wired.com/culture/lifestyle/news/1998/09/14682.

173 "我当时想，好吧，我们为什么不叫它"：Levy, 作者专访, 2016 年 8 月 6 日.

173 "互联网制作室"：Levy, "Web Content Producer," 364.

174 贾梅用一段说唱来反映这种持续的喧嚣：Grigoriadis, "Silicon Alley 10003."

175 "欢迎来到 MTV 的在线新媒体部门"：Jaime Levy, "CyberSlacker-Episode 7 (Job Hunting Blues)," 5:41, 2012 年 5 月 11 日发表于 YouTube.

176 "它看起来像放在旧掌上计算机上的一罐辣酱"：Jaime Levy, "CyberSlacker, Episode 8 (The Secret Sauce)," 6:05, 2012 年 5 月 11 日发表于 YouTube.

176 该公司于 1999 年上市：Indergaard, *Silicon Alley*, 149.

176 有时会因为嫌顾客不匹配而"炒"顾客的鱿鱼：同上, 139.

176 "我们几乎把所有的钱都挥霍了"：Levy, "Web Content Producer," 367.

176 "有些事情就要发生了"：Levy, 作者专访, 2016 年 8 月 6 日.

176 互联网公司的资金短缺：Indergaard, *Silicon Alley*, 142.

176 纳斯达克指数跌破 2 000 点：Kait 和 Weiss, *Digital Hustlers*, 297.

177 "在两个月内"：Levy, 作者专访, 2016 年 8 月 6 日.

177 "我们在风险资本家的'猪槽'里吃东西"：Charlie Leduff, "Dot-Com Fever Followed by Bout of Dot-Com Chill; What a Long, Strange Trip: Pseudo.Com to Dot.Nowhere," *New York Times*, 2000 年 10 月 27 日, www.nytimes.com/2000/10/27/nyregion/dot-com-fever-followed-bout-dot-com-chill-what-long-strange-trip-pseudocom.html?_r=0

177 瑞瑟菲什解雇了它的创始人：Indergaard, *Silicon Alley*, 150.

177 "这将是我们未来 6 个月的计划"：Levy, 作者专访, 2016 年 8 月 6 日.

177 "通常情况下，像我这样的人"：Bowe, 作者专访, 2016 年 8 月 29 日.

178 "那是胡说八道，"贾梅说：Levy, 作者专访, 2016 年 8 月 6 日.

178 "在其最宏伟的幻想破灭之后"：Indergaard, *Silicon Alley*, 160.

178 到 2003 年，纽约的失业率达到惊人的 9.3%：同上, 159.

179 "出了岔子，把它落在了地铁上"：Levy, 作者专访, 2016 年 8 月 6 日.

179 "我们认为，经过这些努力，最终会留下一些东西"："Hit & Run 05.31.01."

第 12 章

182 "想要建立一个在线社区"：Rhine，作者专访，2017 年 2 月 8 日.

183 "立即获取信息和资源"：Women's WIRE, Women's Information Resource & Exchange brochure (c. 1993).

183 实际上标题更令人难以置信：Mike Langberg, *San Jose Mercury News*, 1993 年 10 月 1 日.

183 "它是一个更积极的地方"：Ellen Pack，作者专访，2017 年 3 月 3 日.

183 该网站提供家暴应对资源：Connie Koenenn, "Chatting the High-Tech Way, on the Women's Wire," *Los Angeles Times*, 1994 年 2 月 24 日.

184 "电话袭击白宫"：Miriam Weisang Misrach, "Only Connect," Elle, 1994 年 2 月.

184 "促进多样性"的创始订阅者组成……：Leslie Regan Shade.

184 "我喜欢社区有用信息分享这一块"：Pack，作者专访，2017 年 3 月 3 日.

184 "我们有过这样一场激烈的辩论"：Pearce，作者专访，2017 年 2 月 16 日.

185 "聚会在哪里"：Nancy Rhine，作者专访，2017 年 2 月 8 日.

185 "充满大男子主义姿态"：Rhine，作者专访，2017 年 2 月 21 日.

185 "是如此的有礼貌"：Rhine，作者专访，2017 年 2 月 8 日.

186 "最初的模式是保证人们在网上停留的时长"：Rhine，作者专访，2017 年 2 月 21 日.

186 "脸书很好，因为它创造了社区"：Max Read, "Does Even Mark Zuckerberg Know What Facebook Is?" *New York*, 2017 年 10 月 1 日, http://nymag.com/selectall/2017/10/does-even-mark-zuckerberg-know-what-facebook-is.html.

186 网络爆发的那一年：Myra M. Hart and Sarah Thorp, "Women.com," *HBS 9 800-216* (Boston: Harvard Business School Publishing, 2000), 4.

186 "我一直想把它做大"：Pack，作者专访，2017 年 3 月 3 日.

187 "就像在火箭上工作一样"：Marleen McDaniel，作者专访，2017 年 3 月 9 日.

187 埃伦给她寄了一份商业计划书：Hart and Thorp, "Women.com," 5.

187 "当然，有些人看懂了"：Pack，作者专访，2017 年 3 月 3 日.

187 "为这家公司筹集资金并不容易"：McDaniel，作者专访，2017 年 3 月 9 日.

187 "我最终得到一家较小但高质量的风险投资公司的承诺"：同上.

188 "那是一个决定性的时刻"：同上.

188 马琳促成的第一笔大买卖："Women's Wire Retools Its Goals," *Examiner Staff Report*, 1995 年 8 月 31 日, SFGate.com, www.sfgate.com/business/article/Women-s-Wire-retools-its-goals-

3132265.php.

188 "他们买下了我们的订阅用户"：McDaniel，作者专访，2017 年 3 月 9 日.

188 "他们说这是 CompuServe 网和女性信息资源交流网之间的合作关系"：David Plotnikoff，"Women's Wire Gives Up Ghost on Halloween," *Salt Lake Tribune*，1995 年 10 月 30 日.

188 "她想管理公司"：同上。

189 "从芭比娃娃"：Janet Rae Dupree，"Women's Wire: Bosnia to Barbie," *York Daily Record*，1996 年 8 月 12 日.

189 "新模式转向了吸引眼球和打广告"：Rhine，作者专访，2017 年 2 月 21 日.

189 "我感叹道'哦，我的老天，真不敢相信！'"：Gina Garrubbo，作者专访，2017 年 3 月 24 日.

190 "马琳、埃伦、我和我们的首席财务官"：同上。

190 "这是女性的万维网。"：Anne Rickert 和 Anya Sacharow，"It's a Woman's World Wide Web," Media Metrix 和 Jupiter Communications，2000 年 8 月.

190 "当我们跳下悬崖时"：McDaniel，作者专访，2017 年 3 月 9 日.

190 由于女性控制着 80% 以上的消费：Hart 和 Thorp，"Women.com," 4.

191 最初的女性信息资源交流网：Janet Rae-Dupree，"Women's Wire Blends Humor, Off-Beat Info Online," *San Jose Mercury News*，1996 年 8 月 5 日.

191 到 1996 年，女性网每月有 750 万次点击量：LesLie Regan Shade.

191 "我们在地图上出现了"：Pack，作者专访，2017 年 3 月 3 日.

191 一家行业研究公司的数据显示：Hart 和 Thorp，"Women.com," 4.

191 "我们的收入从最初的零美元变成了几千万美元"：Gina Garrubbo，作者专访，2017 年 3 月 24 日.

192 "强调时事新闻"：LesLie Regan Shade.

192 "ChickClick" 最初是一个小型的女子杂志网络：Janelle Brown，"What Happened to the Women's Web？" Salon.com，2000 年 8 月 25 日，www.salon.com/2000/08/25/womens_web.

192 "她的有趣一言难尽"：McDaniel，作者专访，2017 年 3 月 9 日.

193 iVillage 擅长利用论坛鼓励重复流量：Erik Larson，"Free Money: The Internet IPO That Made Two Women Rich, and a Lot of People Furious," *New Yorker*，1999 年 10 月 11 日.

193 "就像赛车场上的两辆汽车"：McDaniel，作者专访，2017 年 3 月 9 日.

193 "我们在各方面全面竞争"：Garrubbo，作者专访，2017 年 3 月 24 日.

193 "一个类别中往往有两个头部"：Laurie Kretchmar，作者专访，2017 年 3 月 21 日.

194 "那些认为网络会更像《女士》而不是《小姐》"：Janelle Brown, "What Happened to the Women's Web?"

194 正如加拿大学者和理论家莱斯丝·丽根·谢德所指出的：LesLie Regan Shade.

194 "这是终极的欺骗"：Francine Prose, "A Wasteland of One's Own," *New York Times*, 2000 年 2 月 13 日.

195 "亏损严重"：Larson, "Free Money."

195 "把他们从天花板上拽下来"：同上。

196 "这影响了我"：McDaniel, 作者专访, 2017 年 3 月 9 日.

196 女性网的 IPO 远没有 iVillage 那么轰动：Myra M. Hart, "Women.com (B)," *HBS 9- 802-109* (Boston: Harvard Business School Publishing, 2001), 1.

196 女性网甚至在媒体矩阵前 50 名排行榜中超过了 iVillage：Larson, "Free Money."

196 "我不喜欢聊这个话题"：McDaniel, 作者专访, 2017 年 3 月 9 日.

197 "互联网无法维持几个主要依赖广告的网站"：Jennifer Rewick, "iVillage.com to Buy Rival Women.com for $30 Million," *Wall Street Journal*, 2001 年 2 月 6 日.

第 13 章

198 "在生命的早期"：Jane Margolis 和 Allan Fisher, *Unlocking the Clubhouse: Women in Computing* (Cambridge, MA: MIT Press, 2002), 4.

198 这种 "不鼓励" 渗透到技术文化的各个层面：Sherry Turkle, *Life on the Screen: Identity in the Age of the Internet* (New York: Touchstone, 1995), 62.

199 "一个有点争强好胜的女性"：同上。

199 "我有一种顿悟"：Brenda Laurel, *Utopian Entrepreneur* (Cambridge, MA: MIT Press, 2001), 99.

200 "来自火星的图画"：Laurel, 作者专访, 2016 年 8 月 9 日.

200 "在不知道这很难的情况下"："An Interview with Brenda Laurel (Purple Moon)," in *From Barbie to Mortal Kombat: Gender and Computer Games*, ed. Justine Cassell and Henry Jenkins (Cambridge, MA: MIT Press, 1998), 119.

201 "你知道吗？我再也不能忍受了"：Laurel, 作者专访, 2016 年 8 月 9 日.

203 "不舒服但有意思的狂欢"：Brenda Laurel, *Computers as Theatre*, 2nd ed. (Boston: Addison-Wesley, 2014), 60.

203 "当我就 VR 对男性展开访问时"：Laurel, 作者专访, 2016 年 8 月 9 日.

204 但就在布伦达开始在英特沃研究中心工作时：Akira Nakamoto, "Video Game Use and the Development of Socio-Cognitive Abilities in Children: Three Surveys of Elementary School Students," *Journal of Applied Social Psychology* 24 (1994):21-22.

204 "先玩游戏再编程"：Justine Cassell and Henry Jenkins, "Chess for Girls? Feminism and Computer Games," in *From Barbie to Mortal Kombat*, 13.

204 "对一个女孩来说，掌控不是好的社交方法"："An Interview with Brenda Laurel (Purple Moon)," 122.

204 她解释说，这种"软掌控"需要一种亲近感：Turkle, *Life on the Screen*, 56.

205 1996 年，英特沃研究中心将布伦达的研究小组分拆成独立的公司：Cassell 和 Jenkins, "Chess for Girls?," 11.

205 "我们就不能指望明天女性在技术领域出类拔萃"：Sheri Graner Ray, *Gender Inclusive Game Design: Expanding the Market* (Hingham, MA: Charles River Media, 2004), 6.

206 "粉色乐高积木般的计算机游戏"："An Interview with BrendaLaurel (Purple Moon)," 122.

206 "大多数男孩游戏中的角色有点整脚"：同上。

207 "它们真正帮助我学会了如何社交"：Kacie Gaylon, 给作者的电子邮件, 2016 年 11 月 1 日。

207 "你能为男孩也做这个吗?"：Laurel, *Computers as Theatre*, 172.

207 "只要有混账事情发生"：Laurel, 作者专访, 2016 年 8 月 9 日。

208 "找到情感支撑"：Henry Jenkins, "'Complete Freedom of Movement': Video Games as Gendered Play Spaces," in *From Barbie to Mortal Kombat*, 285.

209 一个"'良性循环'——女孩玩计算机游戏会引发女性编写游戏软件……"：Misa, "Gender Codes," 13.

210 "紫月和其他'女孩游戏'公司必须明白的是"："Voices from the Combat Zone: Game Grrlz Talk Back," 由 Henry Jenkins 编译, 载于 *From Barbie to Mortal Kombat*, 330.

210 "强化了她们声称要消除的那些刻板印象"：Rebecca Eisenberg, "Girl Games: Adventures in Lip Gloss," *Gamasutra*, 1998 年 2 月 12 日, www.gamasutra.com/view/feature/131660/girl_games_adventures_in_lip_gloss.php.

210 "当某人不认识他们所扮演的角色时，你不可能得到他们的支持"：Laurel, 作者专访, 2016 年 8 月 9 日。

210 "保罗·艾伦让我们进入第 7 章"：同上。

211 "但由于紫月没有成功进行大规模的 IPO"：Amy Harmon, "TECHNOLOGY; With the Best

Research and Intentions, a Game Maker Fails," *New York Times*, 1999 年 3 月 22 日, www.nytimes.com/

1999/03/22/business/technology-with-the-best-research-and-intentions-a-game-maker-fails.html.

211　"美泰公司试图保护他们的芭比娃娃专营权"：Laurel, 作者专访, 2016 年 8 月 9 日.

211　"我们总是试图治愈某些东西"：Laurel, *Utopian Entrepreneur*, 4-5.

尾声

214　"新千年的虚拟技术天堂"：Renate Klein.

214　"现实与非现实的默比乌斯带"：Katherine Cross, "Ethics for Cyborgs: On Real Harassment in an 'Unreal' Place," *Loading…The Journal of the Canadian Game Studies Association* 8 (2014): 4-21

214　"我们做了我们当时必须做的事情"：Virginia Barratt, 给作者的电子邮件, 2014 年 12 月 6 日.